インサイダー取引規制と未然防止策

~取引事例と平成25年改正を踏まえたポイント~

同志社大学教授
川口 恭弘

弁護士
木目田 裕

日本証券業協会
平田 公一

日本取引所自主規制法人
松崎 裕之

＝著

経済法令研究会

はしがき

　インサイダー取引の相次ぐ摘発、特に平成24～25年にかけての一連の公募増資インサイダー取引事件を受けて、金融商品取引法の平成25年改正では情報伝達・取引推奨行為に対する規制の導入等の法改正がなされ、関係各方面においてインサイダー取引未然防止のために種々の取組みが行われている。その一方、過度に萎縮的・保守的な対応のため、本来許容されて然るべき株券等の売買や役職員持株会を通じた株券等の取得が不必要に抑制されているとの指摘もある。かかるインサイダー取引規制をめぐる近時の状況を踏まえ、本書は、研究者、日本証券業協会や日本取引所グループの関係者、法曹実務家が分担して、そのコラボレーションにより、インサイダー取引規制の立法趣旨および平成25年改正後の最新の規制を前提として、インサイダー取引の未然防止のためにはどのように取り組んでいくべきかを解説したものである。主に証券業務に携わる関係者を読者として想定し、法令・業界ルールなどの"規制の潮流"を理解して、日々の業務に活かせるものとすることを狙いとした。本書の狙いを実現ができたかはやや心許ない面もあるが、読者の批判を真摯に受け止めたい。

　最後に、本書の編集の労をとっていただいた経済法令研究会出版事業部の笹原伸貴氏には、この場を借りて厚く御礼申し上げたい。もとより、本書の内容におけるすべての責任は、各執筆担当者が各自の執筆担当部分について負うものである。

2014年8月

川口　恭弘
木目田　裕
平田　公一
松崎　裕之
（以上　50音順）

CONTENTS

第1章 インサイダー取引規制の趣旨と概要

第1節　インサイダー取引の意義 ……………………………… 2
第2節　インサイダー取引規制の根拠──アメリカ判例法の展開 4
第3節　インサイダー取引規制の根拠──わが国の考え方 …… 7
第4節　わが国のインサイダー取引規制の特色 ………………… 9
　1　規制の概要　9
　2　構成要件の明確化　11
　3　情報受領者と情報伝達者　13
　4　重要事実と適用除外取引　15
第5節　インサイダー取引規制のエンフォースメント ………… 17

第2章 近年のインサイダー取引の実情

第1節　近年のインサイダー取引事例 ……………………………… 22
　1　刑事罰から課徴金制度導入（平成17年4月施行）まで　22
　2　平成17年以降──市場関係者等によるインサイダー取引の相次ぐ摘発と「うっかりインサイダー」　24
　3　金融庁・証券取引等監視委員会、各証券取引所、日本証券業協会らによるインサイダー取引防止のための取組み　27
　4　最近の摘発事件の特徴　30
　5　バスケット条項の積極的適用　32
　6　公開買付け等絡みのインサイダー取引の摘発の増加　36
　7　刑事罰適用の積極性　37
　8　経済産業省の元審議官によるエルピーダ株式・NECエレクトロニクス株式にかかるインサイダー取引事件について　39
第2節　いわゆる「公募増資インサイダー」事案の発生 ……… 48
　1　「公募増資インサイダー」とは何か　48

    2 各事案の特徴 53
    3 公募増資インサイダーが発生しやすい要因 64
    4 証券会社サイドから見た問題点と防止策 66
    5 投資家サイドから見た問題点と防止策 77
    6 公募増資インサイダー問題の根本的な原因と対応 80
  第3節 インサイダー取引の発生を未然防止するための体制 --- 81
    1 インサイダー取引の防止体制の基本的枠組み 81
    2 インサイダー取引防止体制を整備することの意義 82
  第4節 インサイダー取引防止規程 ───────────── 89
    1 届出制・許可制・禁止制 89
    2 規範としての明確性の確保の確保 93
    3 グループガバナンス 94
    4 その他の留意点 95
  第5節 情報管理体制の整備 ─────────────── 97
    1 情報管理体制の整備の必要性と要点 97
    2 野村證券の社員らによるインサイダー取引事件 102
    3 証券取引等監視委員会事務局「株式公開買付等に係る実務とインサイダー取引のリスク」 107
    4 公募増資インサイダーについて情報管理体制の観点からの検討 110
  第6節 平成25年金融商品取引法改正（情報提供・取引推奨規制導入等）、日本版スチュワードシップ・コードを踏まえたインサイダー取引防止体制上の留意点 ──── 116

第3章 平成25年改正金商法によるインサイダー取引規制

  第1節 平成25年改正の経緯 ───────────────── 122
  第2節 情報伝達・取引推奨規制 ──────────────── 124
    1 概　　要 124
    2 規制の趣旨・意義 129
    3 規制対象者 133

iv

    4　目的要件　137
    5　情報伝達・取引推奨行為の相手方　153
    6　情報伝達・取引推奨行為　155
    7　当該他人による取引の要件（刑事罰・課徴金）　160
    8　情報伝達とインサイダー取引規制の共犯との関係　165
    9　氏名公表措置　167
  第3節　公開買付者等関係者のインサイダー取引規制
　　　　　（法167条）の改正 ---------------------------------- 177
    1　概　　要　177
    2　公開買付者等関係者の範囲の拡大　177
    3　公開買付情報の伝達を受けた者の適用除外　178
  第4節　会社関係者のインサイダー取引規制（法166条）の改正 -- 183
  第5節　上場投資法人等にかかる投資証券等に関するインサイ
　　　　　ダー取引規制の導入 -------------------------------- 185
  第6節　その他 -- 190

第4章　自主規制機関におけるインサイダー取引防止に向けた取組み

  第1節　金融商品取引所におけるインサイダー取引防止に向け
　　　　　た対応 -- 194
    1　はじめに　194
    2　金融商品取引所の自主規制機関としての役割　194
    3　インサイダー取引にかかる売買審査　195
    4　証券会社の法人関係情報の管理態勢にかかる考査　200
    5　インサイダー取引の未然防止のための各種啓発活動等　200
    6　近年の公募増資銘柄にかかるインサイダー取引を踏まえた対応　203
    7　おわりに　206
  第2節　日本証券業協会におけるインサイダー取引防止に
　　　　　向けた対応 -- 207
    1　はじめに　207
    2　内部者登録制度　208

3　法人関係情報管理制度　225
　　4　株式等の引受業務における内部者取引等の再発防止対応　241
　　5　プレ・ヒアリング　247
　　6　証券会社における売買管理体制　254
　　7　その他の内部者取引規制にかかる自主規制規則　258

第5章　インサイダー取引防止に向けた課題

第1節　取締当局・立法当局側の課題 ------------------------ 264
　　1　課徴金の裁量型行政制裁金への転換の必要性　264
　　2　合意による事件処理モデルの導入の必要性　271
　　3　調査終了の告知の必要性　276
　　4　金融庁・SESCによるガイドラインの作成・公表の検討の必要性　277
　　5　証券取引等のグローバル化に対する対応　279

第2節　企業側の課題 ------------------------------------ 285
　　1　一般投資家目線を意識した判断の徹底　285
　　2　インサイダー取引は必ず露見するとの意識の浸透　286
　　3　情報管理の徹底　287

●事項索引　289

本書の内容に関する訂正等の情報

　本書は内容につき精査のうえ発行しておりますが、発行後に訂正（誤記の修正）等の必要が生じた場合には、当社ホームページ（http://www.khk.co.jp/）に掲載いたします。

　　　（ホームページトップ： メニュー 内の 追補・正誤表 ）

凡　例

　本書において、根拠法令を示す場合には、以下のとおり略称を用いてあります。

金融商品取引法　⇒　**法**

金融商品取引法施行令　⇒　**施行令**

金融商品取引法令に違反する行為を行った者の氏名等の公表に関する内閣府令　⇒　**氏名公表府令**

改正・産業活力の再生および産業活動の革新に関する特別措置法　⇒　**改正産活法**

金融商品取引業等に関する内閣府令　⇒　**金商業等府令**

有価証券の取引等の規制に関する内閣府令　⇒　**取引規制府令**

投資信託及び投資法人に関する法律　⇒　**投信法**

金融商品取引法第六章の二の規定による課徴金に関する内閣府令　⇒　**課徴金府令**

証券会社の健全性の準則等に関する省令　⇒　**健全性省令**

金融商品取引所等に関する内閣府令　⇒　**取引所府令**

第1章

インサイダー取引規制の趣旨と概要

1 インサイダー取引の意義
2 インサイダー取引規制の根拠
　—アメリカ判例法の展開
3 インサイダー取引規制の根拠
　—わが国の考え方
4 わが国のインサイダー取引規制の特色
5 インサイダー取引規制のエンフォースメント

1 インサイダー取引の意義

　インサイダー取引（内部者取引）は、未公表の内部情報を有する内部者が、その情報が公表される前に有価証券の売買などの取引を行うものである。

　インサイダー取引は、それにより利益を上げる目的のほか、損失を回避する目的でも行われる。使われる内部情報は、グッド・ニュース（証券の価格を引き上げる要因となる情報）とバッド・ニュース（証券の価格を引き下げる要因となる情報）とがある。グッド・ニュースを知った内部者は、その情報が公表される前に、証券を安価で購入し、情報公表後に高値で売却することで利益を得ることができる。バッド・ニュースを知った内部者は、その情報が公表される前に、持株を高値で売却することができる。これにより、内部者は、情報公表後の株価が下落したことによる損失を回避できたことになる。さらに、バッド・ニュースを知った内部者は、証券を空売りして、利益を上げることもできる。すなわち、情報公表前に、借り入れた証券を高値で売却しておき、情報公表後に下落した価格でその証券を買い戻すことで、差額分の利益を上げることができる。

　内部者は、このような取引で確実に利益を上げまたは損失を回避できる。また、取引にはなんらの努力も使われず、まさに「濡れ手で粟」といえる。このことから、インサイダー取引は、しばしば、「イカサマ賭博」に例えられる[1]。

　インサイダー取引が「悪」であることは、現在では、当然のこととされている。もっとも、過去には、「情報は早い者勝ち」「役得（やくとく）」といった評価もあった。たしかに、努力して情報を入手した者が、その情報を利用して利益を上げることは誰も否定しない。講義中に居眠りをしていた学生と、熱心

---

1 龍田節「インサイダー取引の禁止―不公正取引の規制（その二）」法学教室159号（1993年）65頁。そこでは、インサイダー取引は、運動選手のドーピングに似るとも形容されている。また、竹内昭夫「インサイダー取引規制の強化〔上〕」旬刊商事法務1142号（1988年）7頁は、「さいの目は取締役の方が自由に操れるのであるから、そんなインチキばくちの相手になるために証券市場に集まれと言うことが、そもそも見当違いの話」とインサイダー取引を断罪する。

に講義に耳を傾けていた学生とで、テストの成績に差がつくのは当然である。しかし、インサイダー取引で使われる情報は、このような通常の努力では入手できない類のものである。会社に不法に侵入しなければ入手できない情報について、「早い者勝ち」というのは妥当ではない。

　また、「役得」についても、なぜ、内部者だけが利得（あるいは損失回避）が許されるであろうか。会社の従業員が自社製品を安く買えることは「役得」といえる。このような取引は、誰にも迷惑をかけるものではない。また、社内割引の事実を知ったとしても、同じ商品を店において定価で買うことを拒否する消費者は見当たらない。これに対して、インサイダー取引の相手方となった投資者は、内部情報の存在を知っていたら、取引を行わなかったか、もしくは、異なる条件で取引を行ったと考えられる。

　かつて、インサイダー取引による利益は内部者の報酬であるので、取引は容認されるという見解があった[2]。グッド・ニュースで利得するには、その元となる企業の価値を向上させる必要がある。そのため、インサイダー取引は、仕事に励み、企業の価値を向上させるインセンティブになるともいわれた。しかし、このようなインセンティブ報酬は、ストック・オプションなど、別の方法で付与することも可能である。また、このような形で報酬を与えることは、相場操縦などの意図的な価格操作を行うインセンティブにもなることに注意が必要である。さらに、バッド・ニュースを得た内部者が持株を売り抜けることを報酬の一部と解することには無理がある。会社の業績向上にまったく寄与しなかった役員や従業員が、内部情報を知り得る地位にいたというだけで利得が認められる合理的な理由は見出しがたい。

---

2 「法を経済学」の視点から分析する手法からは、インサイダー取引によって、株主と経営者の間のエージェンシー・コストを引き下げることができると主張された。これは、経営者は、必ずしも株主の利益になる行動をとるとは限らないため（エージェンシー問題）、株主は、報酬として内部情報に基づいた取引を許容することで、経営者が株主の利益となるような行動をとるようなインセンティブを与えることができるというものである（これにより、経営者は、会社に対する残余請求権を有することになり、この点で、株主との利益が一致する）。このような主張と反論について、三輪芳朗・神田秀樹・柳川範之編『会社法の経済学』（東京大学出版会、1998年）349頁（「インサイダー取引規制」［太田亘］）参照。このほか、竹内昭夫先生追悼論文集『商事法の展開―新しい企業法を求めて』（商事法務研究会、1998年）395頁（「未公表情報を利用した株式取引と法」［藤田友敬］）参照。

2 インサイダー取引規制の根拠 ――アメリカ判例法の展開

　現在では、インサイダー取引規制無用論は影を潜め、世界の主要国で、インサイダー取引の規制が行われている。もっとも、その規制の根拠については、画一的なものがあるわけではない。

　アメリカでは、1934年に制定された証券取引所法10条b項およびこれに基づく連邦証券取引委員会（SEC）規則10b-5の適用により、インサイダー取引が規制されてきた。規則10b-5は、何人も「詐欺を行うための策略、計画または技巧を用いること」を禁止する規定である。この規定に違反した者は、刑事罰の適用がある。さらに、民事責任の根拠としても利用されている。アメリカでは、この規定の適用について、判例の蓄積がなされてきた[3]。

　まず、最初に、市場に参加する者の間では情報は平等でなければならないという考え方が示された（「情報の平等理論」という）。そこでは、内部情報を有する者は、その情報を開示するか、さもなければ、取引を断念しなければならない。しかし、自分の努力で情報を入手した者についても、情報の平等を要求することは妥当ではない。努力によって入手した情報をもとに取引を行った者が刑事罰の適用を受けるのであれば、だれも、情報収集を行わなくなる。その結果、証券投資も衰退すると考えられる。

　そこで、つぎに、インサイダー取引は、内部者が会社（株主）に対して負っている義務に違反するという考え方が示されることとなった（「信認義務理論」という）。信認義務理論は、インサイダー取引は、会社または株主に対して負う信認義務に違反し、この点で、規則10b-5の「詐欺」に該当すると解するものである。信認義務理論は、インサイダー取引規制の理論的支柱となり、現

---

[3] アメリカの判例法や学説をわが国に紹介する文献は多数にのぼる。近年のもので、比較的入手が容易なものとして、黒沼悦郎『アメリカ証券取引法〔第2版〕』（弘文堂、2004年）156頁以下、萬澤陽子『アメリカのインサイダー取引と法』（弘文堂、2011年）が参考になる。

在でも「伝統的理論」と呼ばれている。

　ところで、アメリカでは、内部情報を伝達した者も規制の対象となる。情報伝達者は、会社の情報を個人的な利得のために他人に伝えた点で信認義務違反が認められる。もっとも、情報の伝達を受けた者（情報受領者）は、会社に対して、信認義務を負う立場にないのが通常である。そのため、情報受領者の取引の違法性は、情報伝達者の義務違反（会社に対する信認義務違反）から派生するものと考えられている[4]。したがって、情報受領者がインサイダー取引規制違反に問われるのは、情報伝達者が信認義務に違反して情報を伝達したことを知っているかもしくは知るべきであった場合に限られることとなる。わが国では、平成25年の法改正で、情報伝達者も規制の対象とすることになった。もっとも、その立法趣旨は、情報受領者（第一次情報受領者）のインサイダー取引を予防するためのものである。この点で、第一に、情報伝達者が規制され、情報受領者の責任はそれから派生すると考えるアメリカとは大きな違いがある。

　このように、信認義務理論のもとでは、取引が規制される者は会社または株主に対して信認義務を負う者である。しかし、これでは規制の及ぶ範囲が狭すぎるという問題が発生した。たとえば、印刷会社Ａの従業員Ｂが、印刷作業中に、ある会社Ｃについての企業買収の情報を知って、Ｃの株式を買い付けた例を考えてみよう。そこでは、Ｂは従業員としてＡに対して何らかの義務を負うものの、Ｃに対して信認義務を負うわけではない。信認義務理論のもとでは、Ｂの取引を規制することができないことになる。このため、ある者（上記ではＢ）が情報源（上記ではＡ）に対して負う信頼義務に違反して、内部情報を不正に流用したときに、証券取引に関する詐欺を行ったとする考え方が示されることになった（「不正流用理論」という）[5]。そこでは、情報源に帰属すべき情報を自己のために利用したことが問題とされる。もっとも、不正流用理論には、情報源が情報の利用を許容した場合、インサイダー取引規制を適用することが難しくなるといった批判が寄せられている。なお、信認義務理論と不正流用理

---

[4] インサイダー取引における情報伝達者と情報受領者の責任要件を連邦最高裁判所として初めて明らかにした事件はDirks事件（Dirks v. SEC, 463 U.S. 648（1983））であった。本事件については、近藤光男・志谷匡史編著『新・アメリカ商事判例研究』（商事法務、2007年）87頁（「内部情報受領者の責任」［正井章筰］）参照。本判決により、情報受領者の義務は情報伝達者の義務から派生するという考え方が確立された。

論とは相反するものではない。アメリカでは、現在でも、事案に応じて、両理論の使い分けがなされている。

---

5 連邦最高裁判所（多数意見）は、O'Hagan事件（United States v. O'Hagan, 521 U.S.642 (1997)）で、いわゆる「不正流用理論」を初めて採用することを明らかにした。本事件については、近藤光男・志谷匡史編著『新・アメリカ商事判例研究』（商事法務、2007年）276頁（「インサイダー取引規制の範囲」［近藤光男］）参照。

3 インサイダー取引規制の根拠
―わが国の考え方

　わが国でも、アメリカ判例法の展開が紹介されているものの、それが、わが国における規制の根拠として主流なものになるには至っていない。前述のように、アメリカの信認義務理論や不正流用理論は、詐欺を根拠とするといったアメリカ法独特の背景から生まれたものである（さらに、それ以前の、いわゆるコモンローの考え方を大きく受けていると指摘される）。また、わが国では、取締役は会社に対して忠実義務を負う（会社法330条）ものの、株主に対して信認義務類似の義務を負うとまで解されていない。さらに、株主が会社やほかの株主に信認義務類似の義務を負うとは考えにくい。不正流用理論については、なぜ情報源への義務違反が、証券市場での詐欺に該当するが不明と批判されている[6]。

　わが国のインサイダー取引規制は、投資者の市場への信頼とそれによる証券市場の健全性の維持を保護法益としていると解するのが一般的である。

　インサイダー取引は、情報格差（非対称性）を利用したものである。しかし、その格差は、是正が不可能なものであることは既述のとおりである。この点で、内部者は、情報を知らない投資者と比較して著しく有利な立場にある。もっとも、わが国のインサイダー取引規制は、投資者間の不公平そのものを根拠とするものではない。情報を隠して取引を行うことは、証券取引に限らない。法律（金融商品取引法）が、刑事罰をもってインサイダー取引に対して厳しい態度で臨むのは、それが証券市場の健全な発展の障害になると考えるにほかならない。いうまでもなく、証券市場は、企業の資金調達の場であるだけでなく、国民の重要な資金運用の場でもある。経済の発展には、証券市場の健全な運営と

---

[6] なお、わが国には、取締役や主要株主が６月以内に反対売買を行った場合、会社はその利益の提供を請求できる制度がある（短期売買利益の提供制度）（法164条）。この制度は、インサイダー取引の予防策として位置付けされるが、会社に請求権がある点、信認義務理論に馴染みやすいものといえる。

発展が不可欠である。インサイダー取引は、投資者の証券市場に対する信頼を損なうものであり、この点から、厳しく規制される必要がある[7]。現行法が証券市場の健全性の観点から規制を行っていることは、それが、取引所市場で証券が売買される上場会社などを対象としていることからも明らかである。

なお、学説では、証券市場の健全性を問題としながら、特に、公正な価格形成を保護法益とするものがある。そこでは、内部者による取引は、真摯に情報を分析した投資判断に基づくものではなく、そのような取引は、公正な価格形成を阻害すると主張するものである[8]。

---

[7] 昭和63年の法改正のもととなった証券取引審議会報告「内部者取引の規制の在り方について」（昭和63年2月24日）は、以下のように述べている。
「内部者取引が行われるとすれば、そのような立場にある者は、公開されなければ当該情報を知りえない一般の投資家と比べて著しく有利となり、極めて不公平である。このような取引が放置されれば、証券市場の公正性と健全性が損なわれ、証券市場に対する投資家の信頼を失うこととなる。内部者取引の規制が必要とされる所以である」

[8] 上村達男「新体系・証券取引法〔第6回〕：流通市場に対する法規制（三）——インサイダー取引規制」企業会計53巻10号（2001年）68頁。

4 わが国のインサイダー取引規制の特色

1 規制の概要

　わが国のインサイダー取引規制は、「内部者」が「内部情報」を知った場合、その情報が「公表」がなされるまで、取引を禁止するものである。規制の対象となる情報は、①証券の発行者を発生源とするものと（会社情報）、②発行者以外の者を発生源とするもの（外部情報）とがある。

　①の規制は、「会社関係者」であって、「上場会社等に係る業務等に関する重要事実」を知ったものは、この重要事実が「公表」された後でなければ、「当該上場会社等の特定有価証券等に係る売買その他の有償の譲渡若しくは譲受け、合併若しくは分割による承継又はデリバティブ取引」をしてはならないというものである（法166条1項）。この規制は、「会社関係者」から重要事実の伝達を受けた「情報受領者」にも適用される。会社関係者でなくなった者でも、その後1年間は同様の規制に服する（法166条3項）。

　「会社関係者」の定義は法定されている（法166条1項）。会社の役員や従業員（以下、「役員等」という）は、その者の職務に関して重要事実を知ったときに、インサイダー取引規制に服する（法166条1項1号）。そのため、金融機関Aの従業員Bは、Aの重要事実をその職務によって知ったときは、A株式の売買が禁止される。重要事実は、子会社に関するものも含まれる（法166条2項5号以下）。したがって、金融持株会社Cの従業員Dは、子会社である金融機関Aの重要事実を知ったときも、C株式の売買が禁止される。また、会社と契約を締結している者または締結の交渉をしている者も、当該契約の締結もしくはその交渉または履行に関して重要事実を知ったときに、規制の対象となる（法166条1項4号）。その者が法人であるときは、その役員等が含まれる。そのため、金融機関Aの従業員Bが、上場会社Eと融資契約の締結に際してEに関する重要事実を知ったときは、E株式の売買をすることができない。なお、

●図表１－１　会社関係者（例）

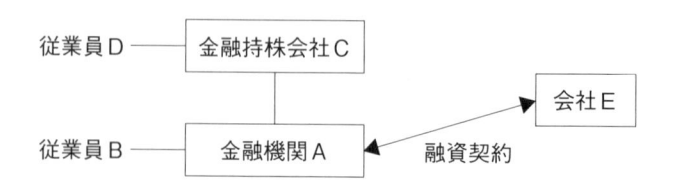

```
従業員D ── 金融持株会社C
                              会社E
従業員B ── 金融機関A ←──── 融資契約
```

規制は、契約を締結した者のみならず、その交渉中の者にも及ぶことに注意が必要である。

　②の規制は、「公開買付者等関係者」であって、上場等株券等の「公開買付け若しくはこれに従ずる行為として政令で定めるもの」等（公開買付け等）をする者（公開買付け等）の「公開買付け等の実施に関する事実」を知ったものは、この事実が「公表」された後でなければ、「当該公開買付け等に係る上場等株券等」に係る買付け等をしてはならないというものである（法167条１項）。「公開買付け等」は、上場株券等の公開買付けのほか、上場株券等の５％を超えて取得する行為も含まれる（法167条１項、施行令31条）。「公開買付者等関係者」についても詳細な定義がある（法167条１項）。公開買付け等の実施に関する事実のみならず、公開買付け等の中止に関する事実を知った場合も同様である。これらの情報の伝達を受けた「情報受領者」も規制対象となること、さらに、公開買付者等関係者でなくなった後、１年間は同様の規制に服することは①と同様である（法167条１項・３項）。

　ここでも、公開買付者等と契約を締結している者または締結の交渉をしている者は、その契約の締結もしくはその交渉または履行に関して、公開買付け等の実施の事実を知ったときは、公開買付け等にかかる株券等の売買をしてはならない（法167条１項４号）。甲会社が乙会社の経営権取得を目指して公開買付けをしようとしている場合、そのための買付資金についての融資の申込みを受けた金融機関Aの従業員Bは、融資契約の締結の交渉中に公開買付等の事実を知ったことになるため、乙会社の株式を売買することが禁止される。

●図表１−２　公開買付者等関係者（例）

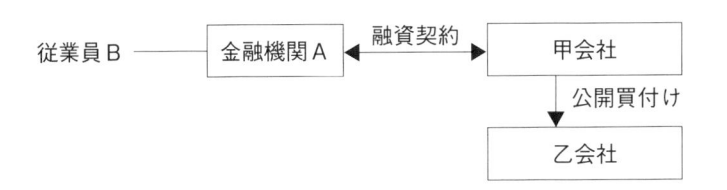

```
従業員B ──→ 金融機関A ──融資契約── 甲会社
                                    │
                                    │公開買付け
                                    ▼
                                   乙会社
```

2　構成要件の明確化

　金商法157条１号は、何人も、有価証券の売買その他の取引またはデリバティブ取引等について、不正の手段、計画または技巧をすることを禁止している。この規定は、前述のアメリカの証券取引所法10条ｂ項およびSEC規則10ｂ－５をもとに制定されたものである。わが国でも、インサイダー取引を本条で規制すべきという見解が有力に主張されていた[9]。インサイダー取引が「不正の手段、計画または技巧」であることは間違いない。しかし、同法157条１号の規定は、立法以来（条文番号は変更されている）、適用事例はほとんどなかった。インサイダー取引については、その適用事例は一件もない。これは、同規定に違反した場合、刑事罰の適用があるものの、刑事罰を科すには、構成要件が漠然としていると考えられたためである[10]。

　しかし、タテホ化学工業事件を契機として、わが国でもインサイダー取引を規制する必要性が強く指摘されることになった。この事件は、タテホ化学工業が、債券投資に失敗して巨額の損失を抱えることになったという情報を公表する前に、同社の役員、取引先の金融機関が持ち株を売り抜けていたというもの

9　神崎克郎『証券取引法〔新版〕』（青林書院、1987年）611頁。そこでは、「その情報をあきらかにすれば、相手方が同一の条件で取引をしないことがあきらかである場合、その情報をあきらかにすることなく取引をすることは、相手方を欺罔して取引を行うことであり、不正の手段、計画または技巧をなすことに該当する」としている。証券取引審議会報告・前注（7）も、「内部者取引については、その事案により不公正取引を規制している証券取引法第58条第１号〔現行法157条１号に相当する：筆者注〕の適用があるものと解される」としている。

であった(幹事証券会社については、その情報を事前に顧客に伝えていたのではないかという疑いがかけられた)。当時、証券取引等監視委員会は存在せず、調査は大阪証券取引所が実施した。その結果、タテホ役員については、債券投資失敗という情報で売買をしたという確証が得られず、取引金融機関については、「金融機関の取るべき態度としては極めて遺憾」としながらも、違法行為との認定はなされなかった。この事件を契機として、昭和63年に、証券取引法の改正が行われ、インサイダー取引規制が整備されることになった(当時の条文は、証券取引法190条の2・190条の3)[11]。

昭和63年の改正にあたっては、構成要件を明確にするため、「会社関係者」「重要事実」などが詳細に規定された。「会社関係者」に該当する者が、「重要事実」を知ったときは(役員等については、その者の職務に関し知ったとき)、その会社の株式等の売買等が禁止される。売買等を行えば、刑事責任を問われることになる。この場合、情報を利用したかどうかは問われない。インサイダー取引が投資者の信頼を失うものであるのは、外部者では入手できない情報を内部者が有し、これをもとに取引を行うことで利得または損失の回避を行うことができるためである。そうであれば、内部情報の利用があった場合に、刑事責任を問うべきともいえる。しかし、内部情報の利用を要件とした場合、その立証は難しく、インサイダー取引の規制場面が著しく限定される危険性がある[12]。

---

10 本条の抽象的曖昧な文言から、規制当局として、その活用に消極的な姿勢がとられていたと指摘されている。神田秀樹・黒沼悦郎・松尾直彦編著『金融商品取引法コンメンタール〔第4巻〕』6頁(近藤光男執筆)(商事法務、2011年)。本条に違反した場合、10年以下の懲役または1,000万円以下の罰金が科せられる(または併科される)(法197条1項5号)。このような重い刑罰が本条を発動させることを消極的にさせているという見解もある(近藤光男・吉原和志・黒沼悦郎『金融商品取引法入門〔第3版〕』352頁(商事法務、2013年)。
11 竹内・前掲(注1)6頁は、「いま発動して別に不合理でない法律でも、40年間動かなかったものを急に発動した場合には、最初に適用された者としては、いままで何十年も不問に付しておいて、なぜ自分だけ捕まえるのか、という不満を抱くのは当然である」「法律を適用する者としては、そういう不満が残らないように法律を運用することが望ましい。そのためにはやはり法律を一度オーバーホールして、過去の経緯に捉われずに新しい法律を適用することにすることが必要であろう」と述べている。
12 このような形式犯として立法されたことから、当初、違反の場合の刑事罰は比較的軽いものとされた。この点については、本章第5節参照。

3 情報受領者と情報伝達者

　わが国のインサイダー取引規制では、会社関係者（公開買付等関係者）から重要事実（公開買付等の実施または中止の事実）を伝達された者（以下、「第一次情報受領者」という）も規制の対象となる。もっとも、第一次情報受領者から伝達を受けた者（以下、「第二次情報受領者」という）は規制の対象外となる。すなわち、規制の対象となるのは会社関係者（公開買付等関係者）から重要事実（公開買付等の実施または中止の事実）を伝達された者である。第一次情報受領者は会社関係者（公開買付等関係者）に該当しないため、その者から情報伝達を受けた者は規制の対象とはならない。これは、第二次情報受領者を規制の対象とすれば、その処罰の範囲が不明確となり、無用の社会的混乱が生じることが理由である[13]。この点でも、立法にあたって規制範囲の明確性が重視されている。もっとも、第二次情報受領者が重要事実を知って取引を行った場合でも、投資者の証券市場に対する信頼が損なわれることに変わりはない。そのため、第二次情報受領者などについても、インサイダー取引規制を及ぼすべきとの意見も少なくない[14]。

　重要事実の伝達を受けた者が所属する法人の他の役員等であって、その者の職務に関して重要事実を知った者も、インサイダー取引規制に服する（法166条3項）。同じ法人内の役員等であれば、情報を容易に入手できる立場にあることから、これらを第一次情報受領者として規制している。この規定は、平成10年の改正で導入された。

　A会社が民事再生手続開始の申立てを行うことを決定した事実（重要事実（法166条2項1号ヨ、施行令28条8号））をB銀行の従業員Cが知り（会社関係者（契約の履行に関して重要事実を知った者（法166条1項4号）））、その後、この事実を職務に関して知った同銀行の従業員D（会社関係者（同一法人内の

---

[13] 横畠裕介『逐条解説インサイダー取引規制と罰則』（商事法務研究会、1989年）122頁。本書は、昭和63年の立法に関する立案担当者の解説として、頻繁に引用されるものである。
[14] 黒沼悦郎『金融商品取引法入門〔第4版〕』（日本経済新聞社、2011年）148頁。

●図表 1 - 3　重要事実の伝達と第一情報受領者

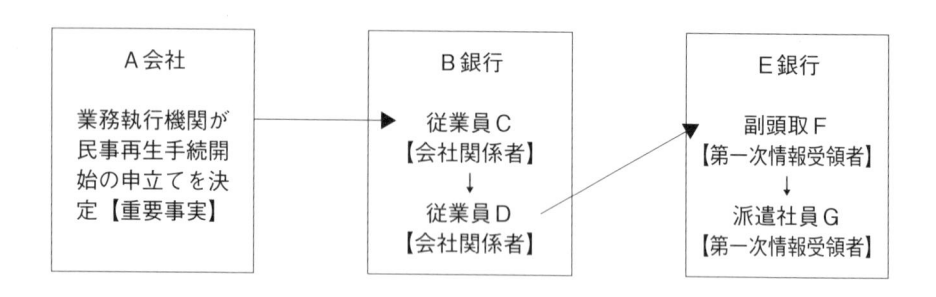

```
┌─────────────┐      ┌─────────────┐      ┌─────────────┐
│   A会社     │      │   B銀行     │      │   E銀行     │
│業務執行機関が│      │ 従業員C     │      │ 副頭取F     │
│民事再生手続開│─────▶│【会社関係者】│      │【第一次情報 │
│始の申立てを決│      │   ↓         │      │  受領者】   │
│定【重要事実】│      │ 従業員D     │─────▶│   ↓         │
│             │      │【会社関係者】│      │ 派遣社員G   │
│             │      │             │      │【第一次情報 │
│             │      │             │      │  受領者】   │
└─────────────┘      └─────────────┘      └─────────────┘
```

役員等）（法166条1項5号））がE銀行の副頭取Fに伝えたところ（第一次情報受領者（法166条3項前段））、E銀行の派遣社員G（E銀行の経営再建のためのビジネスモデル作成等に従事していた）が重要事実を職務に関して知るところとなり、情報公表前に知人に空売りをさせた事例で、Gを第一次情報受領者（同一法人内の他の役職員等（法166条3項後段））として執行猶予付きの有罪判決が下された事例がある（名古屋地判平成16年5月27日資料版商事法務244号206頁）。

　ところで、これまで、第一次情報受領者に情報を伝達した会社関係者（公開買付者等関係者）は、インサイダー取引規制の対象とはされていなかった。これは、実際に内部情報を知った者が取引を行うことが証券市場の公正性および健全性に対する投資者の信頼を害することから、それ以前の行為である情報の伝達行為は、直ちに処罰するまでの必要性に乏しいと考えられたことによる[15]。もっとも、情報の伝達がなければインサイダー取引が行われなかったということを考えれば、インサイダー取引の予防という観点から、情報伝達者も規制の対象とすることが望ましい。平成25年の法改正では、情報の伝達行為や取引推奨を一定の場合に禁止する立法がなされた（第3章第2節参照）。

　なお、会社関係者が重要事実の伝達を行い、情報受領者が取引を行った場合、情報伝達者は、教唆犯または幇助犯として処罰される可能性がある。平成25年9月30日横浜地裁判決は、「取引者は重要事実の伝達を受けなければ取引は不

15　横畠・前掲127頁。

可能であった」「取引者にインサイダー取引を決意させたことが教唆犯に該当する」として、証券会社の元執行役員に執行猶予付きの有罪判決を下した。この事例は、平成25年の改正法前のものであったが、同改正施行後も、同様の判決が出される可能性がある。

4 重要事実と適用除外取引

　わが国のインサイダー取引規制における「重要事実」は、決定事実、発生事実、決算情報に関する事実および包括条項に分けて規定されている（法166条2項1号から4号）。子会社情報についても、同様に4つの重要事実が規定されている（法166条2項5号から8号）。決定事実は、「上場会社等の業務執行を決定する機関」が決定した事実または決定・公表した事項を行わないことを決定したことと規定されている。「上場会社等の業務執行を決定する機関」は、実質的に会社の意思決定と同視されるような意思決定を行うことのできる機関であれば足りる[16]。たとえば、合併の決定は、会社法上の意思決定は、株主総会でなされるが、インサイダー取引規制における「重要事実」となるのは、それより前の段階である（たとえば、実質的な決定権限が代表取締役にあるのであれば、その代表取締役の決定があった段階で、重要事実となる）。

　金商法は、決定事実として15（子会社については8）、発生事実として4（子会社については2）の事実を列挙している。もっとも、これらの事実に形式的に該当する場合でも、投資者の投資判断に及ぼす影響が軽微なものであれば、規制の対象とする必要はない。そこで、内閣府令で定める基準（これを「軽微基準」という）に該当すれば、「重要事実」とならない旨が規定されている（法166条2項柱書括弧書き）。内閣府令（有価証券の取引等の規制に関する内閣府令）が、軽微基準の詳細を規定している（有価証券取引府令49条・50条）。

　投資者の投資判断に影響を及ぼす情報を、法律ですべて書き切ることは不可能である。そのため、現行法では、「重要事実」について「包括条項」を定め

---

[16] 日本織物加工事件の最高裁判決（最判平成11年6月10日刑集53巻5号415頁）。本事件については、拙稿「インサイダー取引規制（2）―業務執行を決定する機関」『金融商品取引法判例百選』120頁（有斐閣、2013年）参照。

ている。すなわち、「上場会社等の運営、業務又は財産に関する重要な事実であって投資者の投資判断に著しい影響を及ぼすもの」が「重要事実」と規定されている（法166条1項4号）（子会社情報についても、包括条項がある（法166条1項8号））。現行法が構成要件を明確にするため「重要事実」を詳細に定めたことを考えると、このような包括条項は、その趣旨に反するとの意見もある。たとえば、経済界からは、包括条項は予見可能性を損ない、役員等の株式売買を委縮させるとして、廃止を求める声がある[17]。しかし、個別列挙の重要事実のみでは、規制すべき取引を野放しにしてしまう危険性がある（包括条項の利用について第2章第1節5　参照）。

　ところで、わが国のインサイダー取引規制では、取引の実質的な不正という点まで立ち入らず、会社関係者に該当する者が、重要事実を知った場合に、これが公表される前に、取引を行うことを禁止する。もっとも、形式上、上記の要件に該当するものの、証券市場の公正性および健全性に対する投資者の信頼の確保の観点から、取引を禁止するまでもないものがある。そこで、金商法は、規制が適用除外される場面を具体的に規定している（適用除外規定）（法166条6項・167条5項）。

　たとえば、重要事実を知る者の間での取引は、当事者に情報の非対称性が認められない。そこで、重要事実を知る者の間での取引で、取引所金融市場等によらないで行う場合、インサイダー取引規制の適用除外となる（法166条6項7号）。外部情報に関するインサイダー取引規制でも、同様の適用除外が定められている（法167条5項7号）。このような取引は、一般的に「クロクロ取引」と呼ばれている（平成25年の改正については、第3章第4節参照）。

17　経団連の主張について、島崎憲明「インサイダー取引規制の明確化のための日本経団連の提言」旬刊商事法務1687号（2004年）30頁参照。

5 インサイダー取引規制のエンフォースメント

　インサイダー取引規制（法166条・167条）に違反した場合、刑事罰の適用がある。昭和63年に現行法が定められた際、刑事罰は、6月以下の懲役または50万円の罰金またはこれらの併科と規定された。この刑事罰は、不公正取引を一般に禁止する規定の刑事罰と比べて、相当に軽いものとして規定された（当時の58条（現在の157条）に違反した場合、3年以下の懲役または300万円以下の罰金であった）。これは、インサイダー取引を形式犯として規制することに配慮したものである[18]。

　しかし、インサイダー取引規制の違反者に対する罰則は、平成9年の改正で、3年以下の懲役または300万円以下の罰金（両罰規定は3億円以下の罰金）に、平成18年の改正で、5年以下の懲役または500万円以下の罰金（両罰規定は5億円以下の罰金）にそれぞれ引き上げられた。これらの改正は、インサイダー取引規制の重要性が増したことが理由である。もっとも、形式犯として規定されたことから、比較的軽い刑事罰とされていたことを考えると、規制の方法と刑事罰の重さの均衡は崩れている。

　ところで、刑事罰は、犯罪者のレッテルを貼るものであり、違反行為の抑止効果は強力である。もっとも、その強力な効果のゆえに、慎重な運用が求められる。このことは、刑事罰を科すほどの悪性がない違反行為を放置する結果をもたらす危険性がある。そこで、この狭間を埋める手段として、課徴金制度がある。課徴金制度は、平成16年の証取法改正で導入された。改正にあたって、課徴金の対象となる違反行為は、発行開示への虚偽記載と不公正取引とされた。また、不公正取引のうち、インサイダー取引、相場操縦および風説の流布・偽計取引の3つのものを対象とすることとされた。このような行為に課徴金の対象を限定したことについては、いずれも証券市場の公正性と投資家による信頼

---

[18] 横畠・前掲18頁。

●図表1-4　インサイダー取引に関する課徴金勧告件数（件）と課徴金金額

（万円）

年　　度	17年	18年	19年	20年	21年	22年	23年	24年	25年
件　　数	4	11	16	18	43	26	18	32	7
金　　額	166	4,915	3,960	6,661	5,548	6,394	3,169	13,572	1,087

（出所）証券取引等監視委員会ホームページより

●図表1-5　インサイダー取引に関する告発件数

年　　度	17年	18年	19年	20年	21年	22年	23年	24年	25年
件　　数	4	9	2	7	7	4	6	2	1

（出所）証券取引等監視委員会ホームページより

を直接に害するという意味で証取法違反のなかでも特に悪質であり、その抑止の必要性が特別に高いものであることが理由である[19]。現在では、課徴金制度は、インサイダー取引規制の主要な手段として、監督官庁によって活用されている。なお、その後、課徴金制度は、継続開示への虚偽記載など、金商法の違反行為全般に適用が拡大されている。

　証取法において課徴金制度を導入するにあたり、独占禁止法上の制度が参考にされた。そこでは、二重処罰に抵触するとの批判を回避するため、課徴金の性格は、いわゆる制裁ではなく、やり得を防止するために利得相当額の金銭的負担を課すものとされた[20]。

　インサイダー取引規制における課徴金の納付命令は、「自己の計算」で取引をした者が対象となる（法175条1項）。この点について、平成20年の改正では、

---

[19] 岡田大＝吉田修＝大和弘幸「市場監視機能の強化のための証券取引法改正の解説」旬刊商事法務1705号（2004年）45頁。

[20] 独禁法上の課徴金制度と金商法（証取法）上の課徴金制度については、拙稿「課徴金制度の見直し」ジュリスト1390号（2009年）53頁参照。

経済的に同一性があると認められる「他人の計算」でインサイダー取引を行った者を「自己の計算」で行ったものとみなすこととなった（法175条10項・11項）。さらに、金融商品取引業者等については、その顧客（または権利者）の計算でインサイダー取引を行った場合には、当該金融商品取引業者等に課徴金を課すものとされた。平成24年の改正では、金融商品取引業者等に限らず「他人の計算」でインサイダー取引を行った場合に、その報酬相当額の課徴金を課すことができることとなった（法175条1項3号・2項3号）。

さらに、平成25年の改正では、対象財産の運用として、他人の計算でインサイダー取引を行った者について、課徴金の金額を引き上げた（取引をした日の属する月における運用対象財産の運用の対価に相当する額の3倍等）（第3章第6節参照）。これは、いわゆる「公募増資インサイダー事件」（第2章第2節参照）で、資産運用会社に課せられた課徴金の額が少額であったことから、抑止効果を高めるために、実施されたものである。

また、同年の改正で情報伝達者についてもインサイダー取引規制を及ぼすとともに、違反者に課徴金が課せられることとなった（情報受領者が取引を行った場合に限る）（第3章第2節参照）。そこでは、情報伝達者の課徴金の額は、情報受領者が行った取引によって得た利得相当額の2分の1と定められた（仲介関連業務に関して違法行為をした場合には、報酬相当額を基準した金額が規定されている）。

情報の伝達行為について、伝達者が行為者の利得の半分を受けとるという経験則はおそらく存在しないであろう。わが国の課徴金制度が、刑事罰との関係で、利得の吐き出しという性格を持ったものとして存在する以上、違反者の「金銭的な利得額」を何らかの形で考え出さざるを得ない。課徴金制度が、金商法に違反する行為全般に広く拡大され、違反者の金銭的な利得を観念しがたい行為に及ぶに至って、その困難さは限界にまで達しているように見える。

平成25年の法改正を検討した金融審議会のWG報告では、「課徴金制度は、違反行為の抑止を目的とするものであり、抑止効果の観点からは違反行為者の利得にかならずしもとらわれる必要はないとの指摘もあった。本ワーキング・グループでは『他人の計算』で違反行為を行った場合の特性等に着目し、現行の利得相当額を基準とする課徴金制度の枠内で課徴金額の計算方法の見直しを

検討したものであるが、そのような現行の課徴金制度のあり方自体についても将来的に検討される課題である」と記載された[21]。刑事罰との関係、利得相当額に代わる基準の策定、監督官庁に裁量を与えることの是非など、検討されるべき課題は多い。

---

21 インサイダー取引規制に関するワーキング・グループ「近年の違反事案及び金融・企業実務を踏まえたインサイダー取引規制をめぐる制度整備について」(平成24年12月25日)。

第 2 章

近年のインサイダー取引の実情

1　近年のインサイダー取引事例
2　いわゆる「公募増資インサイダー」事案の発生
3　インサイダー取引の発生を未然防止するための体制
4　インサイダー取引防止規程
5　情報管理体制の整備
6　平成25年金融商品取引法改正（情報提供・取引推奨規制導入等）、日本版スチュワードシップ・コードを踏まえたインサイダー取引防止体制上の留意点

※本章の執筆にあたっては、担当筆者（木目田　裕）が所属する西村あさひ法律事務所の同僚である鈴木俊裕弁護士の協力を得た。

1 近年のインサイダー取引事例[1]

1 刑事罰から課徴金制度導入（平成17年4月施行）まで

インサイダー取引規制は、昭和63年の証券取引法（当時）の改正により導入され、平成元年4月に施行された。制度導入当初はインサイダー取引規制違反に対する制裁は刑事罰だけであったが、平成16年の証券取引法（当時）改正により、インサイダー取引規制違反に対する制裁として課徴金制度が導入され、平成17年4月に施行された。

課徴金制度が導入される以前は、年間数件レベルで刑事罰適用を前提とする摘発があるという程度であったが[2]、平成16年改正により課徴金制度が導入された結果、インサイダー取引規制違反の摘発数が急増した[3]。今日では、インサイダー取引規制違反について、証券取引等監視委員会によるいわゆる課徴金勧告の公表は頻繁に見られるようになり、新聞報道等の扱いもいわゆる「ベタ記事」レベルにとどまることが多くなった。

かかる課徴金制度導入後の摘発増加は、もとより、証券取引等監視委員会の努力によるところが非常に大きいが、それとともに、刑事罰と課徴金という制裁手段の性質の違いに起因するところも大きい[4]。

すなわち、刑事罰に問う場合には、検察官は有罪立証のために合理的な疑い

---

[1] 本節は、木目田裕＝上島正道「インサイダー取引をめぐる近時の動き（当局の摘発状況を含む）及びインサイダー取引防止体制について」月刊監査役567号（2010年）4頁を加筆修正したものである。

[2] 刑事事件としてのインサイダー取引規制違反の摘発例については、証券取引等監視委員会「証券取引等監視委員会の活動状況（平成26年6月）」の「附属資料」313頁以下の「告発事件の概要一覧表」参照。

[3] 課徴金の摘発例については、証券取引等監視委員会事務局「金融商品取引法における課徴金事例集」参照。

[4] 西村高等法務研究所『金融商品取引法と企業戦略─資本市場との対話と実務対応』（商事法務、2008年）254頁（「インサイダー取引規制および決算訂正をめぐる実務上の諸問題」[木目田裕]）参照。

を容れない程度に真実であることを立証する必要があり、その立証のハードルは高い。日本の刑事裁判は、ときに「精密司法」といわれるように、裁判所も検察官に対して、極めて緻密な立証を求める。そのため、刑事事件でインサイダー取引規制違反を一件摘発するために要する捜査機関の時間、労力は極めて大きい。よって、違反の疑いがあってもすべて捜査に着手して立件を目指すのではなく、刑事罰に問うに値するような悪質な事案や、証拠が固い事件を選別して立件・捜査し、起訴することになる。このように、検察官は、訴追裁量権を背景として、悪質性が高く証拠が固い事件（起訴価値が高い事件）を選別して立件していくことになるので、インサイダー取引規制違反についてもおのずから刑事罰を適用する数は限られることになると考えられる。

　これに対して、課徴金は、証券取引等監視委員会による行政調査・課徴金勧告、金融庁審判官による審判でもって、違反者に対して、基本的には不当な利得の剥奪というレベルで金銭的制裁を科すものである。行政調査・行政審判であることから、理論上、刑事罰におけるような合理的な疑いを容れない程度に真実であることの立証は必要なく、証拠の優越で足りる。刑事裁判のような精密・緻密な立証も求められない。それゆえ、刑事罰適用に比べれば簡易な証拠収集で迅速・機動的な立件・課徴金賦課が可能となる。インサイダー取引規制違反の摘発は、課徴金制度の導入により、急増したと考えられる。

　また、金融商品取引法（以下、「法」という）上、課徴金の対象となる違反行為があった場合には、内閣総理大臣は課徴金納付を「命じなければならない」とされ（たとえば、法172条）、証券取引等監視委員会および金融庁は、これまで、課徴金を命じるかどうかおよび課すべき課徴金の額について、裁量を有しないとの立場を基本的に取ってきた。そのため、軽微事案であっても悉く立件し、金融庁も極めて少額であっても課徴金を課すという運用を行っている。かかる当局の運用も摘発件数の大幅増の背景にあると考えられる。もっとも、近時は、数万円の課徴金しか課さないという、調査コストに照らし費用対効果に反するような事件の摘発は、基本的には見られなくなったと思われる。極めて少額の課徴金しか課さない事件の摘発は、当局の限られた人的資源の有効活用の観点から合目的性に疑問があり、かえって課徴金という「行政上の制裁」の感銘力を減殺する懸念もあるから、手口の悪質性・模倣性が高いといっ

た事情がない限り、適当でないように思われる[5]。

2 平成17年以降―市場関係者等によるインサイダー取引の相次ぐ摘発と「うっかりインサイダー」

　平成17年以降、日本経済新聞社社員、野村證券社員、NHK記者、新日本有限責任監査法人公認会計士らによるインサイダー取引規制違反事件が相次いで摘発され、世間の耳目を大いに集めた。これらは、日本経済新聞社広告局の金融広告部員が上場会社の取締役会決議等の公告掲載を取り扱うという職務を利用して未公表の株式分割情報を入手しインサイダー取引を行った事案（執行猶予付き有罪判決）[6]、野村證券で投資銀行業務を扱う企業情報部に所属していた社員が複数のM&A関連情報を利用して複数のインサイダー取引を行った事案（執行猶予付き有罪判決）[7]、NHK記者3名が上場会社の業務提携情報等を社内システムに配信された報道用原稿から知ってインサイダー取引を行った事案（課徴金）[8]、新日本有限責任監査法人の公認会計士が監査業務を通じて知った監査先の業績下方修正を知ってインサイダー取引を行った事案（課徴金）[9]であった。これらの事件は、報道機関や世論等から一括して広い意味の市場関係者等によるインサイダー取引事件と受け止められ、また課徴金制度導入によるインサイダー取引規制違反事件の相次ぐ摘発と相まって、インサイダー取引防止の必要性が市場関係者のみならず、社会的にも広く再確認されることとなった。

　さらに、平成18年には、いわゆる村上ファンド事件[10]が発生した。これは、ライブドアによる敵対的買収としてほぼ連日の報道等で多大な注目を受けたニッポン放送株の買収劇に絡んで、非常に著名であった村上ファンドの主宰者

5　証券取引等監視委員会の課徴金に係る「裁量自己否定、悉皆摘発型運用」の問題点については、木目田裕「弁護士からみた証券取引等監視委員会の法執行」金融法務事情1900号（2010年）87頁参照。
6　西松屋チェーン株に係るインサイダー取引（東京地判平成18年12月25日判例集未登載）。
7　三光純薬株他3銘柄に係るインサイダー取引（東京地判平成20年12月25日判例集未登載）。
8　金融庁平成20年3月19日付け課徴金納付命令。
9　金融庁平成20年4月9日付け課徴金納付命令。
10　最判平成23年6月6日刑集65巻4号385頁。

がインサイダー取引を行ったという事案であった。そのため、村上ファンド事件の摘発によって、インサイダー取引に対する関心が市場関係者や規制当局者にとどまらず、一般社会の範囲にまで大きく広まった。

　また、平成19年には、小松製作所事件や大塚家具事件が発生し、いわゆる「うっかりインサイダー」として注目を浴びた。これらの両事件は、いずれも発行企業の自社株買いがインサイダー取引規制違反に問われ、発行企業に課徴金が賦課されたものであった。小松製作所事件では、同社の役職員が実質的に休眠状態にあった海外子会社が解散を行うことについて決定した事実を知りながら、会社の業務として自社株買いを行ったことがインサイダー取引規制違反とされた。大塚家具事件は、同社の役職員が増配について決定した事実を知りながら、会社の業務として自社株買いを行ったことがインサイダー取引規制違反とされた。この両社に共通することは、いずれも行為者であった役職員としてはインサイダー取引を行おうと思っていたわけではないのはもとより、インサイダー取引に当たり得るという認識・意識すらなく、インサイダー取引規制に対する理解・認識に問題があったという事例であった。小松製作所事件であれば、当時、「子会社の解散についての決定」という重要事実については軽微基準がなかったため[11]、たとえ実質休眠状態の子会社の解散であって、およそ小松製作所の株式の価格に影響を与えるとは思われないような「子会社の解散についての決定」であっても、形式的にはインサイダー取引規制の違反要件に該当するとされた。しかし、自社株買いに関わった役職員には、かかる認識や意識はなかったと推測される。また、大塚家具事件であれば、取締役会で増配の株主総会付議議案を決議する以前の検討段階に過ぎない時点での自社株買いであったため、「剰余金の配当についての決定」という重要事実が存在していることになっているとは思っていなかったと推測される。いずれも、発行企業の自社株買いについてのインサイダー取引であったため、広く報道され、社会の注目を浴びたが、同時に専門家や市場関係者の一部の間ではインサイダー取引規制が形式犯とされることからやむを得ないとはいえ、本来、インサイダー

---

11 その後、平成20年改正で、子会社の解散についての決定事実に軽微基準が設けられた（有価証券の取引等の規制に関する内閣府令（以下、「取引規制府令」という）52条1項5号の2等）。

取引に問擬(もんぎ)して課徴金を賦課すべき事案ではないのではないか、という疑問の声もあり、「うっかりインサイダー」を発生させないために、上場会社等におけるインサイダー取引防止体制の構築や、インサイダー取引規制の正しい理解と知識を普及させることが喫緊の課題であると認識されることになった。

　平成19年の小松製作所事件や大塚家具事件といった「うっかりインサイダー」の背景には、インサイダー取引規制にかかる法令の規定が技術的・複雑であるため、違反行為者にとって、必ずしも、自己の保有情報がインサイダー情報に該当することに気付かないこともあり得るという点があった。この点、近時は、次に述べるような規制当局の担当者、取引所関係者、実務家等による取組みや、上場会社等によるインサイダー取引防止体制の整備の進捗により、「うっかりインサイダー」と見られる事案は見当たらなくなってきている。また、「うっかりインサイダー」について、最近の実務上は課徴金を課すことは行われていないようである[12]。その理由につき、社内のインサイダー取引防止体制がお粗末でない限り「うっかり」事案は当局と対話の余地があると説明され[13]、証券取引等監視委員会等の当局としても「規制の運用として、知ったことと売買したことの間に主観的因果関係がなければ、摘発価値を感じない」と説明されている[14]。もっとも、金融商品取引法上、課徴金対象となる違反行為があった場合には、内閣総理大臣は課徴金納付を「命じなければならない」とされ（たとえば、法172条）、証券取引等監視委員会および金融庁には課徴金を命じるか否か等の裁量がないとの立場と「うっかりインサイダー」にかかる実務上の弾力的な対応とを法解釈の見地から、いかに整合的に整理するかは課題である[15]。

12　大森泰人「OPINION　うっかりインサイダーの撲滅」金融法務事情1882号（2009年）1頁参照。
13　大証金融商品取引法研究会報告「市場監視の実際（インサイダー取引を中心に）」15頁〔大森泰人事務局次長発言〕参照。
14　大森泰人「霞ヶ関から眺める証券市場の風景　第72回　インデックス運用」金融法務事情1957号（2012年）78頁参照。

3 金融庁・証券取引等監視委員会、各証券取引所、日本証券業協会らによるインサイダー取引防止のための取組み

　以上の状況を受けて、特に平成19年以降に顕著になるが、金融庁・証券取引等監視委員会、各証券取引所、自主規制法人、日本証券業協会等は、これまで以上に重点的にインサイダー取引の未然防止に取り組んだ。かかる取組みの例としては、次のものがある。

①平成19年5月31日の各証券取引所による「第一回全国上場会社内部者取引管理アンケート」、平成21年8月3日に「第二回全国上場会社内部者取引管理アンケート」、平成23年8月29日に「第三回全国上場会社内部者取引管理アンケート」（以下、「第三回アンケート」という）[16]

②東証Ｒコンプライアンス研修センター（東証COMLEC[17]）を通じた教育・啓発活動（講師派遣、e-learning）

③平成20年2月29日、東証COMLECによる「こんぷらくんのインサイダー取引規制Q&A第四版」の刊行（初版は平成14年4月24日）、平成21年3月16日、東証COMLECによる「こんぷらくんのインサイダー取引規制Q&A第五版」の刊行、平成26年3月26日、東証COMLECによる「こんぷらくんのインサイダー取引規制Q&A　金融商品取引法平成25年改正対応版」の刊行

④平成21年5月25日、日本証券業協会が構築する「J-IRISS（ジェイ・アイリス）」の運用開始[18]

15　木目田裕＝沼田知之「金融商品取引法の課徴金制度における偽陽性と上位規範の活用による解決」旬刊商事法務1992号（2013年）19頁参照。この点、金融庁は、売買等が重要事実を知ったことと無関係に行われたことが明らかな場合には投資家の信頼を損なうおそれが乏しいためインサイダー取引規制には違反しない、との考え方を示している（平成26年6月27日付けインサイダー取引規制に関するQ&A（問3）の（答））。

16　第三回アンケートに関しては、三木亨「上場会社のインサイダー取引未然防止体制の現状と留意点─第三回全国上場会社内部者取引管理アンケートから─」旬刊商事法務1942号（2011年）52頁参照。

17　平成26年4月1日に、東京証券取引所自主規制法人は、日本取引所自主規制法人に名称が変更されている。以下、本章においては、名称変更の前後を問わず、COMLECについては、「東証COMLEC」という。

⑤平成22年6月24日、東証COMLECによる「内部者取引防止規程事例集」の刊行

　以上の取組みの結果、各上場会社においては、インサイダー取引防止規程を設けるなどのインサイダー取引の防止体制の整備が進んでいることがわかる。たとえば、アンケートに回答した上場会社のうち97％がインサイダー取引防止規程を定めており、91％が具体的な情報管理や売買管理の措置を定めている[19]。具体的な措置の中身については、会社または役職員による自社株売買との関係では、半数以上の会社で許可制が採用されている。

　もっとも、会社の規模が大きくなるにしたがって、許可制の割合は減少し、事前届出制にとどまる会社の割合が増加する傾向にある。たしかに、多数の従業員を抱える大規模な会社において、営業所や工場等に勤務する末端の従業員についてまで許可制を採って逐一事前に売買許可を本社コンプライアンス部門に行わせ、それをチェックすることは非現実的な面があり、自ら費用対効果の観点を踏まえ、業種の特性や従業員の業務内容等を勘案して、許可制の適用対象を一定の役職以上に限定する等の対応が必要となろう。他方、会社や役職員による他社株売買との関係では、他社の未公表の重要事実を管理することは現実的には困難であるためと思われるが、自社株売買の場合と比較すると、会社としては関知しないという対応を採るか、あるいは禁止という厳格な対応を採る例が多いようである。

　平成20年12月12日から施行された金融商品取引法の改正では、インサイダー取引に対する課徴金制度が強化拡充された。たとえば、課徴金額につき、従前は株券等の取得時の価格と重要事実の公表日翌日の終値との差額等とされていたのが、取得時の価格と重要事実公表後2週間の最高値の差額（売付け等の場合には、売却時の価格と公表後2週間の最低値の差額）とされた。また、企業

18　これは、上場会社の役員の住所・氏名等の情報を予め登録し、証券会社が注文を受ける際に参照し、インサイダー取引が行われることを防止するという役割を果たす（http://www.jsda.or.jp/katsudou/j-iriss/）。
19　第三回アンケート調査報告書9頁参照。なお、平成19年に実施された第一回のアンケートの際には、何らかのインサイダー取引防止規程を定めている上場会社の割合は89.8％であり、平成21年に実施された第2回のアンケートの際には、何らかのインサイダー取引防止規程を定めている上場会社の割合は94.9％であった。

の自己株売買にかかるインサイダー取引に関し、当該企業が当局の調査前に違反事実を当局に申告した場合には、課徴金の額を半減する旨の規定も設けられた（課徴金の減算制度）。

他方、インサイダー取引規制の合理化・明確化のための当局の取組みもある。前述の「うっかりインサイダー」取引（小松製作所事件）を踏まえ、「子会社の解散についての決定」につき、軽微基準が設けられた（取引規制府令52条1項5号の2等）。

また、インサイダー取引規制上の「子会社」の意義に関し、金融庁は、平成20年12月25日にノーアクションレターにおいて次の解釈を示した[20]。すなわち、インサイダー取引規制上、「親会社」「子会社」は基本的には直近の有価証券報告書等に「親会社」「子会社」と記載されているかどうかで判断されるところ（法166条5項）、直近に提出した有価証券報告書の「関係会社の状況」欄に社名も記載されておらず、単に「その他連結子会社」の社数に含まれているに過ぎない子会社については、当該有価証券報告書の記載が適切に行われているとの前提のもと、法166条5項に定める「子会社」に該当しないとされた。

さらに、自己株式取得にかかる信託方式または投資一任方式について、金融庁は、平成20年11月18日付け「インサイダー取引規制に関するQ＆A」[21]において、「上場会社が信託方式又は投資一任方式によって自己株式取得を行う場合、例えば、①信託契約又は投資一任契約の締結・変更が、当該上場会社により重要事実を知ることなく行われたものであって、②当該上場会社が契約締結後に注文に係る指示を行わない形の契約である場合、又は、当該上場会社が契約締結後に注文にかかる指示を行う場合であっても、指示を行う部署が重要事実から遮断され、かつ、当該部署が重要事実を知っている者から独立して指示を行っているなど、その時点において、重要事実に基づいて指示が行われていないと認められる場合においては、一般に、重要事実を知って売買等を行う場合に該当しないと考えられることから、基本的にインサイダー取引規制に違反しない」との解釈を示した。

---

20 http://www.fsa.go.jp/common/noact/kaitou/032/032_06b.pdf
21 http://www.fsa.go.jp/news/20/syouken/20081118-6/01.pdf。「インサイダー取引規制に関するQ＆A」は、平成26年6月27日付けでQ＆Aが追加されている。

加えて、証券取引等監視委員会は、平成21年6月に公表した課徴金事例集から、どの段階の決定を捉えてインサイダー取引と認定したか等を具体的に説明するように努めており、上場会社等がインサイダー防止規程を運用するにあたり参考になる。

　インサイダー取引の摘発体制について見ると、制度的手当てと経験・ノウハウの蓄積とにより証券取引等監視委員会の調査能力が大幅に向上している。制度的手当ての例としては、「コンプライアンスWAN」の運用がある。これは、全国の証券会社と自主規制機関および当局（証券取引等監視委員会および財務局等）との間を専用線によるネットワークで結び、市場監視情報にかかるデータの授受を電子的、一元的に処理するためのシステムである。このシステムにより、証券取引等監視委員会は、取引所・自主規制法人や証券会社と円滑・迅速に情報交換することが可能になり、インサイダー取引の端緒をより広く把握できるようになった。経験・ノウハウの蓄積の例としては、詳細を述べるのは差し控えるが、他人名義によるインサイダー取引の摘発が挙げられる。当局関係者らも、他人名義であれば見つからないというのは大きな誤りであると述べている[22]。なお、証券取引等監視委員会は、海外当局との協力も随時行っている。

　なお、インサイダー取引を理由とする株主代表訴訟の例として、日本経済新聞社の広告局従業員によるインサイダー取引事件に関し、同社の株主が提起した株主代表訴訟がある（請求棄却）[23]。

4　最近の摘発事件の特徴

　証券取引等監視委員会の関係者は、近時のインサイダー取引事案の傾向について、①マスコミ職員、公認会計士、証券会社職員、証券関係印刷会社職員など、企業内部の未公表の重要情報を扱う職務を遂行するがゆえに高い倫理が求

---

[22] 大森泰人「うっかりインサイダーの撲滅」金融法務事情1882号（2009年）1頁。なお、中村直人「視点　インサイダー取引の急増とその対応」ファイナンシャルコンプライアンス40巻2号（2010年）7頁参照。
[23] 東京地判平成21年10月22日・判例時報2064号（2010年）139頁、資料版商事法務310号（2010年）214頁。

められる者によるインサイダー取引が相次いだ、②M&Aとの関連で行われるインサイダー取引がみられる、③インサイダー取引のほとんどが、パソコンや携帯電話からインターネット経由で市場に発注されており、証券会社の店頭や電話で証券会社職員と相対で発注されるインサイダー取引はあまり見られない、④取引のグローバル化に伴い、日本国内の証券市場における不公正取引のうち、外国からの注文によって行われるものが増加していく、⑤上場企業の普通の従業員が自社株式の売買によりインサイダー取引を行ってしまう事案が、後を絶たない等と述べている[24]。

かかるインサイダー取引事件の傾向は、平成20年以降も同様であり、相変わらず、インサイダー取引事件の摘発が相次いでいる。ごく最近の例を挙げるだけでも、イー・アクセスの元役員秘書がソフトバンクによる株式交換買収の公表前に自社株を買い付けてインサイダー取引を行った事案[25]、パナソニック社員らが業務提携の公表前に自社株を買い付けてインサイダー取引を行ったとして課徴金勧告がなされた事案[26]、家電量販店ノジマの公募増資の公表前に顧問弁護士がノジマ株を売り抜けてインサイダー取引を行ったとして課徴金勧告がなされた事案[27]、大手スーパーマーケットであるイオンの執行役がイオンによるダイエーの公開買付けの公表前に自社株を買い付けてインサイダー取引を行ったとして課徴金勧告がなされた事案[28]などがある。

このようなインサイダー取引事件の傾向の中で、特に平成20年頃以降は、①証券取引等監視委員会が重要事実における「バスケット条項」（法166条2項4号等）を積極的に適用して摘発する例が目立つようになったこと、②公開買付け等絡みのインサイダー取引の摘発が増加していること、③インサイダー取引で刑事訴追される事件が増大していることを挙げることができる。また、平成24年以降に顕著になった事象として、④いわゆる公募増資インサイダー取引の相次ぐ摘発を挙げることができる[29]。以下では、この①ないし④について順次説明する。なお、公募増資インサイダー取引については、証券会社・運用会社

---

24 野山宏「証券取引等監視委員会の活動」金融法務事情1866号（2009年）59頁。
25 イー・アクセス事件（東京地判平成25年11月22日判例集未登載）。
26 証券取引等監視委員会平成26年2月25日勧告。
27 証券取引等監視委員会平成26年4月22日勧告。
28 証券取引等監視委員会平成26年5月30日勧告。

の双方から見た発生原因分析や再発防止策も併せて検討するので、項を改めて論じる。

5 バスケット条項の積極的適用

　最近のインサイダー取引の摘発事件の特徴の1つとして、バスケット条項の積極的適用がある[30]。
　バスケット条項の積極的適用の要因としては、課徴金制度の導入・定着が主因ではないかと思われる。前述したように、インサイダー取引の制裁が刑事罰しかなかった時代においては、有罪立証のための高いハードル（合理的な疑いを容れない程度に真実であることの立証）や「精密司法」のため、検察官は悪質性が高く証拠が固い事件（起訴価値が高い事件）を選別して立件していくことになる。バスケット条項（法166条2項4号）は、「前三号に掲げる事実を除き、当該上場会社等の運営、業務又は財産に関する重要な事実であつて投資者の投資判断に著しい影響を及ぼすもの」と規定するのみである。問題とされているインサイダー情報がこのバスケット条項に該当することにつき99.9％以上

---

[29] 証券取引等監視委員会事務局 取引調査課長 小出 啓次「平成25年7月以降に勧告した内部者取引に関する課徴金納付命令勧告事案の特色について」（http://www.fsa.go.jp/sesc/keisai/26/20140514-1.pdf）によると、インサイダー取引に関する課徴金納付命令勧告事案の件数および金額は、平成25年7月から平成26年4月までの期間で29件、4,528万円（課徴金納付命令対象者ベース）であり、重要事実別に見ると、「新株等発行」が10件（うち4件はリーマンショック後に集中した複数の大型公募増資案件に関する事案）、「業績予想等の修正」が6件、「業務提携・解消」が5件、「公開買付け」が4件等となっているとのことである。違反行為者の属性については、平成21年度以降、第一次情報受領者が行った事案の件数が、会社関係者および公開買付者等関係者等が行った事案の件数を上回る状況が続いており、上記29件のうち、第一次情報受領者が行った事案は20件であったとのことである。また、上記29件のうち10件において、借名口座を用いた取引が認められ、いずれの事案においても知人や親族の口座が用いられていたとのことである。

[30] 証券取引等監視委員会「内部者取引に対する課徴金勧告状況」のうち「（表1）重要事実別勧告状況」（http://www.fsa.go.jp/sesc/actions/kan_joukyou_naibu.pdf）参照。バスケット条項に関しては、平成17年以降ゼロだったのが、平成21年に4件、同22年に3件、同23年に1件、同24年に3件となっている。同25年はゼロであるが、これは公募増資インサイダー絡みのインサイダー取引事案や公開買付け絡みのインサイダー取引事案等に、証券取引等監視委員会の人的リソースを要したためではないかと推測する。

（わが国の刑事事件における伝統的な有罪率）の確信をもつことができないと、検察官としては立件・起訴できない。たとえ、違反行為者が「自白」していても、「投資者の投資判断に与える著しい影響」を立証する客観的な材料をいかに収集・証拠化するかを考えると、検察官としてはバスケット条項を適用した立件・起訴には躊躇を感じるであろう。バスケット条項を適用した刑事事件の例であるマクロス事件や日本商事事件では、検察官は最初からバスケット条項で起訴したわけでなく、裁判所の審理によって、当初の訴因である決算予想修正や損害発生という重要事実が認められず、予備的訴因であるバスケット条項該当性が認められたに過ぎない。これに対し、課徴金は、行政調査・行政審判であって、刑事裁判のような精密・緻密な立証も求められず、簡易・迅速・機動的な調査で足りる。「投資者の投資判断に与える著しい影響」という要素の立証についても、違反行為者が「自白」していれば、結果的な株価動向だけで立証として十分であることも多い。このように、課徴金制度の導入・定着のため、バスケット条項を適用した事案の摘発が増加しているのではないかと思われる。

具体的なバスケット条項の適用例は、次のとおりである。

① 大手商社の偽造文書を用いた投資詐欺事件の主犯であった者が、「自身が代表者を務める会社における主力事業として投資を募っていた病院再生事業が架空のものであったことが発覚し、それ以降に償還日が到来する償還金を償還する目途が立たなくなった」旨の重要事実を知った上で、当該会社の親会社の株券を売却した事案（刑事事件）[31]。

② 工作機械メーカーの取締役が、「同社が虚偽有価証券届出書等提出の犯則嫌疑で証券取引等監視委員会の強制調査を受け、同社が粉飾決算を行っていた事実が公になる事態に立ち至った」旨の重要事実の伝達を受け、その公表前に同社の株券を売却した事案（刑事事件）[32]。

③ 鉄工所の取引先の従業員が、「当該鉄工所が製造、販売する製品につき、強度試験の検査数値の改ざんおよび板厚の改ざんが確認された」旨の重要事実を知って、公表前に当該鉄工所の株券を売却した事案（課徴金納付命

---

31 LTTバイオファーマ事件（東京地判平成21年9月14日判例集未登載）。
32 プロデュース事件（さいたま地判平成21年5月27日判例集未登載）。

令)33。

④自動車部品メーカーにおいて「同社の過年度決算数値に過誤があることが発覚した」旨の重要事実を同社の従業員から伝達されてこれを知った者が、公表前に同社の株券を売却した事案（課徴金納付命令）34。

⑤アミューズメント施設等を経営する会社において「同社の複数年度に亘る不適切な会計処理が判明した」旨の重要事実を知った同社の従業員が、公表前に同社の株券を売却した事案（課徴金納付命令）35。

⑥試験機事業等を行う会社において「第三者割当による新株式発行増資について、払込総額の約9割に相当する新株式の発行は失権することが確実になり、連結業績向上のための基幹事業としていた子会社事業等への投資資金を確保する目処が立たなくなった」旨の重要事実を知った同社の実質的経営者らが、公表前に同社の株券を売却した事案（刑事事件）36。

⑦アセットマネジメント業務等を行う会社において「景気の低迷等により不動産関連企業の新規資金調達が困難となっていた状況下で銀行団による協調融資により総額約100億円の新規事業資金を調達できることが確実となった」旨の重要事実を同社の役員から伝達されてこれを知った者が、公表前に同社の株券を購入した事案（刑事事件）37。

⑧建設会社等を傘下に持つ持株会社において「かねてより会計監査人から指摘を受けていた継続企業の前提に関する重要な疑義を解消するために必要な資金等の確保が著しく困難となった」旨の重要事実を知った同社との契約締結者や情報受領者らが、公表前に同社の株券を売却した事案（課徴金納付命令）38。

---

33 栗本鐵工所事件（金融庁平成21年5月21日課徴金納付命令）。
34 フタバ産業事件（金融庁平成21年12月11日課徴金納付命令）。
35 アリサカ事件（金融庁平成22年1月21日課徴金納付命令）。
36 証券取引等監視委員会「証券取引等監視委員会の活動状況（平成22年5月）」116～117頁。2014年7月現在、最高裁において公判継続中である。
37 リサ・パートナーズ事件（東京地判平成23年4月26日判例集未登載）。
38 契約締結者につき、金融庁平成22年9月22日課徴金納付命令。なお、情報受領者は、金融庁審判で争ったが、金融庁から平成23年7月20日付け課徴金納付命令を受け、課徴金納付決定取消請求訴訟を提起したが、平成25年2月21日、大阪地方裁判所において、請求棄却判決が出された（判例集未登載）。

⑨不動産事業等を行う会社において「同社が従前から委託先法人に行わせていた同社所有の商業ビルの立ち退き交渉業務に関し、警察において、同委託先法人が反社会的勢力であるとし、当該交渉業務について、同社の役員らの取調べ等の捜査を進めている」旨の重要事実を知った同社の役員らが、公表前に同社の株券を売却した事案（刑事事件）[39]。

⑩風力発電事業等を行う会社において「同社の会計監査人の異動、それに伴い平成22年3月期の有価証券報告書の提出が遅延し、同社株式が監理銘柄に指定される見込みとなった」旨の重要事実を同社の役員から伝達されてこれを知った者が、公表前に同社の株券を売却した事案（刑事事件、課徴金納付命令）[40]。

⑪不動産情報の提供を行っている会社において「業務提携の相手方から、両社間の業務提携にかかる不動産検索サービスの提供を停止するとの一方的な通告を受けた」旨の重要事実を知った同社の役員および従業員が、公表前に同社の株券を売却した事案（課徴金納付命令）[41]。

⑫自動車部品の物流事業を行う会社において「全部取得条項付種類株式の利用により、同社の完全子会社化について決定をした」旨の重要事実を同社の従業員から伝達されてこれを知った者が、公表前に同社の株券を購入した事案（課徴金納付命令）[42]。

いかなる事実がバスケット条項に該当するのかは必ずしも明確でないため、当局がバスケット条項を積極的に適用すると、企業・個人の有価証券売買等を萎縮させるのではないかという指摘もあり得るところ、これまでの証券取引等監視委員会の摘発例を見る限り、インサイダー取引に問われるのが当然という事案しか摘発されていないと思われる。かかる証券取引等監視委員会の摘発状況を信頼することを前提とすれば、企業・個人としては、インサイダー取引の

---

[39] 証券取引等監視委員会「証券取引等監視委員会の活動状況（平成24年6月）」118～119頁。平成23年6月13日、同社の代表取締役について公訴提起がなされたが、現在、当公判は、横浜地方裁判所において、刑事訴訟法第314条（被告人が心神喪失の状態に在るときまたは病気のため出頭することができないとき）により公判手続停止となっている。

[40] 金融庁平成24年3月5日課徴金納付命令。日本風力開発事件（神戸地判平成24年5月18日判例集未登載）。

[41] ジアース事件（金融庁平成24年9月14日課徴金納付命令）。

[42] バンテック事件（金融庁平成24年12月25日課徴金納付命令）。

規制趣旨を踏まえて、健全な良識に基づいて、一般投資家の目線から見て「この情報を知りながら売買することはアンフェアではないか」と絶えず自戒することを怠りさえしなければ、心配は無用であると考えられる。逆に、一部の市場関係者による行動の問題点として時に当局側関係者等から指摘されることがあるが、法の抜け穴を探す、あるいは法令の規定に形式的・表面的に反していなければそれでよし、という考え方では、バスケット条項の適用によりインサイダー取引として摘発されることを回避できず、およそ通用しないともいえる。

6 公開買付け等絡みのインサイダー取引の摘発の増加

最近のインサイダー取引の摘発事件の特徴の1つとして、公開買付け等絡みのインサイダー取引の摘発の増加がある。もとより、平成20年以前であっても、村上ファンド事件など、公開買付者の役職員個人やファイナンシャルアドバイザー、対象会社役職員、これらの者からの情報受領者らが、未公表の公開買付け等についての決定事実を知って対象会社株式等の売買等を行ったとして、インサイダー取引で摘発された事案は散見された。しかし、経済環境の変化を背景とする公開買付け等やMBOが増大していることが要因と思われるが、平成20年頃以降になると、かかる公開買付け等絡みのインサイダー取引事案の摘発が顕著に増加している[43]。平成20年度以降に公開買付け等絡みのインサイダー取引事案について、証券取引等監視委員会が課徴金納付命令の勧告を行った事案は38件あり[44]、告発を行った事案は13件ある[45]。たとえば、公開買付者と公開買付代理人契約やアドバイザリー契約を結んでいる証券会社の従業員から公開買付け等事実の伝達を受けた者がその公表前に対象会社の株式を買い付けた事案（アルゴ21株ほか4銘柄にかかるインサイダー取引）[46]、外資系金融機関

---

[43] 佐々木清隆「インサイダー規制の注意点④」平成21年12月18日付け日本経済新聞夕刊5面。

[44] 証券取引等監視委員会事務局「金融商品取引法における課徴金事例集～不公正取引編～」（平成25年8月）7頁、平成25年7月以降の証券取引等監視委員会による報道発表。

[45] 「証券取引等監視委員会の活動状況（平成26年6月）」の「附属資料」313頁以下の「告発事件の概要一覧表」。

[46] 金融庁平成21年6月23日課徴金納付命令。

従業員が対象会社の役員から公開買付け等事実の伝達を受けて、その公表前に対象会社の株式を買い付けた事案（外資系証券社員によるレックス・ホールディングス株にかかるインサイダー取引）[47]、公開買付者の監査役が公表前に対象会社の株式を買い付けた事案（パイオニア株式会社監査役による同社株にかかるインサイダー取引）[48]、対象会社の役員および同役員から伝達を受けた社員らが公表前に対象会社の株式を買い付けた事案（日産ディーゼル工業役員らによる同社株にかかるインサイダー取引）[49]などである。

公開買付け等においては、当事者となる会社のほか、投資銀行等のファイナンシャルアドバイザーや、法律事務所、会計事務所、資産査定の業者、IR会社、印刷会社等の多数の関係者が関与し、ほかのインサイダー情報に比較すると、未公表の公開買付け等にかかる情報が比較的多数の者の間に伝播しやすいこと、対象会社の株券にプレミアムがつくことにより公表後に株価が上昇すること等から、特にインサイダー取引が行われやすい土壌があるとされている[50]。そのため、証券取引等監視委員会も積極的・重点的に公開買付け等に絡むインサイダー取引を摘発していると考えられる。また、証券取引等監視委員会の関係者による公開買付け等絡みのインサイダー取引防止のための啓発活動も積極的に行われている。具体的には、たとえば、証券取引等監視委員会においてプロジェクトチームを作って検討し、平成22年7月に証券取引等監視委員会事務局「株式公開買付等に係る実務とインサイダー取引のリスク」を公表している。

7 刑事罰適用の積極性

刑事罰についても引き続き証券取引等監視委員会は積極的に犯則調査を行っている。課徴金調査を通じて証券取引等監視委員会の調査能力が向上していることが背景にあるのであろうと思われるが、特に平成20年前後からインサイ

---

47 金融庁平成21年1月20日課徴金納付命令。
48 金融庁平成21年3月31日課徴金納付命令。
49 金融庁平成21年8月27日課徴金納付命令。さいたま地判平成21年12月24日有罪判決。
50 公開買付け等に絡んでインサイダー取引が発生しやすいことや未然防止策等に関し、田中賢次・辻畑泰伸「公開買付けに係る実務とインサイダー取引のリスク」金融法務事情1904号（2010年）80頁参照。

ダー取引で刑事訴追される事件が増大しているように思われる。たとえば、架空の病院再生事業による投資詐欺事件に関連するインサイダー取引事件[51]、大手国内トラック会社の社員らによるインサイダー取引事件[52]、電力小売会社の役員によるインサイダー取引事件[53]、工作機械メーカーの粉飾決算に関するインサイダー取引事件[54]、投資会社の会長によるインサイダー取引事件[55]、大手人材派遣会社による会社買収をめぐるインサイダー取引事件[56]、IT関連会社株をめぐる外資系生命保険会社の従業員によるインサイダー取引事件[57]、アニメ製作会社株等をめぐる銀行員によるインサイダー取引事件[58]、大手スーパーの役員の親族によるインサイダー取引事件[59]、ソフト開発会社による第三者割当増資をめぐるインサイダー取引事件[60]、耐火物メーカーの業績予想値修正に関するインサイダー取引事件[61]、証券会社の幹部らによるインサイダー取引事件[62]、イー・アクセスの役員秘書がソフトバンクによる株式交換買収の公表前に自社株を買い付けてインサイダー取引を行った事件[63]、経済産業省の元審議官によるエルピーダ株式・NECエレクトロニクス株式にかかるインサイダー取引事件[64]などが刑事事件として摘発されている。

　このうち、経済産業省の元審議官によるエルピーダ株式・NECエレクトロニクス株式にかかるインサイダー取引事件については、いわゆる決定事実の決

---

[51] LTTバイオファーマ事件（東京地判平成21年9月14日判例集未登載）。
[52] 日産ディーゼル工業事件（さいたま地判平成21年12月24日判例集未登載）。
[53] エネサーブ事件（大阪地判平成21年5月25日判例集未登載）。
[54] プロデュース事件（さいたま地判平成21年5月27日判例集未登載）。
[55] ジェイ・ブリッジ事件（東京地判平成21年12月10日判例集未登載）。
[56] グッドウィル・グループ事件（東京地判平成22年2月4日判例集未登載）。
[57] テレウェイヴ事件（東京地判平成22年4月5日判例タイムズ1382号（2013年）372頁）。
[58] GDH事件（東京地判平成23年4月26日判例集未登載）。
[59] 西友事件（東京地判平成24年9月7日判例集未登載）。
[60] ジャストシステム事件（東京地判平成23年9月16日判例集未登載）。
[61] 黒崎播磨事件（福岡地判平成24年9月26日判例集未登載、福岡高判平成25年2月20日判例集未登載）。
[62] SMBC日興証券事件（横浜地判平成25年2月28日金融法務事情1980号（2013年）153頁、横浜地判平成25年9月30日法学セミナー709号（2014年）123頁）。
[63] イー・アクセス事件（東京地判平成25年11月22日判例集未登載）。
[64] エルピーダおよびNECエレクトロニクス事件（東京地判平成25年6月28日判例時報2203号（2014年）135頁）。

8 経済産業省の元審議官によるエルピーダ株式・NECエレクトロニクス株式にかかるインサイダー取引事件について

　経済産業省の元審議官によるエルピーダ株式・NECエレクトロニクス株式にかかるインサイダー取引事件は、刑事事件として摘発され、一審東京地裁で有罪判決がなされ、現在控訴中である。筆者は、本件で刑事弁護人を務めており、東京地裁判決の事実認定自体を争っているが、その点は措いて、仮に東京地裁判決の事実認定を前提にするとした場合に、本件は実務に大きな影響を与えるので、インサイダー取引規制上の論点を客観的に紹介したい。

(1) 決定事実の捉え方への影響

　エルピーダメモリ株式会社（以下、「エルピーダ」という）に関して、当時、経済産業省審議官であった被告人は、その権限の行使に関し、エルピーダの業務執行を決定する機関が、改正・産業活力の再生および産業活動の革新に関する特別措置法（以下、「改正産活法」という）に基づく事業再構築計画の認定を取得し、同計画に沿って日本政策投資銀行（以下、「政投銀」という）に第三者割当増資を行うことについての決定をした旨の事実（決定の時期は、平成21年3月26日とされた）を知り、その公表前である平成21年5月15日および18日にエルピーダの株券を買い付け、もってインサイダー取引を行ったとされた。

　このエルピーダの事案において、エルピーダの代表取締役社長らは、同年1月下旬から経済産業省や政投銀との間で、エルピーダの資本増強策について協議を行っており、その協議の対象の中には改正産活法に新たに導入されることが予定されていた資本増強策（第三者割当増資）も対象に含まれていた。

　同年2月3日に改正産活法が閣議決定され、新聞各紙によりいわゆる一面等でエルピーダが産活法の新制度を活用して資本増強をする検討に入った旨が報道され、エルピーダは、この報道に対して、「当社から発表したものではありません」とした上で、「今後、改正産活法案が成立した場合には、資本増強の

選択肢の1つとして検討したい」旨の適時開示を行った（平成21年2月4日）。

　さらにエルピーダの代表取締役社長は、上記適時開示の2日後（平成21年2月6日）の決算発表記者会見で「産業再生法については、まだ決まったわけではないんですけれども、このようなスキームができるということは我々にとって非常に望ましいというふうに考えています。当社がまだ申請するかどうかというのは、やはりその産業再生法のスキームが決まった後、やるかやらないかというのは決めていきたいと。それはやっぱり非常に大きな選択肢のうちの1つであるというふうに考えています」と述べた。

　エルピーダは、同年2月以降、代表取締役社長を中心に一部の限られたメンバーで改正産活法による資本注入に向けた検討作業を行った。

　同年3月26日に、代表取締役社長が、取締役会において、執行役員をして、改正産活法に基づく第三者割当増資を行う方針を報告させた。

　その後、同年4月に国会で改正産活法が成立し、同年5月12日の決算説明会でも代表取締役社長は、「公的資金を申請するかどうかっていうのは、…（中略）…今の時点ではまだ検討中です」と発言し、その旨の報道もなされた。その後の5月15日および18日に被告人によるエルピーダの株券の買付けが行われ、同年6月下旬にエルピーダの本件第三者割当増資が取締役会で最終決定された。なお、同年1月中下旬以降、同年6月下旬に至るまでの間、新聞各紙はエルピーダによる改正産活法に基づく第三者割当増資の件について、エルピーダが検討している旨等につき、たびたび報道を行った。

　この事案において、被告人および弁護人は、日本織物加工事件最高裁判決等が、インサイダー取引規制における重要事実としての「行うことについての決定」（法166条2項1号）とは、同号に列挙された行為それ自体を行うことの決定のみならず、当該各事項の実施に向けた調査・準備・交渉等の諸活動を会社の業務として行うことの決定も含むと解していること[65]を踏まえ、平成21年1月下旬ないし2月上旬には、エルピーダが改正産活法に基づく第三者割当増資の検討に具体的に着手している以上、エルピーダが改正産活法の適用申請をして第三者割当増資をすること「についての」決定が存在し、上記の同年2月上旬の適時開示および社長の記者会見での発言、同年5月12日の代表取締役社長の決算説明会での発言は、エルピーダがかかる検討を意向表明していることや

実際に検討していることにつき一般投資家をして理解させるに十分な内容であるので、インサイダー取引規制上の「公表」に該当すると主張した。

これに対して、東京地裁は同年2月上旬の適時開示や記者会見発言、5月12日の決算説明会の発言では「公表」に該当しないとした。

このうち、同年2月上旬の適時開示等では「公表」に該当しないと東京地裁が判断した理由であるが、東京地裁は、

「弁護人が指摘する時期をみると、産活法の改正は、閣議決定の上国会に提出されたという段階にすぎず、エルピーダメモリとしても具体的な制度の内容を把握していたわけではないし、制度の具体的な適用に向けて、会社としての準備、検討をする段階に至っていたとはいえない。A社長の上記期待は、改正産活法による資本増強という具体的な方策に向いてはいるが、なお現実にそれを会社として推進することに決したという段階にまで至っていたとはいい難く、それは、弁護人が指摘する時期のA社長の発言に『選択肢のうちの一つである』という趣旨がみられることにも現れており、改正産活法の適用を申請し、それにより資本増強を行うことを検討するとの意思は表されていても、それをもって重要事実の決定があったことの現れとみることはできない。そして、A社長は、この平成21年3月の段階に至り、上記財務制限条項への抵触を回避することが確実な情勢となり、かつ、改正産活法の内容が明らかとなり、中長期的な資金繰りという観点で同改正に基づく新制度の適用を検討したというのであり、その後前示のような台湾関係者との協議の席上における被告人の発言があり、期待を深めたA社長が第三者割当増資の実施に必要な会社内の手続を目指し、3月26日の定時取締役会において改正産活法に基づく第三者割当増資を行うこ

---

65 日本織物加工事件最高裁判決（平成11年6月10日刑集53巻5号415頁）は、大要、次のとおり判示したものと解されている。①会社法所定の決定権限のある機関には限られず、実質的に会社の意思決定と同視されるような意思決定を行うことのできる機関であれば足りる（取締役会による決議などの正式な機関決定は不要）。②重要事実としての「行うことについての決定」（法166条2項1号）とは、実質的な意思決定機関において、同号に列挙された行為それ自体を行うことの決定のみならず、当該各事項の実施に向けた調査・準備・交渉等の諸活動を会社の業務として行うことの決定を行ったことも含む。③かかる決定は、実現を意図して行ったことを要するが、確実に実行されるとの予測が成り立つことを要しない。

との方針を報告し、事実上の承認を得た上で第三者割当増資を行うことと、それに向けた準備を進めることとしたと認められるのである。このような経緯や検討状況についてのＡ社長による説明は、当時エルピーダメモリの置かれた状況をよく反映し、その上で３月26日の定時取締役会での報告と事実上の承認の意味を説明するものであることに加えて、Ｂ役員の供述とも整合している。そうすると、その他弁護人が主張するところを踏まえても、エルピーダメモリの重要事実は３月26日に決定されたと認めるのが相当である」

と述べた上で、

「上記エルピーダメモリによる適時開示は、改正産活法の成立に触れ、資本増強の選択肢の一つとして検討することに前向きな内容（なお、開示すべき事項が生じた場合には、速やかに開示する旨の会社の意向も付記されている）となっており、また、Ａ社長による報道機関に対する説明では、改正産活法の申請は未定であるが、そのようなスキームはエルピーダメモリにとって望ましく、申請するかどうかはスキームが決まった後で決めたいが、大きな選択肢のうちの一つであると考えているなどというものであり、発表用資料には、エルピーダメモリが新制度の適用を申請するかどうかは決まっていないとしつつも、詳細な制度設計を見た上で選択肢の一つとなるかどうか決めたいという旨の記載がある。しかしながら、いずれの発言等もなお検討途上であることを示すものと理解できるのであり、Ａ社長の当時の発言内容が、改正産活法に基づいて政投銀から出資を受けるということについて、既に決定した事柄としてこれを推進するというような姿勢を示したものとは解されない」

と述べている[66]。

　この東京地裁判決は、１月下旬に、エルピーダ代表取締役社長らが劣後ローンによるエルピーダへの融資等に消極的な政投銀に対して、政投銀からまず融資を行い、その後、産活法の改正後に改正産活法に基づく出資に切り替えると

---

[66] 以上の東京地裁の判断には、重要な点についての事実誤認が少なくないが、本稿では、東京地裁判決の持つ意味を客観的に論じるため、あえて事実誤認に基づく判断を前提としている。

いうスキームの検討を要請したことや、2月以降もエルピーダにおいて検討作業が継続して実施されていることを事実として認定している。東京地裁は、かかる事実を認定した上で、なお、

> 「弁護人が指摘する時期をみると、産活法の改正は、閣議決定の上国会に提出されたという段階にすぎず、エルピーダメモリとしても具体的な制度の内容を把握していたわけではないし、制度の具体的な適用に向けて、会社としての準備、検討をする段階に至っていたとはいえない」

と述べているように、発行会社の社長らが増資を検討しているという事実があったとしても、その検討が「制度の具体的な適用に向けて」なされたものでなければ、決定事実には該当しないと解している。つまり、東京地裁は、発行会社が増資の検討作業に着手していたとしても（社長らが検討作業に着手している以上、社長らによる検討作業を行うことの決定は存在する）、それだけでは増資を「行うことについての決定」には該当しない場合があると判断している。

また、東京地裁判決は、

> 「弁護人が指摘する時期のＡ社長の発言に『選択肢のうちの一つである』という趣旨がみられることにも現れており、改正産活法の適用を申請し、それにより資本増強を行うことを検討するとの意思は表されていても、それをもって重要事実の決定があったことの現れとみることはできない」

と述べており、発行会社の社長が増資を検討するという意思を表明するだけでは、増資を「行うことについての決定」には該当しないと判断している。この点、東京地裁判決は、

> 「いずれの発言等もなお検討途上であることを示すものと理解できるのであり、Ａ社長の当時の発言内容が、改正産活法に基づいて政投銀から出資を受けるということについて、既に決定した事柄としてこれを推進するというような姿勢を示したものとは解されない」

と述べており、発行会社の社長が増資を検討するという意思を表明することは、「既に決定した事柄としてこれを推進するというような姿勢を示した」ものでない限り、増資を「行うことについての決定」には該当しないと判断している。

かかる東京地裁判決の理解については、松井秀征教授も同様に理解されていると思われる。すなわち、同教授は、

「本判決が１月末段階と３月段階での重要事実の発生に関する評価を分けたのは、Ｅ会社〔引用者注：エルピーダ。以下同じ〕における第三者割当増資に対する対応の具体性（熟度）の違いによるものともいえそうである。しかし、そのように本判決を読むと、第三者割当増資の実現可能性の高低によって決定があったか否かを判断することになり、少なくとも平成23年の最高裁決定〔引用者注：村上ファンド事件最高裁決定（最高裁平成23年６月６日判例タイムズ1353号92頁）〕の考え方とは相容れない…（中略）…。またＥ会社は、１月下旬までＦ銀行〔引用者注：政投銀〕からの出資ないし融資を求めて奔走していたのであり、経産省とＦ銀行の了解さえ得られれば、ただちに会社として第三者割当増資の手続が進んだはずである。その意味では、会社としてＦ銀行の出資を受けるための作業の決定は行われていたはずであり（少なくともＳ〔引用者注：エルピーダの代表取締役社長〕にはそのような意図があったはずである）、Ｙ〔引用者注：本事案の被告人〕の弁護人が主張するとおり、重要事実の決定は１月末までにすでになされていたと評価することも決して無理だとは思えない」

と述べている[67]。

周知のように、日本織物加工事件最高裁判決や村上ファンド事件最高裁決定[68]を踏まえ、その理解について実務では、社内で合併等の調査検討や作業等

---

[67] 松井秀征「インサイダー取引規制における重要事実の『公表』の意義」旬刊商事法務2018号（2013年）４頁。

[68] 村上ファンド事件最高裁決定は、大要、次のとおり判示したものと解されている。①法167条は、禁止される行為の範囲について、客観的、具体的に定め、投資者の投資判断に対する影響を要件として規定していない。これは、規制範囲を明確にして予測可能性を高める見地から、同条２項の決定の事実があれば通常それのみで投資判断に影響を及ぼし得ると認められる行為に規制対象を限定することによって、投資判断に対する個々具体的な影響の有無程度を問わないこととした趣旨による。②公開買付け等の実現可能性がまったくあるいはほとんど存在せず、一般の投資者の投資判断に影響を及ぼすことが想定されないために、同条２項の「公開買付け等を行うことについての決定」というべき実質を有しない場合があり得るのは別として、上記「決定」をしたというためには、実質的な意思決定機関において、公開買付け等の実現を意図して、公開買付け等またはそれに向けた作業等を会社の業務として行う旨の決定がされれば足り、公開買付け等の実現可能性があることが具体的に認められることは要しない。③原判決が、主観的にも客観的にもそれ相応の根拠を持って実現可能性があることを上記「決定」該当性の要件としたことは相当でない。

に着手した段階で検討を行う決定があるとし、具体的な事情のいかんを問わずに直ちにインサイダー取引規制がかかると理解するほうがよいとの考え方が広まっている[69]。

　この東京地裁判決が日本織物加工事件最高裁判決や村上ファンド事件最高裁決定と整合するのかどうかは検討を要し、そもそもこの東京地裁判決が上級審で維持されるのかどうかは明らかでない。この点、松井秀征教授は、東京地裁判決が重要事実の成立時点を3月26日と認定した理由は、「1月末にE会社がF銀行に求めた出資ないし融資と3月に求めた出資とでは、目的が異なるという点」にあると考えられるとし、「本判決の重要事実の発生時点に関する判断は、現に実行された第三者割当増資と合理的に因果関係を認められる範囲において、会社としての決定時点を探ったものだと理解できる。…（中略）…このように考えることで、決定時点が必要以上に早くなって金融商品取引に対する萎縮効果をもたらすことや、決定内容の実現可能性を問題として平成23年最高裁決定との矛盾をはらむことも可能性として低くなる」と述べている[70・71]。

　仮に東京地裁判決のような決定事実の解釈が定着するのであれば、決定事実の成立時期が遅くなり、発行会社が増資等の検討に着手しているというだけでは、インサイダー取引規制違反に問われない場合が多くなると思われる。

(2) 重要事実の「公表」実務に対する影響

　また、東京地裁判決は、重要事実の「公表」の実務に対して大きな変更を必要とすることになる。すでに述べたように、エルピーダが平成21年2月4日に

---

69 たとえば、角田大憲「インサイダー取引規制における『重要事実の決定』～日本織物加工事件最高裁判決～」JICPAジャーナル531号（1999年）53頁は、「企業関係者としては、この最高裁判決（引用者注：日本織物加工事件最高裁判決）を念頭に置き、商法所定の決定権限のある機関による決定の前でも、またある重要な事項に向けた作業等を会社の業務として行う旨の決定がされたにすぎない段階であっても、そのような決定を知ってインサイダー取引規制違反に問われるおそれのある安易な有価証券取引をすることのないよう、十分留意する必要がある」と述べる。また、平成19年5月28日付日本経済新聞朝刊19頁も、「トップ同士の合意時点で重要事実が発生したと認定される可能性も十分ある」、「取締役会から権限を委譲されたM&A担当役員が、スタッフに合併の準備作業を進めるよう指示するケースも、解釈によっては重要事実に該当する可能性がある」と述べる。
70 前掲・松井10頁。

行った「今後、改正産活法案が成立した場合には、資本増強の選択肢の1つとして検討したい」とする適時開示は、重要事実の公表ではないとした。また、社長の同年2月6日の記者会見での「それはやっぱり非常に大きな選択肢のうちの1つであるというふうに考えています」、同年5月12日の決算説明会での「公的資金を申請するかどうかっていうのは、…（中略）…今の時点ではまだ検討中です」との発言も、いずれも、重要事実の公表でないとした。

そして、東京地裁判決は、重要事実の公表は同年6月30日、改正産活法に基づく事業再構築計画の認定を受け、エルピーダ取締役会が政投銀への第三者割当増資を行うことの決定を行った旨適時開示したことであると認定した。

以上の東京地裁の判断に照らすと、発行会社による「検討したい」、「検討している」といった程度の適時開示や記者会見等では、重要事実の公表にならず、インサイダー取引規制は解除されないことになる。

実務上、M&A等の投資家の投資判断に影響を与える企業の行為は、最終的な取締役会決議に至るまで、様々な検討や交渉を経て具体化していくものであるが、他方で投資家に無用の混乱を与えることを避けるべきであることも考

71　この点、白井真「判批」金融法務事情（2014年）1988号18頁は、「3月に発生した上記状況はいずれも外部的状況の変化であり、これらによってB社社長〔引用者注：エルピーダ代表取締役社長〕が期待を深めたとしてもそれ以前と比較してB社社長の指示あるいはB社内の検討準備状況につき具体的に何らかの変化が認められたのかは判示からはよくわからない。たとえば、定時取締役会に向けてそれまでよりも具体的な準備や検討を開始したなどの事実があったのかは判決文を見る限り不明であり、むしろ、当該取締役会ではそれまで行っていた準備、検討が報告され、反対意見がなかったことから事実上承認されたという経緯と思われ、準備や検討の具体的内容は3月26日時点とそれ以前とでとくに差はなかったのではないかと思われる。とすると、本判決は、B社社長が改正産活法適用への期待を高めて同法適用を申請する意思を固め、これが取締役会への報告という具体的行為に現れたという点を重視し、この点にそれ以前との質的変化を認め『決定』を認定したものと考えられる。このような判断枠組みは、日本織物加工事件判決や村上ファンド事件判決の一連の最高裁判決〔ママ〕により、『決定』について、おおむね、決定権者が決定の実現を相応の真剣さをもって意図していれば足りる旨を判示していることに沿うものと考えられる」と述べる。しかし、「B社社長が改正産活法適用への期待を高めて同法適用を申請する意思を固め、これが取締役会への報告という具体的行為に現れた」という認定の基礎となる事実があるかどうかは問題であり、かかる認定は、白井評釈が指摘する「当該取締役会ではそれまで行っていた準備、検討が報告され、反対意見がなかったことから事実上承認されたという経緯と思われ、準備や検討の具体的内容は3月26日時点とそれ以前とでとくに差はなかったのではないかと思われる」ことを踏まえると、一層疑問がある。

れば、このような過程において開示することができる内容は、「検討中」、「交渉中」といった程度のものにとどまる。しかるに、東京地裁判決を前提とすれば、結局、正式な取締役会決議を適時開示するまでインサイダー取引規制を解除する手段がない、ということになりかねない。もっとも、東京地裁判決としては、その代わり、決定事実の成立時期を前述のように３月26日の取締役会報告と遅く捉えることでバランスをとろうとしているのかもしれない。いずれにせよ、決定事実を早く捉えるのであれば、「検討中」レベルの適時開示によるインサイダー取引規制の早期解除を認める必要があり、この点についても、上級審の判断を注視する必要がある。

(3) その他の論点

本事案では、エルピーダ株券の買付けのみならず、NECエレクトロニクス株式会社（以下、「NECエレ」という）の株券に関しても、NECエレとルネサステクノロジ株式会社との合併が平成21年４月27日に公表されたが、被告人は両社が合併による経営統合を交渉中であることを知りながら、同日よりも前にNECエレの株券を買い付けたという事実で有罪となっている。このNECエレの事実についても、被告人による買付け前である同月16日には、新聞各紙により両社が合併による事業統合につき交渉中である旨のスクープ報道が一斉になされていた。スクープ報道はインサイダー取引規制上の「公表」に該当しないという従前の解釈はそのとおりであるが、このNECエレの事案のように、大手日刊新聞各紙で１、２日のうちに一斉に報道され、重要事実とされる情報が公知のものとなった以上は、インサイダー取引として刑事罰を科すのは、インサイダー取引規制の趣旨に反するのではないかが問題とされている。

インサイダー取引規制の解釈論としては、大手日刊新聞各紙で１、２日のうちに一斉に報道されており、かかる各紙の一斉の報道は、発行会社に対する裏付け取材に基づくものであると考えるのが常識であるから、検察官において、立証責任を負う以上、かかる一斉の報道がNECエレによる複数の報道機関に対する伝達に基づくものでないことを立証する必要があるのではないか、あるいは公知の事実となっている以上は重要事実としての重要性を失っているのではないか、といった論点がある。

2 いわゆる「公募増資インサイダー」事案の発生[72]

1 「公募増資インサイダー」とは何か

　平成24年以降、いわゆる公募増資インサイダーの摘発が相次いでいる。その具体的な事例は図表2－1のとおりである[73]。

【参　考】
　SN証券に対して、公募増資に関連して法人関係情報の管理等に問題があったとして、平成24年4月20日に業務改善命令[74]。

　公募増資インサイダーについて明確な定義があるわけではないが、各事案を踏まえ、「主幹事証券会社の営業担当者等が機関投資家に対して未公表の公募増資情報を伝達し、当該機関投資家が、公募増資公表前のいわば高値で当該銘柄を売り抜け、公募増資公表後の値下がりした増資新株を公募買付け等[75]して、利益を得ること」をいうと定義することができる。

---

72 本節は、筆者が執筆した「最近の公募増資インサイダー取引における問題の所在と防止策」金融法務事情1958号（2012年）6頁を加筆修正したものである。
73 本稿は、公表資料に基づき、最近の公募増資インサイダー事案の問題の所在を考察して、主幹事証券会社・投資家の双方における防止策を検討するものであり、これらの各事案に関し、インサイダー取引規制違反が実際に成立するか否かについて論評するものではない。
74 SN証券は、三井住友フィナンシャルグループの公募増資（適時開示平成22年1月6日）に係る法人関係情報を受領した営業本部の役員等4名が、社内規程に基づく手続を経ずに65の営業部店長に当該法人関係情報を伝達し、少なくとも21営業部店において、営業部店長等の指示等により、公表前における三井住友FGの公募増資に係る取得申込みの勧誘が行われ、うち8部店23営業員が、国内法人4社、個人投資家30人に対し、公表前に当該法人関係情報を提供して取得申込みの勧誘を行った。なお、顧客によるインサイダー取引は確認されていない。また、SN証券は、本文中に記載した業務改善命令のほか、平成24年6月19日、日本証券業協会から、同年8月7日、東京証券取引所から過怠金の賦課処分を受けている。

2 いわゆる「公募増資インサイダー」事案の発生

●図表2-1　最近の公募増資インサイダーの摘発事例[76]

	課徴金勧告日	課徴金納付命令日	対象銘柄	公募増資公表日	違反行為者	情報伝達者	課徴金額
事案①	平成24年(2012年)3月21日	平成24年(2012年)6月27日	国際石油開発帝石	平成22年(2010年)7月8日	旧C信託銀行	N証券	5万円
事案②	平成24年(2012年)5月29日	平成24年(2012年)6月26日	日本板硝子	平成22年(2010年)8月24日	Aアセットマネジメント	J証券	13万円
事案③	平成24年(2012年)5月29日	平成24年(2012年)6月27日	みずほフィナンシャルグループ	平成22年(2010年)6月25日	旧C信託銀行	N証券	8万円
事案④	平成24年(2012年)6月8日	平成25年(2013年)6月27日	東京電力	平成22年(2010年)9月29日	・F証券 ・個人	N証券	・1,468万円 ・6万円
事案⑤	平成24年(2012年)6月29日	平成25年(2013年)1月8日	日本板硝子	平成22年(2010年)8月24日	J合同会社	D証券	37万円
事案⑥	平成24年(2012年)11月2日	平成25年(2013年)4月16日	エルピーダメモリ	平成23年(2011年)7月11日	J合同会社	N証券	12万円
事案⑦	平成25年(2013年)12月2日	平成26年(2014年)1月16日	国際石油開発帝石	平成22年(2010年)7月8日	Nアセットマネジメント	N証券	41万円
事案⑧	平成25年(2013年)12月2日	平成26年(2014年)1月16日	国際石油開発帝石	平成22年(2010年)7月8日	Fインベストメンツ	N証券	17万円

※　そのほか、平成25年12月2日、証券取引等監視委員会は、次の2件の課徴金勧告を実施している。国際石油開発帝石の公募増資に関し、Sインベストメントマネジメント（課徴金額54万円）、日本板硝子の公募増資に関し、MLTD.（課徴金額804万円）。

75　公募増資公表後に公募買付けではなく、値下がりした価格で市場等から買い戻す場合もある。
76　金融審議会資料を筆者にて修正したものである。

リーマン・ショック後の金融機関に対する自己資本比率規制強化の流れ等を受けて、平成21年から平成22年にかけて、金融機関等を中心に公募増資が相次いだ。こうした公募増資ラッシュの中で、平成22年夏ないし秋頃から[77]、新聞各紙等で、公募増資インサイダーの疑惑が取り上げられるに至った。

　かかる一連の疑惑報道の論調は、主として、「公募増資の公表前にファンド等が空売りを仕掛けて、発行会社の株価を下げる。公募増資の公表で発行会社の株価がもっと下がり、大きく下がったところでファンド等が公募増資に応募して公募買付けをする。その結果、ファンド等が大儲けし、他方、発行会社は、公募増資の払込み価格が下がって、調達額が減り、一般株主の方は低い価格での増資で保有株式の一層の希薄化という不利益を受ける。これも、公募増資の公表前に増資情報が一部のファンド等に出回っているからだ。これでは日本の証券市場は『インサイダー取引天国』であり、『相場操縦まがい』も横行していて、海外の投資家の信頼も得られない」というものであった。そのため、証券取引等監視委員会は、公募増資インサイダー疑惑について徹底的・積極的に調査を行うこととし、平成24年3月以降、平成25年年末にかけて、前記の各事件の摘発を行うに至った。かかる摘発を受けて、平成25年金融商品取引法改正で情報伝達や取引推奨行為それ自体の処罰化・課徴金化等が行われた。また、日本証券業協会では、主幹事証券会社が割当先を発行会社に明らかにし、発行会社が割当先として短期売買をしない投資家を指定できるようにすること等が検討され、東京証券取引所では、公募増資関係の不公正取引のチェックに特化した公募増資審査室が立ち上げられる等、当局・関係機関・業界を挙げて、公募増資関係の不公正取引の未然防止のための取組みが進められている（図表2－2参照）。

　なお、日本証券業協会・自主規制会議が公表した平成24年10月16日付け「インサイダー取引防止及び法人関係情報管理の徹底に向けた対応方針について」のポイントは、次のとおりである[78]。

77　平成22年7月13日付け日本証券新聞など。
78　詳細は、納富寛＝森本健一「公募増資に係るインサイダー取引に関する日本証券業協会による自主規制規則等における対応」旬刊商事法務2002号（2013年）8頁参照。

2 いわゆる「公募増資インサイダー」事案の発生

●図表2-2　公募増資インサイダーを巡る経緯

平成22年 (2010年)	7月以降	増資インサイダー疑惑の報道が始まる。
平成23年 (2011年)	9月	平成18年（2006年）の日本航空の公募増資をめぐり、証券取引等監視委員会（以下、表中では「SESC」という）の情報提供により、香港の証券先物委員会当局が、香港の資産運用会社O社とその運用責任者に戒告処分と約7,500万円の制裁金を科した。O社は、日本航空の公募増資発表後に増資に応募し、発行価格決定日の大引け近くに大量の見せ玉や空売りをして、株価を急落させた。株価下落で、O社は約5億円安く新株を手に入れて利益を得た。
	12月1日	公募増資に関連する空売り規制の施行（何人も、増資公表後、新株等の発行価格決定までの間に空売りを行った場合には、当該増資に応じて取得した新株等により空売りにかかる借入れポジションの解消を行ってはならず、これに違反した場合には30万円以下の過料に処される）
	12月1日	日本証券業協会（以下、表中では「日証協」という）が「公募増資に関連する最近の本協会の取組みについて」を公表（親引けルールの見直しの検討など）
平成24年 (2012年)	3月21日	SESCが旧C信託銀行の国際石油開発帝石（INPEX）株事案の課徴金勧告
	4月20日	SESCがSN証券についての業務改善命令
	5月29日	SESCがAアセットマネジメントの日本板硝子株事案の課徴金勧告
	5月29日	SESCが旧C信託銀行のみずほフィナンシャルグループ株事案の課徴金勧告
	6月8日	SESCがF証券等の東京電力株事案の課徴金勧告
	6月18日	JT株式売出の主幹事からN証券、SN証券が落選するなど、発行体が情報伝達をした証券会社を主幹事から外す動きが始まった。以降も、川崎重工業、日本政策投資銀行等が同様の動き
	6月29日	SESCがJ合同会社の日本板硝子株事案の課徴金勧告
	7月3日	金融庁が大手証券会社12社に情報管理態勢の点検・報告を求める報告徴求命令
	7月4日	金融担当大臣が金融審議会にインサイダー取引規制の見直し（情報提供の規制等）を諮問

	7月13日	東京証券取引所（以下、表中では「東証」という）がインサイダー取引防止策を公表、公募増資審査室を新設するなどの内容
	7月31日	金融審議会がインサイダー取引規制に関するワーキング・グループ（第1回）開催
	8月3日	各証券会社が金融庁に調査結果を報告、N証券に対する業務改善命令
	8月24日	日証協、東証等が、証券会社51社に法人関係情報の管理態勢等に関する自主点検を要請
	9月28日	証券会社51社が、日証協、東証等に調査結果を報告
	11月2日	SESCがJ合同会社のエルピーダ株事案の課徴金勧告
	12月25日	金融審議会が「近年の違反事案及び金融・企業実務を踏まえたインサイダー取引規制をめぐる制度整備について」の報告書を公表
平成25年 （2013年）	4月16日	情報伝達・取引推奨行為をインサイダー取引規制の対象とする「金融商品取引法等の一部を改正する法律案」（以下、表中では「25年改正法案」という）が国会に提出
		日証協が「協会員における法人関係情報の管理態勢の整備に関する規則」を一部改正するとともに、「『協会員における法人関係情報の管理態勢の整備に関する規則』に関する考え方」を制定
	6月12日	25年改正法案が国会にて可決・成立
	6月19日	25年改正法案が公布
	7月1日	日証協が「協会員における法人関係情報の管理態勢の整備に関する規則」の一部改正および「『協会員における法人関係情報の管理態勢の整備に関する規則』に関する考え方」を施行
	12月2日	SESCがNアセットマネジメントの国際石油開発帝石（INPEX）株事案の課徴金勧告
		SESCがFインベストメンツの国際石油開発帝石（INPEX）株事案の課徴金勧告
		SESCがSインベストメントマネジメントの国際石油開発帝石（INPEX）株事案の課徴金勧告
		SESCがM LTD.の日本板硝子株事案の課徴金勧告
平成26年 （2014年）	4月1日	25年改正法案施行

①法人関係情報の管理等に関連する自主規制規則等の見直しの検討

　法人関係情報を示唆する情報やほかの情報と相まって法人関係情報となり得る情報の伝達・利用に関する規制、営業部門から法人関係部門に対する不正な追及・詮索等の規制、法人関係部門から営業部門に法人関係情報を伝達する場合の手続の厳格化、営業部門による情報漏洩を防止するための措置を各社の社内規則で定めること、顧客から不当・執拗な情報要求があった場合の対応、顧客に対する「法人関係情報の取得を示唆する情報」の提供の規制、アナリストが営業部門から法人関係情報等に関する問合せを受けた場合の対応、日常的なモニタリング態勢の構築など

②自主制裁の強化の検討

　過怠金の上限5億円のさらなる引上げ、重大な違反者の証券営業からの永久追放など

③協会によるコンプライアンス研修の強化、外務員資格試験の充実など

2 各事案の特徴

　各事案は、いずれも、主幹事証券会社の社内で公募増資の引受け部門からチャイニーズ・ウォールを越えて営業部門に伝達された未公表の公募増資情報につき、営業担当者が運用会社のファンドマネージャー等に当該情報を伝達し、当該ファンドマネージャー等がインサイダー取引を行ったとされた事案である。このうち、主要な事案を選んでより詳細に検討すると、次のとおりである（事案は図表2-1を参照のこと）。

【事案①（INPEX株事案）】

　主幹事証券会社であるN証券において、機関投資家営業一部内の課長が独自に「カバレッジリスト」（証券会社の各アナリストが担当している銘柄のリスト）からINPEXの増資があることを認識することができ、営業担当者がその課長から直接または間接にINPEXの公募増資情報を知った可能性があるとされている[79]。この営業担当者が投資家にINPEX株の未公表の公募増資情報を伝達したとされている。つまり、N証券の機関投資家営業部門では、カバレッジリストの状況を見れば、公表されていない公募増資が近々実施予

定であると認識可能であったということであり、この点で技術的にはチャイニーズ・ウォールが破れていたことになる。営業部門は、営業のアイテムとしてアナリストのレポートを用いるため、カバレッジリストを見ることができたと考えられる。

　通常、公募増資案件においては、公表されたら直ちに勧誘等の営業を行うことが可能なように、公表前の段階で販売資料の作成等の営業準備をするが、かかる販売資料の作成等に当該銘柄を日頃からウォッチしているアナリストの協力を得ることが多い。そのため、公募増資の公表前に引受け部門から当該銘柄の担当アナリストに公募増資情報が伝達されることがあり、その場合に、そのアナリストはインサイダー情報を知っていることになるので、N証券では、社内規程に基づき「イン登録」という手続が行われることになっていた。イン登録とは、未公表の重要事実を伝達されているという登録であって、登録された者にはほかの役職員や外部への当該情報の伝達が禁止された。イン登録されたアナリストは、当該銘柄についてレポートを作成できないとされ、カバレッジリスト上、当該アナリストの担当範囲から当該銘柄が削除される。また、必ずしもアナリストがイン登録されていなくても、N証券が主幹事を務める公募増資案件が近づくと、発行体による有価証券届出書等の提出前の勧誘と誤解されることを防止するため、やはり当該銘柄につきカバレッジリストから削除していたようである。いずれにせよ、営業担当者は、カバレッジリストを見て、アナリストの担当銘柄の削除を認識し、アナリストの退職もない等と消去法的に考えられる削除理由を除外していき、報道や公表情報をも加味して、「あの会社は公募増資を予定している」と推知できた。

　なお、イン登録とはN証券で用いられていた用語である。一般に、証券会社等の社内においては、投資銀行部門や引受け部門のように、業務の性質上、インサイダー情報を取得する部署（証券会社によって名称が異なり、N証券

---

79 N証券、J証券、D証券では、未公表の公募増資情報をウォールを越えて営業部門に伝達したとされる引受け部門の役職員や運用会社等に伝達したとされる営業担当者等が、必ずしも情報伝達を認めてはいないようであり、そのため、これらの証券会社が公表した調査報告書では「可能性がある」という表現が使われている箇所が多いことに留意する必要がある。

2 いわゆる「公募増資インサイダー」事案の発生

● 図表 2 − 3　事案①の概要

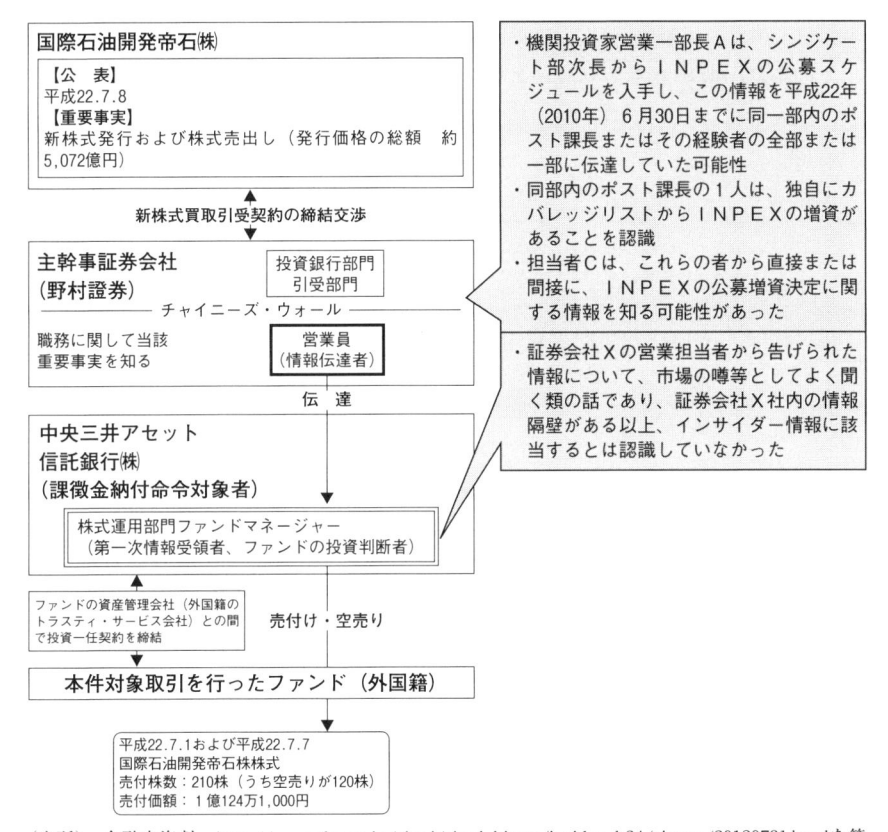

```
┌─────────────────────────┐
│ 国際石油開発帝石㈱            │
│ 【公表】                  │
│ 平成22.7.8                │
│ 【重要事実】               │
│ 新株式発行および株式売出し（発行価格の総額　約 │
│ 5,072億円）              │
└─────────────────────────┘
            │ 新株式買取引受契約の締結交渉
            ▼
┌─────────────────────────┐
│ 主幹事証券会社     │投資銀行部門│
│ （野村證券）       │引受部門  │
│ ―――――― チャイニーズ・ウォール ――――――
│ 職務に関して当該    │営業員   │
│ 重要事実を知る     │（情報伝達者）│
└─────────────────────────┘
            │ 伝達
            ▼
┌─────────────────────────┐
│ 中央三井アセット            │
│ 信託銀行㈱               │
│ （課徴金納付命令対象者）       │
│  ┌───────────────────┐ │
│  │ 株式運用部門ファンドマネージャー │ │
│  │ （第一次情報受領者、ファンドの投資判断者） │ │
│  └───────────────────┘ │
└─────────────────────────┘
   │ ファンドの資産管理会社（外国籍の
   │ トラスティ・サービス会社）との間
   │ で投資一任契約を締結       売付け・空売り
   ▼
┌─────────────────────────┐
│ 本件対象取引を行ったファンド（外国籍） │
└─────────────────────────┘
            │
            ▼
   ┌──────────────────┐
   │ 平成22.7.1および平成22.7.7  │
   │ 国際石油開発帝石株式        │
   │ 売付株数：210株（うち空売りが120株） │
   │ 売付価額：1億124万1,000円    │
   └──────────────────┘
```

- 機関投資家営業一部長Aは、シンジケート部次長からINPEXの公募スケジュールを入手し、この情報を平成22年（2010年）6月30日までに同一部内のポスト課長またはその経験者の全部または一部に伝達していた可能性
- 同部内のポスト課長の1人は、独自にカバレッジリストからINPEXの増資があることを認識
- 担当者Cは、これらの者から直接または間接に、INPEXの公募増資決定に関する情報を知る可能性があった

- 証券会社Xの営業担当者から告げられた情報について、市場の噂等としてよく聞く類の話であり、証券会社X社内の情報隔壁がある以上、インサイダー情報に該当するとは認識していなかった

（出所）　金融庁資料　http://www.fsa.go.jp/singi/singi_kinyu/insider_h24/siryou/20120731.htmlを筆者にて修正したもの

では「イン部署」、D証券では「黒部署」という名称であった）と、営業部署やディーリング部署のようにインサイダー情報から遮断する必要のある部署（N証券では「アウト部署」、D証券では「白部署」という名称であった）との間に、インサイダー情報の伝達を遮断するためのチャイニーズ・ウォールが設けられているが、たとえば、前述した公募増資公表後に用いる販売資料の作成など、業務の都合上、例外的に引受け部門等から社内のほかの部署にインサイダー情報を伝達する場合があり、その場合には、社内規程上、

「壁を越える」ための手続が定められている。具体的には、引受け部門等からインサイダー情報を伝達された役職員を登録し、当該役職員からほかの役職員や外部への情報伝達について誓約書徴求等を通じて禁じるとともに、当該役職員の関係部署や当該役職員個人の売買状況等を常時監視する。

事案①において、旧C信託銀行のファンドマネージャーは、N証券の営業担当者から伝達された未公表の公募増資情報につき、「市場の噂に過ぎない」等と考え、インサイダー情報に該当するとは思わなかった。当該ファンドマネージャーは、それ以外の公表情報（たとえば、豪州の資源開発案件での資金調達ニーズなど）等を加味して、市場でそうした噂が出回っていることからすれば、INPEXが実際に公募増資を行うのであろうと考えて、INPEX株の空売りと売却を行った。

【事案④（東電株事案）】

N証券の機関投資家営業二部の営業担当者が東京電力（以下、「東電」という）にかかる未公表の公募増資情報をコンサルティング会社役員に伝達し、そのコンサルティング会社役員とF証券がインサイダー取引を行ったという事案である。このコンサルティング会社役員は、以前N証券の重要な顧客にファンドマネージャーとして在籍していた者であり、退職後もN証券の当該営業担当者の顧客扱いであった。こうした関係もあって、そのコンサルティング会社役員からインサイダー情報の入手を依頼され、営業担当者は社内でインサイダー情報を入手しようとしたとされている。具体的には、N証券社内において、営業担当者は、①東電の担当アナリストに対し、繰り返し接触して東電のファイナンスに関するコメントができるか確認したり、②コンサルティング会社役員からの依頼に基づき公募増資の時期を探るため、隣席の募集担当者に休暇を取得しても業務上支障がないか問い合わせたり、③さらにカバレッジリストから東電が削除されたという情報を取得するなどして、インサイダー情報を取得するよう努めた、とされている。

上記①に関しては、「担当アナリストがコメントできない」となると、先ほど事案①（INPEX株事案）のカバレッジリストについて説明したのと同様の理由で、また、上記②に関しては、もし公募増資の公表時期が近ければ、休暇を取得されると公募増資公表後の営業に支障が生じ得るので、募集担当

2 いわゆる「公募増資インサイダー」事案の発生

●図表2－4 事案④の概要

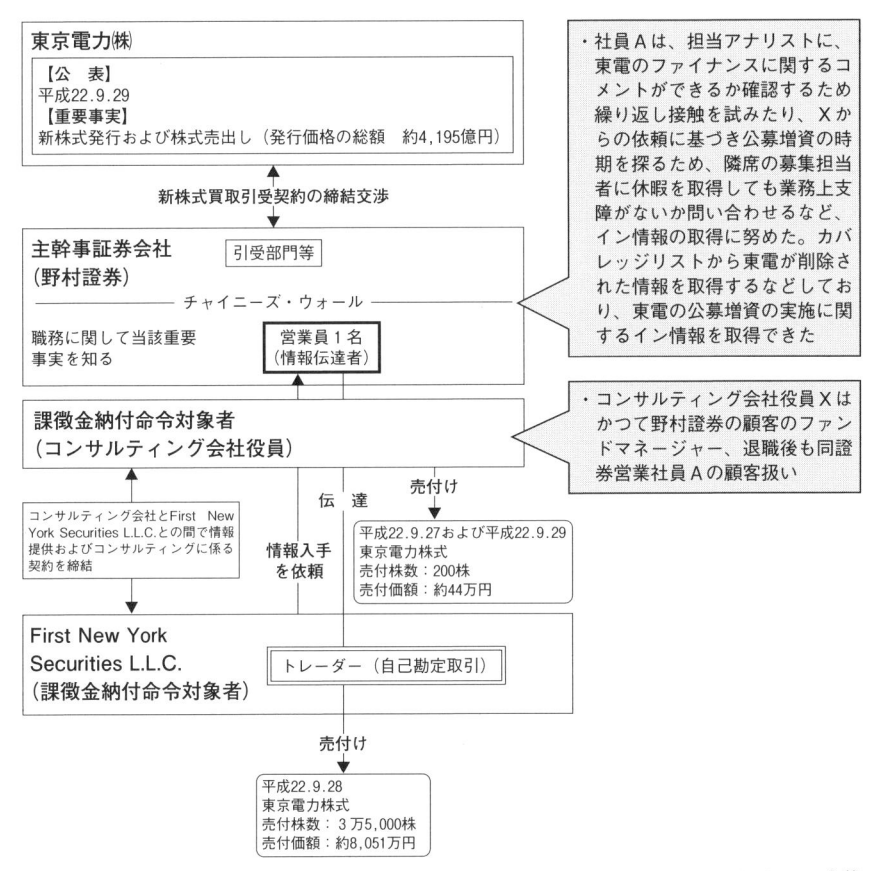

```
┌─────────────────────────────┐          ・社員Aは、担当アナリストに、
│ 東京電力㈱                   │            東電のファイナンスに関するコ
│ 【公　表】                   │            メントができるか確認するため
│ 平成22.9.29                  │            繰り返し接触を試みたり、Xか
│ 【重要事実】                 │            らの依頼に基づき公募増資の時
│ 新株式発行および株式売出し   │            期を探るため、隣席の募集担当
│ （発行価格の総額 約4,195億円）│            者に休暇を取得しても業務上支
└─────────────────────────────┘            障がないか問い合わせるなど、
              ↕ 新株式買取引受契約の締結交渉   イン情報の取得に努めた。カバ
┌─────────────────────────────┐            レッジリストから東電が削除さ
│ 主幹事証券会社               │            れた情報を取得するなどしてお
│ （野村證券）  │ 引受部門等 │            り、東電の公募増資の実施に関
│         ─── チャイニーズ・ウォール ───   するイン情報を取得できた
│ 職務に関して当該重要 │ 営業員1名   │
│ 事実を知る           │（情報伝達者）│
└─────────────────────────────┘       ・コンサルティング会社役員Xは
┌─────────────────────────────┐          かつて野村證券の顧客のファン
│ 課徴金納付命令対象者         │            ドマネージャー、退職後も同証
│ （コンサルティング会社役員） │            券営業社員Aの顧客扱い
└─────────────────────────────┘
     ↓ 伝達     ↓ 売付け
┌──────────────┐         平成22.9.27および平成22.9.29
│コンサルティング会社とFirst New│         東京電力株式
│York Securities L.L.C.との間で情報│       売付株数：200株
│提供およびコンサルティングに係る│       売付価額：約44万円
│契約を締結                    │
└──────────────┘
     情報入手
     を依頼
┌──────────────┐
│ First New York               │
│ Securities L.L.C.            │── トレーダー（自己勘定取引）
│ （課徴金納付命令対象者）     │
└──────────────┘
              ↓ 売付け
         平成22.9.28
         東京電力株式
         売付株数：3万5,000株
         売付価額：約8,051万円
```

（出所）　金融庁資料　http://www.fsa.go.jp/singi/singi_kinyu/insider_h24/siryou/20120731.htmlを筆者にて修正したもの

者から「それは困るよ」という反応があると想定されることから、それぞれ東電につき近々公募増資が予定されていることを推知し得るものであった。

事案④では、課徴金納付命令の名宛人とされたコンサルティング会社役員が課徴金納付命令を争ったため、金融庁の審判が行われた。当該審判にかかる金融庁長官の平成25年6月27日付け決定要旨によれば、N証券の機関投資家営業二部の営業担当者から、当該コンサルティング会社役員に対する、東電にかか

57

る公募増資情報の伝達につき、次のとおり認定されている。

　東京電力の公募増資公表（平成22年9月29日）前の9月7日から同月27日にかけて、上記コンサルティング会社役員は、Ｎ証券の上記営業担当者Ａから次のとおり情報を入手していた。

　　9月7日：Ａは9月の第5週に休暇をとれない
　　9月9日：Ａが前日に東京電力の案件の噂を聞いたが、Ａが確認したところでは、アナリストは東京電力ではなく、別の会社と思っている
　　9月14日：Ａは、依然として、東京電力とは思っておらず、別の会社と思っている
　　9月21日：Ａが、電話で、アナリストが別の会社であることを否定する言動をしていた旨連絡してきたので、東京電力のほうが可能性が高い
　　9月27日：案件は29日らしいように思われる

　上記の伝達内容から、上記コンサルティング会社役員Ｘは、上記営業担当者Ａから、9月27日までに、東京電力の公募増資の公表時期を推察し得る情報の伝達を受けたものと認定された。

【事案⑤（日本板硝子株事案）】

　インサイダー取引を行ったＪ合同会社は、日本株の売買を頻繁に行い、各証券会社にとっていわゆる上客だったところ、証券会社営業から提供される情報の「質」に応じて発注先や手数料を決めており、証券会社を競わせてインサイダー情報を含む法人関係情報の提供を暗に要求していたなどと報道されている。事案⑤においては、①Ｄ証券の機関投資家営業を担当しているGES第一部の部長は、引受け部門から増資公表後の営業準備のために日本板硝子にかかる未公表の公募増資情報を8月16日に伝達されたところ、それ以降、関係部署と自席の電話から話す際に公募増資を想起させ得る言葉を含む会話のやり取りをしていた、②GES第一部の営業担当者の間でも、日本板硝子の未公表の公募増資情報のやり取りがなされていた、③GES第一部の営業担当者は、GES第一部の部長から、8月18日の朝会で「来週は休まないように」と指示され、同月20日の朝会で、銘柄名までは明示されないが「来週24

日の引け後に発行体を呼んでの勉強会がある」と聞いた、④そのため、当該営業担当者は、本件公募増資および8月24日が公表日と推知可能であった、とされている。

このうち、営業担当者としては、「来週は休まないように」と指示されれば、来週中に少なくとも営業上の大きな出来事があると認識できることになる。また、引け後に発行体に来てもらって勉強会があるといわれれば、発行体が公募増資を実施するからこそ、主幹事証券会社の営業担当者等に対する勧誘材料提供のための勉強会を行うのだと分かるので、来週24日にD証券が主幹事を務める公募増資の公表が行われると認識できることになる。銘柄名を聞いていなくても当時の公表情報や報道等から日本板硝子と推知し得ることになる。

事案⑤では、課徴金納付命令の名宛人とされたJ合同会社が課徴金納付命令を争ったため、金融庁の審判が行われた。当該審判にかかる金融庁長官の平成25年1月8日付け決定要旨によれば、D証券の営業担当者から、J合同会社に対する、日本板硝子にかかる公募増資情報の伝達につき、次のとおり認定されている。

日本板硝子の公募増資公表（平成22年8月24日）前の8月20日に、D証券の上記営業担当者がJ合同会社の代表社員に対し、以下のように電話で伝えた。

「来週火曜日（注：8月24日にあたる）に、我々が関与するグローバル・オファリングの予定がある。むろん我々は、どの銘柄であるかは知らないが、いろいろな銘柄がでている。その1つは日本板硝子である。そして、何でこのような話をするかというと、2週間前の決算発表前に、当該銘柄について推奨したからである。当時、担当アナリストは、直ちに増資があるとは見ていないといっていた（注：営業担当者は、代表社員に対して、8月5日に、多くの人が日本板硝子について、バランスシートが弱く、増資が必要であると言っているものの、同社を担当するアナリストは当面は増資が行われる可能性が低いとコメントしていることを伝えていた）。しかし、その銘柄は、言及されている銘柄の1つで、その銘柄の株価を見れば、その話は明らかに進められている。アナリストが、何も公表されないといった旨を私はいった

が、私が指摘したいことは、チャンスがあり、何かがでてくるであろうということである。株価をみてください」

　下線部分の発言のみで、グローバル・オファリングの発行形態による日本板硝子の公募増資が同日に実施される可能性があることを示すものであり、D証券の上記営業担当者は、J合同会社の代表社員に対し、以前伝えた公募増資の可能性が低いという情報を訂正した上で、日本板硝子の公募増資の実施について、確度の高い情報であることを意識的に強調して伝えていると認定された。

【事案⑥（エルピーダ株事案）】

　証券会社アナリストの「ノーコメント」発言を中心としてインサイダー情報の伝達を肯定した特異な事例であり、事案①から⑤とは異なり、非常に限界的・例外的な事例であると考えられる。

　事案⑥では、課徴金納付命令の名宛人とされたJ合同会社が課徴金納付命令を争ったため、金融庁の審判が行われた。当該審判にかかる金融庁長官の平成25年4月16日付け決定要旨によれば、N証券のアナリストから、J合同会社に対する、エルピーダにかかる公募増資情報の伝達につき、次のとおり認定されている。

　エルピーダの公募増資公表（平成23年7月11日）前の7月5日に、N証券のアナリストとJ合同会社の運用担当者との間で、推奨銘柄のプレゼンテーション等を聞くランチミーティングが開催された。N証券のアナリストは、主として半導体業界を担当しており、その場で、担当する半導体業界の銘柄についての株価指標や業績見通し等を記載した資料を配布したが、企業のリストの中にエルピーダの記載はなかった。同様のランチミーティングは、これまで頻繁に開催されており、N証券のアナリストが、これまでのランチミーティングで配布した資料には、東京証券取引所に上場されている他の半導体メーカーの記載とともに、エルピーダの記載が存在するのが常であった。そのため、ランチミーティングの質疑応答の中で、J合同会社の出席者は、エルピーダの記載が抜けている理由等を上記アナリストに質問した。これに対して、上記アナリストは、「コメントできません」などと回答した。

　7月5日のランチミーティングの配付資料からエルピーダの記載が削除さ

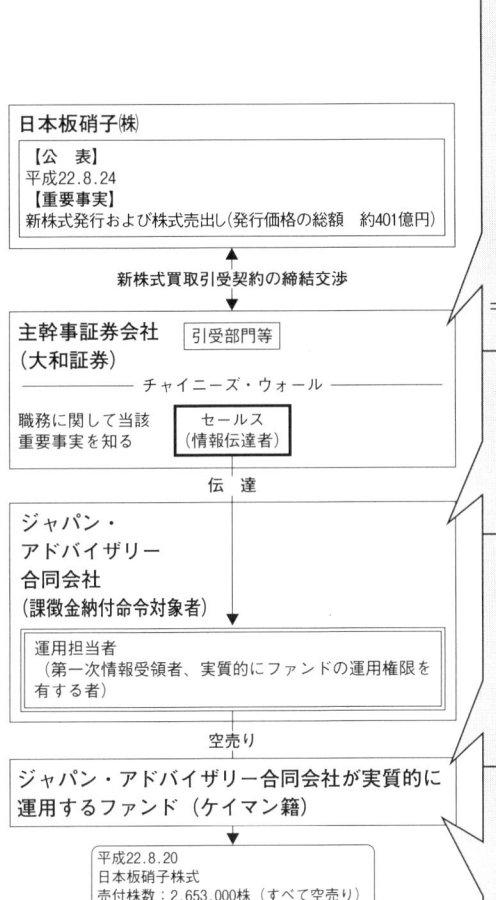

2　いわゆる「公募増資インサイダー」事案の発生

● 図表 2 − 5　事案⑤の概要

```
日本板硝子㈱
【公　表】
平成22.8.24
【重要事実】
新株式発行および株式売出し（発行価格の総額　約401億円）
        │
        │ 新株式買取引受契約の締結交渉
        ▼
主幹事証券会社　　　引受部門等
（大和証券）
―――― チャイニーズ・ウォール ――――
職務に関して当該　　セールス
重要事実を知る　　（情報伝達者）
        │
        │ 伝　達
        ▼
ジャパン・
アドバイザリー
合同会社
（課徴金納付命令対象者）
運用担当者
（第一次情報受領者、実質的にファンドの運用権限を有する者）
        │
        │ 空売り
        ▼
ジャパン・アドバイザリー合同会社が実質的に
運用するファンド（ケイマン籍）
平成22.8.20
日本板硝子株式
売付株数：2,653,000株（すべて空売り）
売付価額：5億4,178万6,532円
```

- （大和証券　7月27日付けリリース）
- GES第一部の部長が、黒部署から、本件公募増資に関する情報を正規に伝達された8月16日以後、自席の電話から、関係部署との間で、公募増資を想起させる可能性のある会話のやり取り
- 部員の間で、単なる噂に留まらない情報としての情報のやり取り
- 担当者甲は、GES第一部の部長から、同月18日の朝会で「来週は休まないように」と指示され、同月20日の朝会で、銘柄名までは明示されないが「来週24日の引け後に発行体を呼んでの勉強会がある」と聞いた
⇒甲は、本件公募増資および24日が公表日と推知可能だった

- ジャパン・アドバイザリー合同会社は日本株の売買を頻繁に行い、証券会社にとって上客であったところ、投資情報の質に応じて、発注先や手数料を決めており、証券会社を競わせてインサイダー情報を含む法人関係情報を暗に要求（報道）

- 米ヘッジファンド（シンガポールに拠点）の完全子会社（シンガポール籍）が財産を運用するケイマン籍の2つのファンドにつき、ジャパン・アドバイザリー合同会社（日本籍）は、形式的には投資助言する立場であったが、実質的にはファンドの運用をしており、シンガポールの会社は売買発注の執行をするだけの存在であった（報道）

- 平成24年（2012年）6月29日、登録取消および業務改善命令（投資一任業該当行為の停止、顧客への説明・投資者保護の措置等）
- （過去事例）平成20年（2008年）12月20日：業務改善命令
⇒アナリストが取得した法人関係情報につき、公表前に、当該法人関係情報を利用して顧客に対し買い推奨の助言をした

（出所）　金融庁資料　http://www.fsa.go.jp/singi/singi_kinyu/insider_h24/siryou/20120731.htmlを筆者にて修正したもの

れたのは、N証券におけるリサーチ・ブラックアウト制度を理由とするものであった。事案①でN証券のアナリストのカバレッジリストについて説明したように、N証券では、同社がエクイティ・ファイナンス等の引受け証券会社となった場合、発行会社による実施の公表前（つまり、発行会社による有価証券届出書等の提出前）、いわゆる届出前勧誘を防止するため、対象企業のカバレッジを担当するアナリストは、当該企業の調査レポートの作成や投資判断を含むコメントを行うことを禁止されていた。

　J合同会社の出席者は、ほかの証券会社でアナリスト・ファンドマネージャーとして勤務した経験を有しており、N証券のリサーチ・ブラックアウト制度と同様の制度について知っていた。そのため、J合同会社の出席者は、この7月5日のランチミーティングにおいて、N証券アナリスト作成の配付資料からエルピーダの記載が抜けていた事実やアナリストの「コメントできません」との回答から、近日中に、エルピーダがエクイティ・ファイナンスを実施する可能性が高いことを認識することができた。

　このように、N証券のアナリストから、J合同会社に対し、エルピーダにかかる公募増資情報が伝達されたと認定された。

　ところで、証券取引等監視委員会やN証券の公表資料・報道によれば、この事案は、N証券が、継続的に行っている自主的な点検・調査において自ら問題を把握して証券取引等監視委員会に報告を行ったことが端緒であるとされている。N証券は、その公表資料において、いわゆる届出前勧誘防止を徹底するために上記社内ルールを広く適用した結果、直近に公募増資等が予定されている銘柄に関する記載を回避した説明資料等を受領した顧客に、かえって未公表の法人関係情報の存在を推測させることになっていたと述べ、公募増資等の公表が未だ行われていない銘柄であっても、当該銘柄のレポートの提供および業界レポート等での当該銘柄の記載を原則として認めること、営業担当者がアナリストに対しファイナンス情報等を詮索するような問い合わせをすることを禁止し、「アナリストの行動規範」を策定・徹底すること等の再発防止策をすでに実施していると述べている。なお、ロイター（平成24年11月2日19：10JST）によれば、金融庁幹部は、積極的な買い推奨やアナリスト・レポートで目標株価を引き上げるといったものでない限り、顧客

2 いわゆる「公募増資インサイダー」事案の発生

● 図表2－6 事案⑥の概要

エルピーダメモリ㈱
【公表】
平成23.7.11
【重要事実】
新株式発行および株式売出しならびに転換社債型新株予約権付社債発行
（株式の発行価格の総額　約427億円）
（新株予約権付社債の発行価格の総額　約275億円）

↓ 新株式買取引受契約等の締結交渉

幹事証券会社（野村證券）
- 引受部門　社員乙
- 法人関係情報の登録
- コンプライアンス部門（法人関係情報の管理）
- 説明資料の審査（注）（社員甲の担当銘柄であるエルピーダメモリ㈱に関する記載を削除するよう指示）
- リサーチ部門（社員甲）　チャイニーズ・ウォール

（注）当該証券会社においては、当時社内規定により、増資公表の1週間前となった銘柄を規制銘柄に指定し、説明資料から削除する取扱いを行っていた。

職務に関して当該重要事実を知る（上記削除指示によりエルピーダメモリ㈱の公募増資等を認識）

↓ 伝達（エルピーダメモリ㈱に関する記載を削除した資料の交付等）

ジャパン・アドバイザリー合同会社
（課徴金納付命令対象者）
運用担当者
（第一次情報受領者、実質的にファンドの運用権限を有する者）

↓ 売付け（現物）

ジャパン・アドバイザリー合同会社が実質的に運用するファンド（ケイマン籍）

平成23.7.6
エルピーダメモリ㈱株式
売付株数：32,600株（すべて現物）
売付価額：3,041万4,986円

- エクイティ・ファイナンス等の引受証券会社となった場合には、一定期間対象企業の企業調査レポートの作成等を禁止（リサーチ・ブラックアウト制度）
- アナリストが不特定多数に配布する可能性のある資料を作成する場合、資料作成や銘柄への言及の可否につき銘柄審査を行い、問題がある銘柄は削除指示
- アナリスト甲は、平成23年（2011年）7月4日に、ジャパン・アドバイザリー合同会社の運用担当者と行うランチミーティングで配布する資料につき管理部の銘柄審査を受けたが、エルピーダの記載を削除すべきとの指示がされた。
⇒当該指示により、甲は、近くエルピーダにエクイティ・ファイナンスがあることを認識

- ジャパン・アドバイザリー合同会社は日本株の売買を頻繁に行い、証券会社にとって上客であったところ、投資情報の質に応じて、発注先や手数料を決めており、証券会社を競わせてインサイダー情報を含む法人関係情報を暗に要求（報道）

- 米ヘッジファンド（シンガポールに拠点）の完全子会社（シンガポール籍）が財産を運用するケイマン籍の2つのファンドにつき、ジャパン・アドバイザリー合同会社（日本籍）は、形式的には投資助言する立場であったが、実質的にはファンドの運用をしており、シンガポールの会社は売買発注の執行をするだけの存在であった（報道）

- 平成24年（2012年）6月29日、登録取消および業務改善命令（投資一任業該当行為の停止、顧客への説明・投資者保護の措置等）
- （過去事例）平成20年（2008年）12月20日：業務改善命令
⇒アナリストが取得した法人関係情報につき、公表前に、当該法人関係情報を利用して顧客に対し買い推奨の助言をした

（出所）金融庁資料 http://www.fsa.go.jp/singi/singi_kinyu/insider_h24/siryou/20121107/02.pdfを筆者にて修正したもの

63

に対する説明資料で公募増資等が予定されている銘柄に対する言及があっても差し支えなく、画一的な運用を改めれば再発を防止できるとコメントしているとのことである。

　届出前勧誘防止のためのリサーチ・ブラックアウト制度の運用に問題があったこと等は、上記の金融庁幹部の発言から明らかであるが、そもそも論として、この事例において、N証券のアナリストとしてはJ合同会社の質問にどのように回答すべきであったか、本件が本当にインサイダー情報の伝達になるのか、事案の詳細・実態を知らない筆者としては、疑問に思う。

　N証券のアナリストとしては、何らかの嘘の説明を積極的に行わなければならなかったのであろうか、あるいはJ合同会社とのランチミーティング自体を欠席したり、リサーチ資料を配布しないようにすべきであったのか（それでも、金融庁の審決の論理からすれば、いつも出席するアナリストが欠席となれば、あるいは、いつも配布されるリサーチ資料が配布されなければ、当時の市場に出回っていたエルピーダにかかる増資観測や当該アナリストの担当業界等から、同様にエルピーダの公募増資情報の伝達となってしまうのではないか[80]）、N証券としてこの事案についてどのような事実調査を行っていたのか、詰めて検討していたのか、種々、疑問な点が多い事案であるといわざるを得ない。

3 公募増資インサイダーが発生しやすい要因

　これらの事案に鑑みると、公募増資インサイダーは、主幹事証券会社の営業側と投資家側とで、増資公表前の情報伝達および対象銘柄売却の動機・利害が共通しているため、ほかの類型のインサイダー取引に比較しても、特に発生しやすい構造ないし特性があると考えられる（図表2－7参照）。

　主幹事証券会社としては、多数の応募申込みを獲得して公募増資が成功すれ

---

[80] なお、いつも出席するアナリストが単に欠席した、あるいは、いつも配布されるリサーチ資料が単に配付されなかったというだけであれば、通常、情報伝達・取引推奨規制における目的要件を充たさないのではないかと考えられる。

2 いわゆる「公募増資インサイダー」事案の発生

●図表2−7 「公募増資インサイダーは発生しやすい」

```
                公表前伝達・売却の動機・利害が共通
     ┌─主幹事証券会社─┐     ┌─投資家（ファンドマネージャー）─┐
     │・応募の多数獲得   │     │・増資による希薄化懸念             │
     │ ⇒営業力アピール  │     │ ⇒市場の噂やアナリスト予測で      │
     │ ⇒引受シェア・レ  │     │   あっても、近く増資公表となれ   │
     │   ピュテーション │ ──▶ │   ば、売りたくなる                │
     │・運用会社・機関投 │     │・増資公表による下落した株価での  │
     │  資家への営業攻   │     │  増資買入                         │
     │  勢・過剰接待    │     │ ⇒早めに売れば利益が上がる        │
     │・ファンドマネージ │     │・売りたいがゆえのウォールあり、  │
     │  ャーのポジショ   │     │  噂に過ぎない等の自己正当化や思  │
     │  ンの制約        │     │  い込みが働きやすい              │
     │ ⇒公表前の伝達に  │     │                                   │
     │   より売却させて │     │                                   │
     │   応募枠を確保   │     │                                   │
     └─────────────┘     └─────────────────┘
```

ば（特に発行予定株数を上回るような応募を獲得すると）、一層強く営業力をアピールでき、今後の新規案件の獲得にもつながるので、できるだけまとまった数量の応募を獲得したいと考え、顧客の機関投資家に特に強く営業攻勢をかけたくなる。それが過剰接待にもつながっていく。しかし、機関投資家側には、運用方針上、ファンドマネージャーのポジションの制約がある。主幹事証券会社の営業担当者としては、公募増資の公表前に機関投資家のファンドマネージャーに公募増資情報を伝達して増資予定銘柄を売却しておいてもらうことで、ポジションの余裕ができて、増資公表後に機関投資家に応募してもらう株数を増やすことができる。そのため、主幹事証券会社の営業担当者には、公表前に機関投資家に公募増資情報を伝達するという動機が強く働きがちとなる。

特に、公募増資情報の場合、中途半端・断片的な情報であっても、次段落で述べるように機関投資家が事前に売ってポジションの枠を拡げるから、主幹事証券会社の営業担当者としては「中途半端な情報であっても、むしろ早く提供しよう」となり、その分、引受け部門やイン登録等されたアナリストから聞いたのは中途半端・断片的な情報に留まり、それに自分の読みを加えたものだから、これは「市場の噂」、「自分で収集した情報」であって、法人関係情報の提供ではないとの自己正当化も働きやすくなる。

他方、当時（さらに、最近も）、公募増資が実際に行われれば希薄化懸念で発行体の株価が下がるのが通常であった。そのため、公募増資情報が市場の噂に過ぎず、実際には行われない見込みだとしても、噂が出回ること自体で株価が下がる。もちろん、実際に公募増資が行われると、公表前に売っておけば、公表後の下落した株価で応募して利益を得ることができる。だから、機関投資家のファンドマネージャーとしても、公募増資情報が出回っていると主幹事証券会社の営業担当者から聞かされれば、売りたくなる。

　この点、主幹事証券会社の営業担当者が「これはインサイダー情報ですから」等といって、機関投資家に情報提供することは通常はない。そのような言い方をすれば、機関投資家のファンドマネージャーに引かれてしまうからである。だから、主幹事証券会社の営業担当者は「こんな噂があるのですが」等と言って、未公表の公募増資情報を提供する。そのため、ファンドマネージャーとしても、「これは市場の噂に過ぎない。情報も断片的であって、具体的でない」等と思って、自己正当化も働きやすくなる。

　このような事情で、公募増資インサイダーは発生しやすい。

4 ｜ 証券会社サイドから見た問題点と防止策

　N証券、D証券、J証券のプレスリリースや調査報告書を踏まえ[81]、証券会社サイドから見て、公募増資インサイダーの問題点を整理した結果は図表2－8のとおりであり、防止体制上の着眼点について整理した結果は図表2－9のとおりである。

81　平成24年6月29日付けN証券プレスリリース「証券取引等監視委員会による勧告事案に関する調査委員会の報告および当社としての改善策について」、同年7月26日付けN証券プレスリリース「証券取引等監視委員会による勧告事案に関する改善策の進捗状況及び追加調査について」、同年7月27日付けD証券プレスリリース「証券取引等監視委員会による勧告事案に関する調査委員会の報告及び当社としての改善策等について」、同年8月7日付けJ証券プレスリリース「法人関係情報の管理態勢を中心とした内部管理の強化について」等。

2 いわゆる「公募増資インサイダー」事案の発生

●図表2-8　証券会社サイドから見た公募増資インサイダーの問題点

	N証券	D証券
収益至上主義	・収益目標の達成には手段を選ばない ・販売目標の達成を目指す過程で、高い職業倫理や法令遵守の本質を理解せず、ウォールの穴を探るような行動をとる社員が存在 ・応募の確保のために予め顧客ファンドが保有する銘柄のウェイトを低下するように誘導した疑い ・顧客からの、アナリストのレーティング変更に関する情報を変更前に提供せよ等の要請に対応 ・特定の顧客に対してビジネス倫理に反する接待 ・売買管理部等のモニタリング部署に知られたくない話があると、意図的に話を曖昧にしたり個人用携帯電話を利用	・GES第一部の部員は、重要な投資家によるブローカー評価を大幅に向上させたり高評価を維持した場合、非常に高く評価される ・法人関係情報またはそれに近い情報を要求してくる顧客に対し、過度に応えようとする者がいてもおかしくはない状況にあった
早耳情報に依存した営業	・日常的な顧客との会話の中で、市場の噂や憶測情報を提供、中には法人関係情報を推測させてしまう情報も含まれていた ・個別銘柄のファイナンス予想を行い、顧客向け情報発信に利用 ・多くの営業担当者が、多数の顧客に宛てたメールやチャットを通じて、主幹事の公募銘柄について公表前にショートの推奨	・噂として話をするだけならば伝達にならないとの勘違いで、ほかの顧客にも、本件公募増資に関する情報を仄めかす内容の伝達があった
営業部内における情報拡散	・部課長等から営業員に「営業上の必要性」から情報伝達 ・近くの席の社員にも漏れ伝わる可能性 ・公表日の朝、募集担当者から部員に対し、引け後待機の指示 ・部内でのメールやチャット等を通じた拡散	・部長による伝達後の自席での電話のやり取りや朝会 ・部長のスケジュール帳をすべての部員が閲覧でき、たとえば、エクイティ・シンジケート部とのミーティング等の記入で公募増資案件の存在を推測可能 ・部室レイアウト（部長の席の向い合せや横に顧客を担当する部員）
営業部内のインサイダー情	・銘柄を言わず、「噂ですが」とか「インではないのでわかりませんが」と前置きすれば、顧客に公募に関する情報を伝えてもよいとの認識	・噂として話をするだけならば伝達にならないとの勘違いで、ほかの顧客にも、本件公募増資に関する情報を仄めかす内容の伝達があった

67

報認識	・銘柄名を明示しない断片的な伝達も、プロにとっては法人関係情報の提供となることを理解せず ・発行登録銘柄とはいえ、プロであれば決議日を推測し得る情報を伝えることも法人関係情報の伝達となることを理解せず	
イン部署におけるインサイダー情報認識	・シンジケート部＝営業からの問合せに対し、銘柄名が伝わらなければよいという誤った考えに基づき、公募増資の予定を半ば恒常的に伝達 ・アナリスト＝営業からの問合せに対し、レポート発行に規制（ブラックアウト＝募集等の届出前にアナリスト・レポートの作成を制限する手続）がかかっているかを伝達 ・回答内容のみで銘柄名が伝わらなければよいだろうといった誤った認識・基準で伝達 ・市場に存在する情報等を組み合わせれば、プロなら具体的な法人関係情報を推測できた	（該当記載不見当）
技術的な穴	・アナリストは、ブラックアウトの運用から、イン情報の存在を推知可能 ・銘柄ごとに担当アナリスト名、目標株価、評価等を記載する一覧表（カバレッジリスト）から、営業がイン情報を推知できた	・担当アナリストは、7月下旬、黒部署員から、公募増資公表後の海外出張に向けたスケジュール確保の連絡あり、公募増資を推知可能。営業の部員も、担当アナリストの海外出張予定を確認することで推知可能
営業上の必要性	・シンジケート部は、顧客の投資動向等を把握するために必要な場合、営業に対し、銘柄が特定されないように留意しながらも増資案件の概要（スケジュール、規模、セクター等）を伝達していた	・公募増資の共同主幹事案件では、ロードショー（発行会社による投資家向けプレゼンテーション）の準備や、ドライラン（発行会社が証券会社の営業員を集めて行う会社説明会）への出席者確保等のために、営業部のライン部長等に、公表前に公募増資を知らせていた（各部員への伝達は公表後）
営業からの働きかけ	・アナリストに接触して情報を聞き出そうとする者 ・シンジケート部員に接触して情報を聞き出そうとする者 ・カバレッジリストやアナリスト作成の各種レポートから銘柄に関する情報が削除されていないかどうかをチェックする者	（該当記載不見当）

管　理	・上席役員らによる実態把握の不十分 ・売買管理部＝ブラックアウトの運用で、事前勧誘規制に重点を置いた硬直的運用に終始、法人関係情報が推知されるリスクを考慮せず ・人材配置の硬直化、前例踏襲主義から、市場の変化に応じた社内ルールの柔軟な改廃や実効性のある運用への指導が足りず	（該当記載不見当）
教育研修	・実効性のある教育・研修の不十分 ・プロ相手の部署で双方の法令遵守意識が高いという前提で、職業倫理・コンプライアンスに関する研修が不十分だった	・教育・研修の不十分
内部監査・モニタリング	・機関投資家営業では法人関係情報を利用した営業が行われるリスクがあることを認識してチェックやモニタリングをすべきだった ・情報授受に対するチェックやモニタリングが不十分 ・プロ相手のホールセール営業部門に対する検査手法が表層的検証に留まり、個人営業部門と比較すると緩い部分があった	・電子メール査閲システム（担当役員、部室長、コンプライアンス部長が役職員の社外宛発信メールにつき、情報漏洩等の有無をサンプルチェックの方法で確認すること）における査閲率は、IB部門（インベストメント・バンキング部門…黒部署）が100％近いのに対し、GES第一部では極めて低調 ・ブルームバーグチャットおよび電話の会話録音の確認がなされていなかった⇒各部員が顧客とのやり取りを誰かに見られているとの意識が低かった⇒コンプライアンス意識や責任感の低下
人　事	・機関投資家営業在籍者が直接シンジケート部に配属されることで、なれ合いによる情報伝達の可能性の発生 ・人材が固定化し、部内の牽制機能が働きにくく、部長が法人関係情報を伝播する状況が改善されなかった ・人事評価項目として職業倫理・コンプライアンスが挙げられず	（該当記載不見当）

●図表2－9　証券会社サイドから見た公募増資インサイダーの防止体制上の着眼点

①過度の営業重視・収益至上主義	・トップの明確なメッセージ ・採用・人事評価・処遇（営業成績のみでの管理職登用の危険性） ・性悪説に立った、牽制機能の確保 　✓主幹事ファイナンス案件では、公表日前の一定期間について営業部の電話・メールを重点的にモニタリング 　✓録音機能付き携帯電話の使用義務化 　✓通話記録保存、内部通報の奨励 　✓見られているとの緊張感 　✓違反者に対する厳重な社内処分
②早耳情報に依存した営業姿勢	・実は意味がない（ファンドマネージャーサイドの意見、皆が売るからといってもむしろ分析が王道） ・機関投資家への情報提供に関するガイドラインの策定（ファイナンス実施を推測させる情報であると誤解を受けるような発言は行わない等）
③営業部内における情報拡散	・情報管理について意識涵養 ・待機指示はしない ・営業部におけるチャット機能の制限（法人関係情報等の書き込み禁止の明確化）・モニタリング ・スケジュール帳のLAN掲載に注意 ・席の配置 ・インサイダー取引規制についての正しい認識と早耳情報への依存を改めれば、部内での情報共有や推測の悪弊は消滅に向かうはず
④アウト部署・イン部署の双方とも、「銘柄名さえいわなければ」、「噂ですが」に見られる、インサイダー取引規制についての認識の甘さ	・N証券リリースのとおり、プロの投資家が他の情報等を補完的に組み合わせることでインサイダー情報の伝達になる ・教育・研修で対処 　✓なぜインサイダー取引が禁止されているのか（情報を知らない投資家から見れば「ずるい」となること）を考えれば、容易に分かること 　✓ルールの抜け穴を探すのではない 　✓D証券リリース…「法令・諸規則に規定されている禁止事項に抵触しなければ問題ないという形式的な判断ではなく、常に法令・諸規則が意図するところを洞察し、社会通念や良識に照らし合わせ、誠実に判断して行動する」 ・営業サイドでは、早耳情報に依存した営業姿勢を改めるべき ・法人関係情報には、明示的な法人関係情報のみならず、それを推測させる情報が含まれることを明確化
⑤アウト部署・イン部署の双方とも、ウォールの重要性の意識が足りない	・教育・研修で対処（④と同じで、何のためにルールがあるのかを理解すること） ・情報管理等に関する誓約書を定期的に反復して提出（喉元過ぎれば対策）
⑥技術的な穴	・ブラックアウト・カバレッジリストにつき、会社として法人関係情報を保有している場合ではなく、アナリストをイン登録している場合のみレポート発行を不可とする ・アナリストの海外出張スケジュールを社内イントラに掲載しない
⑦業務上のアウト部署に対する事前伝達の必要性？	・募集準備や投資家リスト作成など、営業部の募集担当者の業務を、営業部から独立した部署に移管（N証券…エクイティ管理部） ・法人関係情報の伝達から公表日までの期間は可能な限り短縮
⑧営業からの働きかけ	・営業部からイン部署への問い合わせは禁止 ・営業部からアナリストへのファイナンス情報を含む法人関係情報を詮索する問い合わせを禁止 ・アナリスト行動規範を作成し、明文化された情報管理ルールを制定
⑨その他	・交際費・会議費等のチェック…ガイドライン。重い懲戒による牽制。経費検査の強化（過度な集中、不適切使用先） ・採用プロセスにおけるコンプライアンス・倫理観の重視（適性チェック・面接） ・賞与査定、昇給、昇格の判断にあたり、コンプライアンス、倫理観等の定性的要素の比重を大きくし、報酬体系の見直しの検討 ・機関投資家営業を担当した社員のイン部署への直接的な異動は禁止 ・公募増資の公表日前から株価が下落し、情報漏洩が疑われる場合、自らが主幹事証券会社であるとき、発行体との間で延期を含めて増資日程の再検討を行う

(1) 収益至上主義、早耳情報に依存した営業姿勢

　図表2-8のN証券の「収益至上主義」欄のとおり、N証券では、収益目標の達成には手段を選ばない風潮があったとされている。事案④（東電株事案）でも述べたように、営業担当者は、東電の担当アナリストに接触してコメントの可否を尋ねたり、隣席の募集担当者に休暇をとってよいかを打診したりするなど、殊更にチャイニーズ・ウォールの穴を探るような行動をとっていたとされるが、このような行動も収益至上主義の現れであった。また、公募増資への応募の確保のために、公表前に機関投資家のファンドマネージャーに公募増資情報を伝え、売却させて応募できる枠を確保させるという営業も現に行われていた。さらには、特定の顧客に対する過剰な接待や証券会社社内の売買管理部等のモニタリング部署に知られたくない話をするときは、会社貸与の携帯電話ではなく、個人の携帯電話を使用するといった行動も見られた。また、図表2-8のD証券の「収益至上主義」欄のとおり、投資家からのブローカー評価によって発注シェア等が決まることから、ブローカー評価で良い評価を得れば、営業担当者個人も社内的に高く評価される。そこで、営業担当者としては、顧客に一生懸命サービスしようとして、顧客から法人関係情報の提供を要求されればそれに応えるという状況があったとされている。このことはN証券でも同様であり、顧客からのアナリストのレーティング変更に関する情報を変更前に提供せよ等の要請に応じる状況にあったとされている。また、図表2-8の「早耳情報に依存した営業」欄のとおり、N証券では、公募増資情報も含め、市場の噂や憶測として早耳情報を提供して営業していく営業姿勢があった。かかる早耳情報の提供による営業姿勢は、各事案で問題とされた営業担当者に限られなかったようである。D証券においても、噂として話をするだけであればインサイダー情報の伝達にはならないとの勘違いに基づいて、公募増資情報をほのめかす営業も行われていた。

(2) チャイニーズ・ウォールにおける技術的な穴

　証券会社において、チャイニーズ・ウォールも必ずしも守られていなかった（図表2-8「技術的な穴」欄参照）。たとえば、事案①（INPEX株事案）で

述べたように、営業担当者はアナリストのカバレッジリストから特定銘柄について近々公募増資が行われると推知可能であった。引受け部門では、営業からの問合せに対し、銘柄名が伝わらなければよいという誤った考えに基づいて公募増資の予定を半ば恒常的に伝達していた。アナリストも、営業からの問合せに対し、アナリスト・レポート発行に規制がかかっているかを伝達していた。事案⑤（日本板硝子株事案）でも、グローバル・オファリング案件であって、担当アナリストが事前に公募増資公表後の海外出張スケジュールを確保しており、営業部門からも担当アナリストの海外出張予定を確認することで公募増資が推知可能であった。

　また、公募増資案件においては、公表前の段階で販売資料の作成等の営業準備をするといった営業上の必要性から、引受け部門から営業部門サイドに事前に公募増資情報が例外的に伝達されることがあり（図表2-8「営業上の必要性」欄参照）、この場合、イン登録された役職員のみに情報共有範囲を限定すべきところ、現実には、情報が営業部門の内部で拡散していた（図表2-8「営業部内における情報拡散」欄参照）。たとえば、席の配置等の問題からイン登録された役職員の電話でのやり取りがほかの役職員にも漏れる可能性があった。営業担当者に対する事前の待機指示により、報道等のほかの情報との組み合わせで、営業担当者に特定銘柄の公募増資実施やその時期等がわかる可能性があった。社内LAN等に掲載された部長のスケジュールを見ると、部長が引受け部門等との間で打合せをしていること等から、公募増資案件が動いていると営業担当者にもわかる可能性があった。

　さらに、事案④（東電株事案）のように、営業担当者が担当アナリストに接触してコメントの可否を尋ねたり、隣席の募集担当者に休暇をとってよいかを打診したりするなど、殊更にチャイニーズ・ウォールの穴を探るような行動をとっていたとされる。

　以上のウォールの実態や営業部門内の情報拡散・営業担当者の行動に照らすと、チャイニーズ・ウォールについては、その技術上の穴を埋めることはもとより重要であるが、それ以上に役職員個々人にウォールを尊重してこれを守る意識がなければおよそ機能しないことが明らかとなる。

⑶　営業部門・引受け部門の双方におけるインサイダー情報に関する意識の低さ

　営業部門におけるインサイダー情報に関する意識の低さであるが、「銘柄名を言わなければ」、あるいは「噂ですが等と言えば」、未公表の公募増資情報を伝達してもインサイダー情報の伝達に当たらないと、少数でない役職員が思っていたとされる（図表2－8「営業部内のインサイダー情報認識」欄参照）。この点は、営業部門に限らず、引受け部門やアナリストなどチャイニーズ・ウォールの内側にいる役職員も同様であった。引受け部門では、営業からの問合せに対し、銘柄名が伝わらなければよいという誤った考えに基づいて公募増資の予定を半ば恒常的に伝達していた。アナリストも、営業からの問合せに対し、アナリスト・レポート発行に規制がかかっているかを伝達していた（図表2－8「イン部署におけるインサイダー情報認識」欄参照）。しかし、N証券の調査報告書も指摘している点であるが、銘柄名を明示しない情報であっても、機関投資家等のプロにとっては、報道等のほかの情報と組み合わせることで具体的な銘柄を覚知できることになるのであって、情報の偏在という点で機関投資家等のプロを一般投資家よりも有利な立場に置くことになり得るのだから、銘柄名を明示しない情報の伝達も法人関係情報の伝達となり得る。また、直近に発行登録が行われ、近いうちに公募増資や第三者割当増資等が行われることが一般に想定されている銘柄であっても、証券会社から提供される断片的な情報に報道等を組み合わせることで、機関投資家等のプロは、公募増資が現実に行われることや発行会社による具体的な公募増資の公表予定日を認識できることとなり、たとえば「今日、明日に売っておこう」などと投資判断し得ることになって、一般投資家よりも有利な立場になり得るのだから、断片的な情報の伝達も法人関係情報の伝達となり得る。後述するとおり、たとえ銘柄名を明示しない情報や断片的な情報の提供であっても、インサイダー取引規制の趣旨を理解して一般投資家の目線で見れば、インサイダー情報の伝達に該当し得るという問題意識をもつことは容易であったはずである。それにもかかわらず、有価証券等取引のプロであるはずの証券会社の少数でない役職員が、銘柄名を明示しない情報や断片的な情報の提供であればインサイダー情報の伝達に該当し

ないと誤解をしていたとすれば、そのこと自体が大きな問題である。

(4) モニタリングを含む管理体制・人事体制上の問題点

モニタリングを含む管理体制・人事体制上の問題点として、たとえば、①プロ相手の部署であり双方の法令遵守意識が高いという前提で、職業倫理・コンプライアンスに関する研修が不十分だったこと、②機関投資家営業では法人関係情報を利用した営業が行われるリスクがあることを認識してチェックやモニタリングをすべきだったこと、③機関投資家営業部門に在籍していた者が引受け部門に配属されることで、なれ合いによる情報伝達の可能性が発生したこと、④人材が固定化して部内の牽制機能が働きにくく、部長が法人関係情報を伝播する状況が改善されなかったこと、⑤電子メール査閲システム（担当役員、部室長、コンプライアンス部長が役職員の社外宛発信メールにつき、情報漏洩等の有無をサンプルチェックの方法で確認すること）における査閲率が機関投資家営業部門では極めて低調であり、ブルームバーグチャットおよび電話の会話録音の確認も行われておらず、営業担当者が顧客とのやり取りを誰かに見られているとの意識が低かったこと等が指摘されている。

(5) 証券会社サイドから見た防止体制上の着眼点

以上のとおり、公募増資インサイダーにおける問題の所在は、主として、①収益至上主義、早耳情報に依存した営業姿勢、②チャイニーズ・ウォールにおける技術的な穴、③営業部門・引受け部門の双方におけるインサイダー情報に関する意識の低さ、④モニタリングを含む管理体制・人事体制上の問題点、に整理できる。これを踏まえて、防止体制上の着眼点について検討すると、以下のとおりである。

まず「①収益至上主義、早耳情報に依存した営業姿勢」であるが、カルテルなど、ほかの法令違反行為の場合にもしばしばいわれるように、収益至上主義もあくまで適法で社会的に相当なものであることが前提である。このことを、トップの明確なメッセージ等を通じて改めて再確認して役職員に徹底するとともに、採用・人事評価・処遇等にも反映していくことが必要である。よくいわれることであるが、たとえば、営業成績が優れていることのみで管理職にする

ことは往々にして危険である。

　次に重要なのは、性悪説に立った牽制機能の確保である。「②チャイニーズ・ウォールにおける技術的な穴」でも検討したように、チャイニーズ・ウォールを完璧に作ろうとしても、引受け部門が営業からの問合せに対し公募増資の予定を半ば恒常的に伝達する、営業担当者がアナリストにレポート作成の制限の有無を尋ねればアナリストが回答する、営業担当者が募集担当者に休暇取得の可否を尋ねたり、アナリストの海外出張予定やカバレッジリストをチェックしたりする等となれば、ウォールは機能しない。前述したように、収益至上主義もあくまで適法で社会的に相当なものであることが前提であることを個々の役職員に再徹底することが重要であるが、さりとてウォールの機能確保を個々の役職員の倫理観だけに委ねるわけにもいかない。個々の役職員がウォールを意図的に越えようとするという潜在的危険を正面から見据えて、性悪説に立った上での牽制機能を確保することが重要である。この点、Ｎ証券、Ｄ証券、Ｊ証券の再発防止策でも、主幹事ファイナンス案件では公表日前の一定期間について営業部門の電話・メールを重点的にモニタリングすること、営業担当者に録音機能付き携帯電話の使用を義務付けること、営業担当者らの通話記録の保存・検証を徹底すること、これらのルールの違反者に対して厳重な社内処分を行うこと、内部通報を奨励すること等が挙げられている。Ｄ証券の調査報告書でも謳われているが、営業担当者らに顧客とのやり取りを誰かに見られているとの意識をもたせることが肝要である。

　早耳情報に依存した営業姿勢についてであるが、機関投資家サイドのファンドマネージャーに聞くと「市場の噂は参考材料にはなるが、別になくても困らない」という程度のものであり（逆説的な意味で、インサイダー情報であればまだしも）、実は早耳情報に依存した営業はあまり価値がないようである。Ｎ証券もＪ証券も、早耳情報に依存した営業を今後は行わないとしている。

　次に「②チャイニーズ・ウォールにおける技術的な穴」であるが、根本的には、役職員個々人にウォールを尊重してこれを守る意識がなければおよそ機能しない。この点については、前述したように、トップの明確なメッセージ等を通じて、収益至上主義もあくまで適法で社会的に相当なものであることが前提であることを個々の役職員に再徹底すること、性悪説に立って牽制機能を確保

することが重要である。その上で、技術的な観点からは、たとえば、カバレッジリストの記載方法を見直すこと、募集準備や投資家リスト作成などの募集担当者の業務を営業担当者から独立した部署に移管すること、アナリストの海外出張スケジュールを社内イントラに掲載しないこと、営業部門において公募増資公表予定日の待機指示をしないこと、営業部内の席の配置を見直すこと、営業部門から引受け部門等に対する打診や働きかけを禁止すること等が課題として挙げられている。

なお、以上の技術的な対応については、公募増資情報の保秘、さらには証券会社内部のチャイニーズ・ウォールに限らず、ほかの業態においても社内の秘密情報の管理体制が十分かどうかを検証する上で参考になる面がある。

さらに「③営業部門・引受け部門の双方におけるインサイダー情報に関する意識の低さ」であるが、銘柄名が特定されていない情報や断片的な情報であればインサイダー情報に該当しないとの「誤解」は、大きな問題であって、インサイダー取引規制について会社や業界を挙げての再教育が必要になるのではないかと思わざるを得ない。その点を措くとしても、本件各事案に見られる証券会社役職員やファンドマネージャー等の認識・行動に照らすと、インサイダー取引規制がなぜ刑事罰・課徴金の対象とされているかの認識が足りないのではないかと思われる。一般投資家が知り得ない重要情報を入手し得る立場にある者が、その立場ゆえに未公表の重要事実を知って株式等の売買等をして利益を得ることが一般投資家の目線で見て不公正であり、インサイダー取引が規制されている。このことを念頭に置いておけば、たとえ銘柄名が特定されていない情報や断片的な情報であっても、主幹事証券会社の役職員であるがゆえに知った情報であって、一般投資家が知らない情報である以上、ほかの公表情報等を組み合わせることで投資判断に際して重要な情報になり得るのであれば、かかる情報の伝達を受けてそれを株式投資の判断材料の1つにすることは、まさに典型的なインサイダー取引である。このようにインサイダー取引が規制されている理由が何かを念頭に置いていれば、法令の具体的な規定やテクニカルな解釈論を知らなくても、銘柄名が特定されていない情報や断片的な情報が法人関係情報の提供、およびかかる情報を知って行う売買等がインサイダー取引になり得ることは容易にわかったはずである。

このような観点からすれば、証券会社のみならず、機関投資家も含めてインサイダー取引防止のための教育研修等を通じて個々の役職員に、ルールに形式的に引っ掛かるかどうかではなく、インサイダー取引が規制されている理由に遡って一般投資家の目線で考える意識を涵養する必要がある。

なお、テクニカルには、社内規程上「法人関係情報に、明示的な法人関係情報のみならず、それを推測させる情報が含まれることを明確化する」ことが指摘されている。

最後に「④モニタリングを含む管理体制・人事体制上の問題点」であるが、採用プロセスにおけるコンプライアンス・倫理観の重視（適性チェック・面接)、賞与査定・昇給・昇格の判断におけるコンプライアンス・倫理観等の定性的要素の比重の拡大、機関投資家営業を担当した社員の引受け部門等への直接的な異動の禁止、公募増資の公表前から株価が下落しており情報漏洩が疑われる場合における発行体との間の延期を含めた増資日程の再検討などが挙げられている。

5 投資家サイドから見た問題点と防止策

旧Ｃ信託銀行のプレスリリースや調査報告書を踏まえ[82]、投資家サイドから見て、公募増資インサイダーの問題点や防止体制上の着眼点について整理した結果は図表２-10のとおりである。すでにこれまで述べたことと重複する点が多いので、以下では簡潔に述べる。

(1) 問題の所在

投資家サイドから見て、直接的原因として、第一に、インサイダー情報に対する認識の甘さが指摘されている。具体的には、証券会社の営業担当者が提供する「市場の噂の類」に対して、その中にインサイダー情報が紛れ込んでいる場合もあることに警戒すべきであったのに、「噂に過ぎず、チャイニーズ・ウォールもあるのだから、インサイダー情報ではないだろう」と自己正当化し、

---

[82] 平成24年6月8日付けプレスリリース「証券取引等監視委員会による勧告事案に関する第三者委員会の報告等について」。

●図表2－10　投資家サイドから見た公募増資インサイダーの防止体制上の着眼点

【対応策】

①性善説に立たない ②市場の噂などなくても困らない	・ファンドマネージャーと証券会社営業との接触を原則として禁止 ・上司が業務上やむを得ないと判断した場合に限り、社内限定かつ複数者での接触を可とするが、接触記録を作成・チェック ・取引証券会社のコンプライアンス体制のチェック ・売買発注に係る証券会社評価について、営業担当者個人に投票する運営は行わず
③モニタリング・牽制機能の強化	・ファンドマネージャーと証券会社営業との間の業務上必要な連絡等は、会社電話、会社パソコンに限定し、通話記録・メールは保存・モニタリング ・短期的な売買による利益計上、大量売買による収益規模の拡大等を企図した異例取引に関しては、網羅的なモニタリング。該当取引が抽出された場合には、運用担当者に対するヒアリングを含め、取引執行の妥当性を確認 ・ファイナンス銘柄について実施前1ヵ月間の売買記録を検証し、売買理由について確認 ・公募前10営業日内に売買が行われたファイナンス銘柄取引すべてに関する取引執行日の各運用担当者の通話内容のモニタリング ・アナリストの取材記録についても、インサイダー情報やその可能性のある情報を入手していないかチェック
④行動管理・人事管理の強化	・業務日誌の作成の義務付け ・ホワイトボードやスケジュール表に行き先と帰社時間を記入し、他の職員に声をかけることを基本行動として周知徹底 ・各店部には、店部長のほかに店部内の人事管理を担当する人事担当者を配置し、店部内職員の行動を常時把握できる体制 ・運用部門の所属員の証券会社との接待贈答は全面禁止し、証券会社以外の取引先等との接待贈答については一覧性のある管理票で状況を管理 ・長期在籍者の具体的な担当内容・リスクの人事部による把握管理
⑤コンプライアンス意識の醸成・浸透	・各現場における、自社事案・他社事案を踏まえたグループ・ディスカッションの継続的実施 ・コンプライアンス意識に関するアンケート調査の継続的実施 ・情報管理等に関する誓約書を定期的に反復して提出
⑥その他	・インサイダー取引防止に特化した内部監査 ・運用業務に特化したインサイダー取引防止の研修 ・内部通報制度の活性化

※　ファイナンス銘柄とは、公募増資など資金調達を検討している最中の銘柄のこと。

インサイダー取引が規制されている理由に遡って一般投資家の目線から考えることが十分でなかった。これに加えて、背景的な事情として、証券会社営業担当者との間に接待等を通じた親密な関係があったこと等が指摘されている。

　さらに、投資家サイドの管理態勢等の観点からは、ファンドマネージャーの売買に対するモニタリングに改善点があったこと（1ヵ月間の高頻度売買チェックでは、売買高抽出基準のため、単発的な反対売買等にチェックがかかっていなかった）、ファンドマネージャーの専門性の高さから長期在籍となっており、それが証券会社営業担当者との長期継続的な関係の背景になった

こと、ファンドマネージャーの行動管理が十分でなかったこと、ファンドマネージャーの専門性の高さ・自己完結性から、相互牽制が十分でなかったこと等が指摘されている。

(2) 防止体制上の着眼点

　証券会社の営業担当者が提供する「市場の噂の類」の中にインサイダー情報が紛れ込んでいることについて、投資家サイドからは判別がつきにくいことから、投資家サイドにおいては性悪説に立って、ファンドマネージャーと証券会社の営業担当者との接触を原則として禁止し、例外的に上司がやむを得ないと判断する場合でも、社内での複数者での接触に限定し、接触記録を作成することとされた。このほか、売買発注にかかる証券会社評価において営業担当者個人に投票する運営は行わないこととされた。

　また、モニタリング・牽制機能の強化のために、ファンドマネージャーと証券会社営業担当者との間でアナリスト勉強会の設定等で連絡する必要がある場合には、連絡手段を会社電話・会社パソコンに限定し、通話記録・メールを保存して検証できるようにされた。そのほか、短期的な売買による利益計上や大量売買による収益規模の拡大等を企図した異例取引に関しては網羅的なモニタリングを行うこと、ファイナンス銘柄については公表前1ヵ月間の売買記録を検証し、売買理由について調査確認すること、公表前10営業日内に売買が行われたファイナンス銘柄取引すべてに関し、取引執行日の各運用担当者の通話内容を検証すること、社内アナリストの取材記録についてもインサイダー情報やその可能性のある情報を入手していないかを検証することとされた。

　ファンドマネージャーの行動管理・人事管理の強化という観点からは、業務日誌の作成の義務付け、ホワイトボードやスケジュール表に行き先と帰社時間を記入してほかの職員に声をかけること、各店部における人事管理担当者の配置、運用部門の所属員の証券会社との接待贈答の全面禁止等の措置を採ることとされた。

　そのほか、各現場における自社事案・他社事案を踏まえたグループ・ディスカッションの継続的実施、コンプライアンス意識に関するアンケート調査の継続的実施、インサイダー取引防止に特化した内部監査、内部通報制度の活性化

等が挙げられている。

6 公募増資インサイダー問題の根本的な原因と対応

　一連の公募増資インサイダーに関しては、意図的に証券会社の営業担当者にインサイダー情報を提供させたかのように報じられている事案をひとまず措くとすると、証券会社のチャイニーズ・ウォールの技術的な穴もそれほど大きなものではなく、機関投資家サイドのインサイダー取引防止体制もそれ自体に問題があったわけではない。

　証券会社サイドの営業最優先・収益至上主義による行き過ぎやウォールを守る意識の不十分も、機関投資家サイドのファンドマネージャーの無警戒や問題意識の不十分も、いずれも、第一には、「銘柄名さえ言わなければ（聞かなければ）」や「市場の噂だから」のような、インサイダー情報に対する意識の低さによる自己正当化が本質・根底にあったように思われる。その意味では、一連の公募増資インサイダー問題を契機として、証券会社・機関投資家や市場関係者はもとより、事業会社も含めて、インサイダー取引規制のテクニカルな条文解釈を云々することよりも、なぜインサイダー取引が規制されているのかに遡って、一般投資家の目線で物事を考えていくという姿勢が最も重要である。

　もとより、人間は弱い存在であり、証券会社にせよ機関投資家にせよ、自己の行動を正当化し得るほかの事情が見つかれば、ウォールを越えようとしたり、「インサイダー情報とは断定できない」と自己弁解しながら法人関係情報の提供やインサイダー取引を行おうしたりする場合があるから、性悪説に立った上での牽制機能の確保等も重要である。

3 インサイダー取引の発生を未然防止するための体制[83]

1 インサイダー取引の防止体制の基本的枠組み

　発行会社や金融機関を含め、会社におけるインサイダー取引の防止体制として重要な点を整理すると、次のとおりである。

①会社の業務として行われるインサイダー取引や役職員の私的取引におけるインサイダー取引を防止するため、役職員による業務上および私的な株式取引について、インサイダー取引防止規程を設けて事前チェック等を行う（事前チェック）。

②役職員にインサイダー取引の機会や誘惑を無用に与えることを防ぐため、情報管理規程を設けるなどして未公表の重要事実の漏洩・拡散を防止する（情報管理）。

③インサイダー取引防止規程や情報管理規程等の周知・実効的確保および役職員の法令遵守意識の涵養のため、役職員に対する関係法令および防止規程等に関する研修・教育を行う（研修・教育）。

④内部監査によって、インサイダー取引防止規程や情報管理規程等の遵守状況をチェックし、防止体制の不断の改善に結び付ける（規程の遵守状況のチェック）。

　これらのうち、③④は、①②を実効化させるための体制であり、インサイダー取引防止体制のポイントは、①の事前チェックと②の情報管理である。ま

---

[83] 本節は、木目田裕監修・西村あさひ法律事務所危機管理グループ『インサイダー取引規制の実務』（商事法務、2010年）の第8章「インサイダー取引防止規程及びインサイダー取引防止体制」、木目田裕＝藤井康次郎「インサイダー取引防止規程」ビジネス法務（2008年）11頁、木目田裕＝藤井康次郎「インサイダー取引規制における実務上の諸問題(6)インサイダー取引防止規程・体制」旬刊商事法務1847号（2008年）17頁を適宜加筆修正して執筆した。

た、①の事前チェックを行うにあたり、チェックを行う側が自社内にいかなる未公表の重要事実が存在するかを知っていなければ、インサイダー取引規制に違反するおそれのある取引を指摘することもできない。その意味で、②の情報管理は、①の事前チェックを行う前提でもある。

2 インサイダー取引防止体制を整備することの意義

今日、内部統制システムの一環としてインサイダー取引防止体制を整備することは、極めて重要である。

上場会社については、取引所の規則に従って業務の適正を確保するために必要な体制を整備する義務があり、インサイダー取引防止体制に不備があれば、取引所・自主規制法人から取引所規則等に基づく処分や注意を受けたり、改善報告書の提出を求められたりする可能性がある。たとえば、東京証券取引所の有価証券上場規程439条第1項は、上場会社に対し、業務の適正を確保するために必要な体制整備を決定し、当該体制を適切に構築・運用する義務を定めている。同規程上、業務の適正を確保するために必要な体制とは、会社法上の内部統制システム（会社法362条4項6号および同施行規則100条等）を意味し、具体的には、役員・使用人の職務の執行が法令および定款に適合することを確保するための体制、取締役の職務の執行にかかる情報の保存および管理に関する体制などである。また、東京証券取引所の有価証券上場規程449条においては、上場会社は、その役員、代理人、使用人その他の従業者による内部者取引の未然防止に向けて必要な情報管理体制の整備を行うよう努めるものとするとされている[84]。上場会社および子会社の役職員の行為がインサイダー取引に該当するとして行政庁により措置がなされた場合等には、当該上場会社は、日本取引所自主規制法人から社内体制の再点検・報告を求められることになる（同法人の業務規程18条の2）。

また、証券会社や銀行、保険会社等は、金融商品取引業者等として、法人関

---

[84] 取引所規則とインサイダー取引防止体制の関係については、神田秀樹ほか「座談会 会社法と金融商品取引法の交錯と今後の課題〔下〕—上場規則と会社法・金融商品取引法—」旬刊商事法務1823号（2008年）13頁も参照。

係情報の管理体制を構築すべき義務を負っている（法40条、金融商品取引業等に関する内閣府令（以下、「金商業等府令」という）123条1項5号）。また、証券会社や銀行、保険会社等は、金融商品取引業者等として、顧客の有価証券の売買その他の取引等がインサイダー取引規制に違反することまたは違反するおそれのあることを知りながら、当該有価証券の売買その他の取引等の受託等をする行為（法38条7号、金商業等府令117条1項13号）、有価証券の売買その他の取引または有価証券にかかるデリバティブ取引若しくはその媒介、取次若しくは代理につき、顧客に対して当該有価証券の発行者の法人関係情報を提供して勧誘する行為（法38条7号、金商業等府令117条1項14号）、有価証券募集決定の公表前に当該募集にかかる有価証券に対する投資者の需要の見込みに関する調査を行う場合において、一定の措置を講じることなく当該募集にかかる法人関係情報を提供する行為（法38条7号、金商業等府令117条1項15号）をしてはならない等とされている[85]。

また、法令や取引所規則上の義務の有無にかかわりなく、会社のリスクという観点からもインサイダー取引防止体制の整備は極めて重要である。

まず、会社の業務として行われる自社株・他社株の売買でのインサイダー取引については、会社自身がインサイダー取引規制違反という法令違反行為を行ったとして、会社自身に罰金刑や課徴金という制裁がかかることになる。そうなれば、会社のコンプライアンスの在り方や姿勢が正面から厳しく問われ、大きなレピュテーション・ダメージや営業上の損失を被る。かかる罰金額・課徴金、営業上の損失等の会社の損害は、取締役等に対する株主代表訴訟の対象

---

[85] 「金融商品取引業者等向けの総合的な監督指針 平成26年1月」のⅢ－2－4「顧客等に関する情報管理態勢」は、(3)「法人関係情報を利用したインサイダー取引等の不公正な取引の防止に係る留意事項」として、「①役職員及びその関係者による、有価証券の売買その他の取引等に係る社内規則を整備し、必要に応じて見直しを行う等、適切な内部管理態勢を構築しているか」、「②役職員によるインサイダー等の不公正な取引の防止に向け、職業倫理の強化、関係法令や社内規則の周知徹底等、法令遵守意識の強化に向けた取り組みを行っているか」、「③法人関係情報を入手し得る立場にある、金融商品取引業者の役職員及びその関係者による有価証券の売買その他の取引等の実態把握を行い、必要に応じてその方法の見直しを行う等、適切な措置を講じているか」等とする。なお、「主要行等向けの総合的な監督指針 平成26年4月」のⅢ－3－3－3「顧客等に関する情報管理態勢」の2「主な着眼点」の(3)「法人関係情報を利用したインサイダー取引等の不公正な取引の防止」参照。

になり得る。防止体制を適切に整備していれば、株主代表訴訟において取締役等に善管注意義務違反はないとの主張を説得的に展開でき、刑事罰との関係でも適切な防止体制の存在を理由に会社につき両罰規定による訴追の対象外とすべきことを当局に主張できる。なお、発行会社による自己株取得にかかるインサイダー取引については、違反者の自主申告による課徴金額の減算制度が導入されており（法185条の7第14項）、その観点からも、インサイダー取引防止体制の一環としての内部監査による違反行為の有無の確認の必要性は高い。

　また、遵法精神のある会社であれば、意図的なインサイダー取引の発生は考える必要がないが、役職員の法令知識の不十分等による「うっかりインサイダー」の可能性について手当が必要である。インサイダー取引防止体制の整備によって、「うっかりインサイダー」は相当程度確実な防止を期待し得る。

　ところで、自社の役職員による私的な自社株・他社株の売買でのインサイダー取引との関係で、役職員の私的な違反行為についてまで何故に会社が防止体制を整備すべきか、疑問視する声も未だに小さくない。また、役職員の私的な財産形成の自由に対する過度の介入ではないか、という論点もある。この点、会社の顔ともいえる役員がインサイダー取引を行えば、会社自体の信頼が大きく損なわれ、未公表の重要事実を知り得る立場にない従業員は会社へのロイヤリティを著しく減退させるであろう。また、近時の大手の証券会社や報道局、監査法人等の事件からも明らかなとおり、末端の従業員による私的な株式取引における違反であっても、会社の情報管理のあり方やモラルに疑念を抱かれ、会社のレピュテーション・ダメージも大きい。さらに、役職員にインサイダー取引の疑いが生じれば、会社に当局の調査への対応負担という実害も生じ得る。このように、たとえ役職員による私的な株式取引であっても、会社に与える悪影響は大きいから、会社としてはインサイダー取引防止体制の整備によりかかる悪影響の予防を期す必要がある。そもそも、インサイダー取引で問題となる自社・他社の重要事実は会社の業務過程で把握されるものである以上、役職員の私的取引とはいえ、純然たる私的領域の問題とはいえず、会社がインサイダー取引防止のために一定限度で介入することに合理性は認められる。

　以上に加えて、情報管理体制の整備という観点からもインサイダー取引防止体制の整備は必要である。近時の公募増資インサイダー問題で、運用業者に対

して顧客の未公表の公募増資情報を提供した主幹事証券会社が厳しく批判され、一部の証券会社では経営トップの辞任という事態にまで追い込まれた。この公募増資インサイダー問題に起因して、平成25年金融商品取引法改正により、情報提供・取引推奨規制が導入された。こうした公募増資インサイダー問題や情報提供・取引推奨規制の導入からも明らかなように、インサイダー取引を防ぐためには、いわゆる「need not to know」の観点から、未公表の重要事実（インサイダー情報）が無用に漏洩・拡散しないようにすることが重要であり、発行会社・金融機関等は、かかるインサイダー情報の漏洩・拡散を防止するための情報管理体制の整備が一層強く求められている[86]。

　なお、そもそも論として、公募増資インサイダー問題を取り上げるまでもなく、また、証券会社や登録金融機関等のように法人関係情報の管理体制の整備が法令上義務付けられているかどうかに関わりなく、いずれの業態・規模の会社であろうと、少なくとも上場会社ないし上場会社のグループ会社であれば、情報管理体制の整備は必須である。自社のインサイダー情報を使って自社役職員が自社株取引で利益を上げる機会があったことは、一般株主やほかの自社役職員の目線で見たら、どのように受け止められるであろうか。あるいは、自社が知得した顧客のインサイダー情報を使って自社役職員が当該顧客の株式取引で利益を上げる機会があったり、ましてや、かかる顧客のインサイダー情報を一部の「重要顧客」にだけ先に提供して「重要顧客」に儲けさせたりするといった類の行為は、その顧客の目線で見たら、どのように受け止められるであろうか。自社情報であれ、他社情報であれ、自社の顧客管理体制の不備で、たとえ意図的でなかったとしてもインサイダー取引を誘発すれば、株主、ほかの自社役職員、顧客等から信頼を大きく失うことは明らかである。このように、

---

[86] 証券取引等監視委員会事務局 取引調査課長 小出 啓次「平成25年7月以降に勧告した内部者取引に関する課徴金納付命令勧告事案の特色について」（http://www.fsa.go.jp/sesc/keisai/26/20140514-1.pdf）においては、「証券監視委としては、市場の公正性・透明性を確保し、投資者を保護するため、今後とも、効率的かつ効果的な調査を実施してまいりますが、上場会社におかれても、社内ルールの整備・遵守の徹底など適切な措置を講じることにより、より一層、役職員の内部者取引規制に対する規範意識を醸成していただくとともに、社外の取引先等に対し重要事実を伝達する際には、伝達する情報が重要事実であることや当該情報に係る機密保持についての了解を得るなどの対応を行うことが重要と考えます」とされている。

情報管理体制の整備は、公募増資インサイダー問題や情報提供・取引推奨規制の導入を論じるまでもなく、それ以前の、社会的存在としてステークホルダーの信頼を得つつ事業を継続していく上での、いわば「基本中の基本」である。

具体的なインサイダー取引防止規程および情報管理体制については、改めて「4　インサイダー取引防止規程」以下で述べる。

【参　考】　発行会社の役員・主要株主にかかる法令上のインサイダー取引予防規制

金融商品取引法上のインサイダー取引にかかる予防的規制として、発行会社の役員・主要株主には以下の規制がある[87]。

①売買報告書制度（法163条）

まず、発行会社（上場会社等）の役員[88]・主要株主[89]は、自己の計算において当該発行会社の株券等の売買等をした場合には、取引規制府令29条の様式によって、いわゆる「売買報告書」を、売買等があった日の属する月の翌月15日までに財務局長に対して提出しなければならない。実務上は、役員・主要株主から売買注文を受託する証券会社において、この売買報告書の提出の事務を取り扱っている。売買報告書制度の趣旨は、次に述べる役員・主要株主に対する短期売買利益の提供請求の機会を発行会社に与えるとともに、役員・主要株主という重要事実を容易に知り得る立場にある者による売買状況を行政当局が正確に把握することによって、インサイダー取引の牽制を図るという点にある。売買報告書の不提出・虚偽報告書の提出については、罰則がある（法205条19号、207条6号）。

②短期売買利益の提供義務（法164条）

発行会社の役員・主要株主が、当該発行会社の株券等について、自己の計

---

[87] 詳細は、木目田裕監修・西村あさひ法律事務所危機管理グループ『インサイダー取引規制の実務』（商事法務、2010年）434頁以下参照。

[88] 役員について、定義規定は設けられていないが、株式会社であれば、取締役、監査役、執行役、会計参与といった会社法上の役員が該当し、他方、執行役員や顧問・相談役などは該当しないと解されている。以下、短期売買利益の提供義務及び空売りの禁止について同じ。

[89] 主要株主とは、自己又は他人の名義をもって、総株主の議決権の1割以上の議決権を有する株主をいう（法163条1項）。以下、短期売買利益の提供義務及び空売りの禁止について同じ。

算において、買付け等をした後6ヵ月以内に売付け等をし、または、売付け等をした後6ヵ月以内に買付け等をして、差額の利益を得た場合には、当該発行会社は、当該役員・主要株主に対して、当該差額の利益を提供すべきことを請求できる。この短期売買利益の提供制度は、発行会社の役員・主要株主が当該発行会社の未公表の重要事実を容易に知り得る立場にあることから、インサイダー取引規制を補完し、当該役員・主要株主がインサイダー取引を行うことを間接的に防止するために、当該役員・主要株主が当該発行会社の株券等について、いわゆる短期売買を行って利益を得た場合には、当該利益をすべて発行会社に提供させるものである。

　役員・主要株主が実際に何らかの未公表の重要事実を知っていたかどうか、インサイダー取引の可能性のある売買等を行ったのかどうか等に一切関わりなく、役員・主要株主による半年以内の売買・反対売買という外形的事実だけに着目して、売買差額の利益を発行会社に提供させる。役員・主要株主の認識や過失といった主観的要素も一切問わない。役員・主要株主が短期売買利益の提供義務を負っているにもかかわらず、発行会社が当該役員・主要株主に対して提供請求をしない場合は、当該発行会社の株主が発行会社に代わって当該役員・主要株主に対して提供請求できる（代位請求権）。

　短期売買利益の提供義務が発生する場合、実務的には、前記の売買報告書を契機にして、以下のような手続で進行する。

　財務局は、役員・主要株主から提出された売買報告書をチェックして、半年以内の売買・反対売買により利益を得ていると認められる場合、まず、売買報告書のうち当該利益にかかる部分（以下、「利益関係書類」という）の写しを当該役員・主要株主に送付する。当該役員・主要株主から20日以内に財務局長に対して異議申立てがなく、当該役員・主要株主から発行会社に当該利益の提供をしたとの申述もないときは、財務局は、利益関係書類の写しを発行会社に送付する。その後30日以内に、当該役員・主要株主から発行会社に対して当該利益の提供がなされない場合には、財務局は、利益関係書類の写しを公衆縦覧に供し、代位請求権を有する株主に対して、短期売買利益の発生を周知する。

　実務上、役員・主要株主が短期売買利益の提供義務が生じると承知の上で

わざわざ半年以内の売買・反対売買をすることはないので、いわば、うっかりミスで短期売買利益の提供義務が発生することが通常のように思われる。たとえ「うっかり」であっても、最終的には、財務局による利益関係書類の公衆縦覧まで行われるため、財務局から利益関係書類の送付を受けた役員・主要株主としては、実際問題として、短期売買利益を発行会社に支払う以外には選択肢はない。主要株主であれば致し方ないが、役員の場合には、本来、発行会社がそのインサイダー取引防止体制でもって、短期売買にならないように役員の自社株売買をチェックする必要がある。仮に自社の役員に短期売買利益の提供義務が発生するような事態になった場合、証券取引所等から自社のインサイダー取引防止体制が機能していないとの批判や注意を受けることになるであろう。

③空売りの禁止（法165条）

　発行会社の役員・主要株主は、当該発行会社の株券等の空売りが禁止されている。発行会社に特別の関係を有する役員・主要株主が当該発行会社の株券等を空売りすることは異例な事態であり、これらの者が未公表の重要事実を利用して空売りを行っている事案も少なくないと考えられることから、かかる発行会社の役員・主要株主の空売り禁止規制が設けられている。役員・主要株主が発行会社の未公表の重要事実を知っているかどうかに関わりなく、これらの者による空売りが禁止されている。もっとも、リスクヘッジのための空売りには合理的理由もあって許容する必要もあることから、役員・主要株主が有する額・数量を超える場合に限り、その空売りが禁止されている。違反に対しては罰則がある（法205条20号、207条6号）。

4 インサイダー取引防止規程

　役職員による業務上および私的な株式取引に対する事前チェックとしての「インサイダー取引防止規程」については、すでに別項でも詳細に論じており[90]、また、東証COMLECが「インサイダー取引防止規程例集」を取りまとめて発行していることから、本稿では考え方の基本的な部分について述べることとする。

1 届出制・許可制・禁止制

　インサイダー取引防止規程には、理念的に捉えると、①届出制、②事前申請・許可制（以下、単に「許可制」という）と、③原則禁止制（以下、単に「禁止制」という）の3つのタイプがある。

　①の届出制とは、会社としては、役職員にインサイダー取引につき注意喚起するにとどめ、株式売買の実行については役職員自身の判断に委ね、役職員からは事前または事後に売買状況の届出だけをさせる制度である。届出制は、役職員の株式売買を会社が事前にチェックするという発想ではなく、会社として、役職員の株式売買を把握しておき、事後的に社内調査等をできるようにしておくこと、それを通じて役職員に対する牽制効果を図ることを狙いとする。

　②の許可制とは、典型的には、会社のコンプライアンス部門が「情報管理責任者」として社内の各部署・子会社から自社・他社にかかる重要事実に該当する可能性のある情報を集約管理した上で、会社や役職員個人の自社・他社の株式売買につき事前申請をさせ、インサイダー取引該当性の有無を確認・検討の上、許可するという方法である。つまり、会社や役職員の売買を情報管理責任

---

[90] 木目田裕監修・西村あさひ法律事務所危機管理グループ『インサイダー取引規制の実務』（商事法務、2010年）の第8章「インサイダー取引防止規程およびインサイダー取引防止体制」、木目田裕＝藤井康次郎「インサイダー取引防止規程」ビジネス法務（2008年）11頁参照。

者が個別に事前チェックするものである。大規模な会社や事業部門ごとに取り扱うことの多い重要事実が異なる会社では、事業部門単位で、当該事業部門で生じる重要事実を集約管理して、当該事業部門内における役職員の株式売買の可否を判断するという仕組み（事業部門単位での許可制）にすることもある。

　当然のことではあるが、届出制に比較すれば、許可制のほうがインサイダー取引防止措置として実効的である。たとえば、自社株取引を行う財務部門等には重要事実が存在しがちであるが、財務部門等としては自社株買いを優先しようとするインセンティブが働くこともあり、これを情報管理責任者の許可にかからしめることで社内牽制を確保できる。あるいは、営業部門が取引先との関係を強化しようとして当該取引先の株式を買い付ける場面なども許可制であれば、同様に社内牽制が働く。また、インサイダー取引に関する法令が技術的・複雑であって、善意のうっかりミスが生じ得るところ、専門部署が事前チェックすることにより、「うっかりインサイダー」の防止を期待し得る。

　他方、届出制に比較すると、許可制は、専門部署である情報管理責任者の判断の負担が重く、判断に迷う場合には、電話一本で簡単に弁護士の助言を得ることができるといった体制を併せて構築しておく必要がある。また、許可制においては、社内各部署・子会社のコンプライアンス担当者がインサイダー取引規制を十分に理解していないと、社内各部署・子会社から情報管理責任者への重要事実の報告・集約に漏れが生ずるとの問題がある。そこで、情報管理責任者のみならず、社内各部署や子会社のコンプライアンス担当者に対する法令教育が重要になる。

　③の禁止制とは、会社や役職員による自社・他社の株取引を原則的に全面禁止するという方法である。もっとも、禁止制とはいえ、通常は役職員が相続税を支払うために資産の現金化が必要になるなど、やむを得ない事情により株式売買を行う必要がある場合には、その段階で、情報管理責任者が社内の各部署等での未公表の重要事実の有無をチェックした上で、禁止を個別に解除することになる。そのため、許可制と禁止制との差異は多分に相対的・理念的なものであるともいえる。許可制と禁止制とを比較すると、許可制は、社内の各部署において、その所管業務の遂行の過程で未公表の重要事実が生ずれば、これを自主的に情報管理責任者に報告し、情報管理責任者が未公表の重要事実を恒

常的にあらかじめ集約して把握することになるが、禁止制は、かかる重要事実の恒常的な集約を行わず、会社・役職員に株式売買を行うべきやむを得ない事情が生じた際に、そのつど、社内の関係部署に照会するなどして未公表の重要事実の有無を調査・収集して禁止を解除するかどうかを判断することになる。そのため、会社ないし役職員による株式売買の頻度が少ない場合には、恒常的に重要事実を集約し続けるコストを節約するという管理コストの観点から、禁止制を導入するほうが合理的であることが多い。

　禁止制といっても、インサイダー取引リスクと管理コストに応じて禁止範囲は異なる。たとえば、財務部や経営企画部のように自社の重要事実を恒常的に把握しがちな部署の役職員であれば、自社株売買のみを一律禁止とする。いわゆるウィンドウ・ピリオドも同様の発想による禁止制の一種である。ウィンドウ・ピリオドにおいては、取締役や財務部職員等について、自社の決算情報をはじめとして自社の重要事実を恒常的に把握しがちであることから、決算短信や有価証券報告書等の提出後の短期間に限り[91]、自社株の売買を認め、それ以外の期間は自社株売買を禁止とする。自社に未公表の重要事実が存在する可能性があっても、決算短信や有価証券報告書等の提出によって、かかる重要事実が公表されることになるという発想によるものである。あるいは、銀行における特定業態を対象とする融資部のように特定範囲の顧客を取引先とする事業部であれば、当該特定範囲の顧客にかかる株式の売買のみを禁止とする。証券会社や銀行の投資銀行業務部門の役職員であれば、アドバイザー業務の検討に着手した段階から案件クローズまでの間、当該顧客の株式売買を禁止とする。一般に、他社のインサイダー情報に関しては、自社の情報管理責任者が、他社の重要事実の存否等を判断して他社株売買を許可するとの運用を行うことは現実問題として容易でないため、業務の過程で恒常的に他社の重要事実に接する蓋然性の高い法人営業部門等に所属する役職員については、当該他社の株式取引を全面的に禁止することも少なくないようである。

　このように、禁止制というと、言葉の語義からは非常に厳格なインサイダー

91　東証ほか『第二回全国上場会社内部者取引管理アンケート―調査報告書―』44頁によれば、決算発表等の情報公表日から2週間程度、または、1ヵ月程度に限り、自社株売買等を認めているとするものが多くみられる。

取引の予防規制のように見えるが、禁止制は許可制と比較して原則禁止と割り切って一律・機械的に扱う点で管理コストが低いので、実際には、禁止制の対象役職員・対象株式・対象時期等を限定しつつも、この禁止制の発想に基づいてインサイダー取引の予防を図っていることも多い。

なお、過去の摘発例等に鑑みると、株式等の信用取引がインサイダー取引の背景になっている例も少なくないので、役職員の信用取引を禁止することも考えられる。

この３つのタイプは、いずれか１つをとらなければならないというものではなく、会社の規模や特性に応じて、リスクアプローチや実効性、費用対効果の観点から、いずれのタイプをとるのがよいかを検討すれば足りる。同様に、全社一律に同じ建付けをとる必要はない。たとえば、工場や営業所の現場の職員について、業務の過程で自社・他社の重要事実を入手することが考えられない場合には、そもそも、かかるインサイダー取引防止規程を及ぼさなくてもよい。許可制を採用するとしても、その適用範囲は、たとえば、インサイダー情報に触れる蓋然性が高い一定の職階以上の役職員や、会社の重要プロジェクトを企画・立案する経営企画部、会社の決算情報に日常的に触れる経理部、新株発行等会社の大規模な資金調達を担当する財務部等に所属する役職員に限定することも考えられる。

また、許可制をとるとしても、インサイダー取引リスクと管理コストに応じて、部分的・限定的に禁止制を併用することも考えられる。たとえば、①インサイダー情報が集まる情報管理責任者等については全面的に自社株売買等を禁止としたり、②経営企画部門や財務部門等でM＆A等の検討に着手した場合には、情報管理責任者の指定によりこれらの部門の役職員の自社株売買を全面禁止とする、③前述したとおり、ウィンドウ・ピリオドのように取締役や財務部職員等については決算短信や有価証券報告書等の提出後の短期間を除いて自社株売買を禁止としたり、④業務の過程で恒常的に他社の重要事実に接する蓋然性の高い事業部門に所属する役職員については、当該他社の株式取引を全面的に禁止することなどである。

2 規範としての明確性の確保

　インサイダー取引防止規程は、会社・役職員の行為規範である以上、一義的に明確な内容であることが望ましい。この点、インサイダー取引規制における「重要事実（決定事実）」の核となる「業務の執行を決定する機関」や「についての決定」等の概念に関し、日本織物加工事件最高裁判決や村上ファンド事件最高裁決定に見られるように、多分に実質的な解釈が必要になることを踏まえると、個別の決定事実について、何が（誰が）「業務の執行を決定する機関」に該当するのか、いかなる場合に「決定」といえるのかという点につき、自社にあてはめた場合の具体的な帰結を規程に明記しておくこと」も検討に値する。たとえば、重要事実（決定事実）のうち、新株発行等（法166条2項1号イ）については、「代表取締役社長または財務担当取締役のいずれか一方が、実現に向けた準備作業に着手することを決定したこと」、新製品または新技術の企業化（法166条2項1号カ）については、「代表取締役社長または部門担当取締役のいずれか一方が、実現に向けた準備作業に着手することを決定したこと」とすることなどが考えられる[92]。

　また、インサイダー取引規制の適用除外規定等との関係で誤解を生むことの多い点については、役職員に注意喚起するため、これらを規程に明記することが考えられる。たとえば、①ストック・オプションの行使により取得した株券を売り付けること、②役員・従業員持株会または取引先持株会から引き出した株券等を売り付けること、③役員・従業員持株会または取引先持株会の拠出金額を増加させることも、インサイダー取引規制の対象となる「売買等」に該当する可能性があること等である。

　なお、インサイダー取引防止規程に重要事実の軽微基準・重要基準や適用除外についても逐一記載することも考えられるが、かかる記載を行う必要性は高

---

[92] そのほか、たとえば、決算情報に関する重要事実（法166条2項3号）について、「新たに算出」とは、経営会議等で新たな決算情報が報告・了承を受けた時であるとしている内規例もあるが、決算ないし業績予想の策定を実質的に仕切っている管掌役員や担当課長クラス（時には実力経理部員等）が新たな数値を算出した段階でもって、「新たに算出」に該当すると規定した方が実務的には安全である。

くない。許可制では、重要事実の基本的な概念であれば、これを規程に示すことには、各部門の情報管理担当者に対し、把握・報告等の対象となる重要事実を明示するとの実益があるが、軽微基準・重要基準や適用除外の該当性に関する厳密な判断は、許可の可否の判断権者である情報管理責任者に委ねれば足りると考えられ、かえって規程に軽微基準・重要基準や適用除外を逐一記載すると、規程内容が煩瑣（はんさ）となって明確性が失われることも懸念される。

3 グループガバナンス

　親会社・子会社の役職員も自社の会社関係者としてインサイダー取引規制の対象になる（法166条1項1号）。また、子会社の一定の決定事実や発生事実等も自社の重要事実となる（法166条2項5号～8号）。そこで、インサイダー取引防止のための企業グループ全体での取組みも必要となる。かかるグループガバナンスのあり方としては、①自社や自社の役職員の自社株売買に対する許可制を機能させるために、自社の情報管理責任者において、子会社の重要事実も子会社の情報管理担当者からの報告で把握し得るようにしておくこと、②親会社や子会社ないしその役職員による自社株売買との関係で、親会社・子会社やその役職員の自社株売買についても自社の情報管理責任者への許可を必要とすることなどが考えられる。かかるグループガバナンスの観点からの規定については、各社のインサイダー取引防止規程等にそれぞれ所要の規定を設けてもよく、また、グループ・インサイダー取引防止規程で一括して定めてもよいと思われる。もっとも、①につき、独立性の高い子会社が情報管理を適切に行い得るのであれば、子会社の重要事実を親会社に一切伝達させないように情報遮断措置をとることがむしろ適切であるとの考えもあり得る[93]。この点、グループガバナンスの観点から独立性の高い子会社であっても業務状況等につき親会社が詳細に把握するほうが適当と考えれば、すべての子会社につき、自社の情報管理責任者に重要事実の報告をすべきことを定めることとしてよいであろう[94]。

---

[93] 中村直人「インサイダー取引規制に関する改正と実務対応―子会社を含む重要事実をいかに管理するか―」旬刊商事法務1568号（2000年）81頁。
[94] 澤口実「連結経営とインサイダー規制」月刊取締役の法務79号（2000年）97頁。

また、②につき、上場子会社がある場合には（なお、この場合には、自社役職員についても、当該上場子会社の会社関係者となる）、当該上場子会社の株式売買についてまで自社が管理することは上場子会社の独立性および少数株主との利益相反の観点から慎重な検討を要する。

4 その他の留意点

(1) モニタリング

インサイダー取引防止規程の遵守状況についてモニタリングを実施することを規程上や内部監査規程等に明記し、かかるモニタリングを定期的に行う必要がある。許可制を採用する場合には、半期ごとあるいは年に1回などに、役職員から提出のあった許可申請書と実際の株主名簿とを比較して売買状況を確認することや、売買の実施後に証券会社から送付された取引報告書の提出を求めること等が考えられる。

(2) 社内調査にかかる役職員の協力義務および株式取引記録等の提出義務

また、役職員による株式等の取引にインサイダー取引の疑いが生じた場合、社内調査を行うことが必要となる。企業秩序維持のために会社が行う調査への労働者の協力義務は、就業規則等に明示の根拠規定がなくとも合理的な範囲内であれば認められるが[95]、役職員個人の株式取引記録等の提出を求めてもプライバシー侵害等を理由にこれに応じない事態も考えられる[96]。そこで、インサイダー取引防止規程において、社内調査にかかる役職員の協力義務および株式取引記録等の提出義務を明記することが肝要である。

---

[95] 富士重工業事件最高裁判決（昭和52年12月13日民集31巻7号1037頁）参照。
[96] 大手放送局社員によるインサイダー取引の事案においては、「職員の株取引問題についての事実の徹底した解明と、実効ある再発防止策の検討」を目的として、第三者委員会が設置され、調査が行われたが、調査の過程で、多数の社員が取引履歴の調査のために必要な委任状の提出を拒否したことが問題となった。

(3) 退職後の役職員

　退職後の役職員についても、その退職後1年（法166条1項）または6ヵ月（法167条1項）はインサイダー取引規制の対象となる。また、退職後間もないため、従前の付き合いや業務引継ぎ等の際に第一次情報受領者となる可能性も少なくない。そこで、許可制を採用する場合には、退職後の役職員についても、退職後1年間は許可制の対象とすることが考えられる。

(4) インサイダー取引防止規程の就業規則性

　インサイダー取引防止規程のうち労働者を名宛人とする部分については、労働者に対する「服務規律」の性格を帯びることから、形式的には就業規則とは別個に規定されるとしても、労働者を名宛人とする部分については就業規則の一部を構成すると解される可能性がある。その場合、手続的な側面として、規程の制定・改正にあたり、過半数労働組合等の意見聴取、所管労働基準監督署への届出、労働者への周知等の各手続を行うことが必要となる（労働基準法89条、90条、106条1項）。なお、就業規則ないし社内規程違反を根拠として懲戒処分を行うためには、当該規則・規程につき労働者に周知させる手続がとられていることを要する（フジ興産事件最判平成15年10月10日労判861号5頁）[97]。

　また、就業規則の不利益変更についての合理性の要件（労働契約法10条、秋北バス事件最判昭和43年12月25日民集22巻13号3459頁等）との関係では、前述したとおり、企業秩序維持の観点から会社が役職員の財産形成の自由に一定限度で介入することの必要性が存在し、規制内容としても許可制の場合にはインサイダー取引の疑いがある取引だけが禁止されることになり、禁止制を併用する場合でも禁止される銘柄・期間・対象者が適切に限定されていれば、合理性が認められよう。

---

[97] もっとも、就業規則上、従業員が私的に違法行為を行った場合には、会社の信用を毀損する行為に該当する等として懲戒処分が可能になっていると思われる。それゆえ、いずれにせよ、懲戒処分は可能であると思われる。

5 情報管理体制の整備

1 情報管理体制の整備の必要性と要点

　会社内に存在する自社・他社の未公表の重要事実へのアクセスが容易であると、遵法意識を欠いた役職員にインサイダー取引の機会を与え、また、真面目な役職員との関係でもインサイダー取引の誘惑を無用に与えることとなる。自社・他社の未公表の重要事実が外部に漏洩・拡散すれば、同様に、その外部者のインサイダー取引を惹起する危険がある。自社情報であれ、他社情報であれ、自社の情報管理体制の不備で、たとえ意図的でなかったとしてもインサイダー取引を誘発すれば、株主、ほかの自社役職員、顧客等から信頼を大きく失うことになる。たとえば、日本経済新聞社元社員によるインサイダー取引事件では、同社に集中する法定公告を、広報局内で共用されていたIDやパスワードで閲覧できたことが、インサイダー取引を惹起した背景にあったと指摘されている[98]。そこで、自社・他社の未公表の重要事実をはじめとする情報が、会社内の必要な者のみだけに把握され、無用に漏れないよう情報管理体制を整備することがインサイダー取引防止のために必要となる[99]。かかる情報管理体制の整備の重要性は、近時の公募増資インサイダー問題で、運用業者に対して顧客の未公表の公募増資情報を提供した主幹事証券会社が厳しく批判され、一部の証券会社では経営トップの辞任という事態にまで追い込まれたこと、公募増資インサイダー問題に起因して、平成25年金融商品取引法改正により情報提供・取引推奨規制が導入されたことからも明らかである。

　また、情報管理体制という観点から銀行や証券会社を検討すると、銀行には

---

[98] 平成18年7月25日東京読売新聞夕刊19面「インサイダー事件　日経ずさん情報管理　パスワード広く共有」等参照。

[99] インサイダー取引防止のために情報管理が重要であることは各種論考で繰り返し指摘されている。たとえば、証券取引等監視委員会関係者では、後藤健二「証券市場と情報―市場監視の現場から―」旬刊商事法務1895号（2010年）22頁など。

融資部門と投資部門が存在し、証券会社には投資銀行部門と自己取引部門が存在する。このうち、融資部門や投資銀行部門には、融資業務、起債業務、組織再編等に関する業務を通じて、様々な取引先のインサイダー情報が集まることになる。さらに、銀行や証券会社の元には、投資先等と締結する契約書の中の財務制限条項やコベナンツの規定に基づいて、投資先から様々な情報が入ってくることもある。これらの情報の中にはインサイダー情報に該当するものも少なくなく、情報を取り扱う部署の役職員がインサイダー情報を公表前に知ることも多い。また、銀行の投資部門や証券会社の自己取引部門は、日常的に有価証券の売買等を行っている。こうしたことから、銀行や証券会社については、その業態の性質という意味では、内部の役職員または関係者によりインサイダー取引が行われるリスクが一般の事業会社よりも高いといえる。そこで、銀行や証券会社等は、一般の事業会社より厳格なインサイダー取引管理体制を整備すべき要請も強い。証券会社および銀行の投資銀行部門や融資部門と自己売買部門や投資部門の間にチャイニーズ・ウォールを設け、投資銀行部門や融資部門に集積されたインサイダー情報が自己売買部門や投資部門に流出することを防止することにより、自己売買部門や投資部門がインサイダー取引規制に違反することなく、有価証券の売買等を行うことができるようにするための仕組みを整備する必要がある[100]。そして、投資銀行部門や融資部門で取り扱う情報について、厳格な情報管理規程を整備し、これを運用することにより、情報管理の徹底を図り、インサイダー情報が無用にほかの役職員に漏れることを防止する必要がある[101]。

次に、情報管理体制という観点から投資運用業者・機関投資家を検討すれば、投資運用業者・機関投資家は日常業務の中で様々な投資情報を収集しており、これらの役職員においては、他社のインサイダー情報を受領する機会が多い。

---

[100] チャイニーズ・ウォールの実務については、久保淳一＝佐々木清隆＝鈴木秀昭＝中村聡＝水元明俊＝師尾信寛「＜事例研究座談会＞インサイダー取引防止における実務上の留意点と求められる態勢整備」金融法務事情1866号（2009年）64頁など参照。
[101] なお、「金融商品取引業者等向けの総合的な監督指針 平成26年1月」のⅢ－2－4(1)「顧客等に関する情報管理態勢に係る留意事項」、「主要行等向けの総合的な監督指針 平成26年4月」のⅢ－3－3－3「顧客等に関する情報管理態勢」の2「主な着眼点」(1)「顧客等に関する情報管理態勢」参照。

したがって、投資運用業者等の役職員が、その業務の過程で収集した情報の取扱いについて厳格なルールを設ける必要がある。たとえば、ファンドの運用担当者が、ファンドの運用方針等を検討するにあたり、同じ運用業者等に属するほかのファンドの運用担当者との間で情報交換を行うことも想定されるが、かかる情報交換により、情報の受領側において、不用意にもインサイダー取引を引き起こす可能性も否定できない。そのため、投資運用業者等の中で、インサイダー取引防止の観点から、ファンドの運用担当者の間での情報交換にあたってのルールを定めること[102]や、場合によっては運用担当者間においてチャイニーズ・ウォールを設けることが必要な場合も想定し得る。

かかる情報管理のための取組みは、各社の業態や業務フローに応じて多種多様であり、インサイダー取引リスクのみならず、費用対効果の観点をも考慮して具体的な体制を構築する必要があるが、一般論としては、概ね以下のような情報管理体制の整備が考えられる[103]。

まず、インサイダー情報の利用・管理についての指針を策定し、これを定期的に見直すこと、インサイダー情報にアクセスできる者（以下、「インサイダー」という）を限定すること（Need to Know原則）が必要である。具体的には、①株価に影響する情報の扱いについては、指針を文書で定めて定期的に更新すること、②インサイダーのリスト（ウォッチリスト）を作成し、正確性

---

102 具体的には、個別の銘柄（個社）についての情報交換を禁止するなど情報交換において交換される情報の内容を制限すること、情報交換の過程でインサイダー情報に該当するものを交換する際には情報の受領者側に注意喚起を行うことなどが考えられる。

103 この点、情報管理体制については、旧・英国金融サービス機構（FSA）による内部情報の取扱に関するグッド・プラクティスの原則（Principles of good practice for the handling of inside information）（Market Watch 21（http://www.fsa.gov.uk/pubs/newsletters/mw_newsletter21.pdf）、Market Watch 27（http://www.fsa.gov.uk/pubs/newsletters/mw_newsletter27.pdf））、寺田達史ほか「〈座談会〉インサイダー取引の実態とその未然防止（下）」商事法務1928号（2011年）61頁、臼井徹「事例で学ぶ　インサイダー取引規制と銀行の実務対応」銀行法務21 758号（2013年）44頁、大谷和子「一元管理体制の構築がカギ　インサイダー情報の社内管理ポイント」経理情報1355号（2013年）21頁などが参考になる。また、平成25年金融商品取引法改正による情報伝達・取引推奨規制を踏まえた情報管理態勢については、中村聡「インサイダー取引規制の平成25年改正と実務上の諸問題」旬刊商事法務1998号（2013年）28頁、31頁、梅澤拓「情報伝達・取引推奨行為に関するインサイダー取引規制の強化と実務対応」金融法務事情1980号（2013年）42頁などが参考になる。

を担保するために定期的に更新すること、③メディア等の外部からの問い合わせへの対応について指針を定めること、④インサイダーを必要最小限に限定し、合理的な理由がない限りインサイダーを増やさないこと等である。

　また、株価に影響を与え得る情報の管理については、①機密文書・電子ファイル等を安全に廃棄するための指針を作成すること、②机上の書類等を片付けることを徹底させること、③会社の外で業務を行う役職員の行動基準を定めること、④機密案件等についての議論は会議室でのみ行うようにさせること、⑤文書にパスワードをかける等して機密情報のメールによる配布を管理すること、⑥機密情報を含む書類やファイルは鍵のかかる場所で保管させること、⑦機密情報を含む書類やファイルを大量に保管している部屋がある場合には当該部屋への入退室について生体認証システム等を設けること、⑧機密情報を含む書類を関係者に交付する必要がある場合には当該関係者に対して直接交付すること等が重要である。

　インサイダー情報を外部の第三者に伝える場合には、①第三者にインサイダー情報を伝える場合の指針を作成すること、②当該第三者が秘密保持の重要性を十分に理解できるようにすること、③当該第三者がインサイダー情報を伝えるに相応しいかを慎重に検討すること、④インサイダー情報を伝える場合でも、第三者には可能な限り遅く情報を伝えること、⑤インサイダー情報を伝えた場合には、日時、当該第三者の氏名、伝達の目的等を記録しておくこと等が重要である。

　そのほか、社内のIT体制の整備については、①テストのためのハッカーを利用しITシステムの堅牢さを定期的に確認すること、②電子メールの標題も含め電子ファイルについてはコードネームとパスワードを使用させること、③ノートパソコン等は短い時間で自動的にロックされるようにすること、④機密情報を含むファイルへのアクセス履歴を監視できるような技術を導入すること、⑤電子メールの誤送信等への対応の手続を定めること等が重要である。

　さらに、最近では、ソーシャル・ネットワーキング・サービス（SNS）の利用者の増加により、SNSを通じて機密情報がインターネット上に拡散する危険性が生じていることから、SNSの利用に関する指針を定めて周知徹底を図ることも重要である[104]。

チャイニーズ・ウォールについては、平成24年9月27日、米国の証券取引委員会が、broker-dealersについて、未公表の重要事実の不正利用防止プログラムの検査を行った結果について、サマリーレポートを公表している[105]。このサマリーレポートでは、チャイニーズ・ウォールの管理構造として、①通常であれば未公表の重要事実にアクセスすることのない部署と未公表の重要事実にアクセスしている部署を区別して両者を分離すること、②未公表の重要事実の情報源の種別に応じて管理手法を変えること[106]、③管理部門において、未公表の重要事実やアクセス者を集約したリスト（ウォッチリスト）を作成し当該リストに基づき取引監視を行うこと等が指摘されている。また、具体的な管理の手法として、④未公表の重要事実については、当該情報を知る必要がある者だけがアクセスできるようにすること（Need to Know原則）、⑤通常であれば未公表の重要事実にアクセスすることのない部署の従業員が当該情報にアクセスしようとしていないかどうか等をシステム上で監視できるようにすること、⑥機関投資家から質問を事前に提出させること、機関投資家を事前に審査すること、会議記録を残すこと等によって、外部の機関投資家に提供する情報を管理すること、⑦役職員が送受信した電子メールをモニタリングすること、⑧役職員の個人的な取引について事前の審査を行って許否を決めること等が指摘されている。

　これらは、個人情報保護・顧客保護や情報セキュリティの構築という観点からも、多くの会社ですでに取組みがなされているものと思われるが、インサイ

104　前掲・大谷26頁。
105　Staff Summary Report on Examinations of Information Barriers：Broker-Dealer Practices Under Section 15（g）Of The Securities Exchange Act Of 1934（http://www.sec.gov/about/offices/ocie/informationbarriers.pdf）。
106　未公表の重要事実の情報源には、①取引を通じて取得する場合、②内部者とのやり取りを通じて取得する場合、③機密情報にアクセスして取得する場合の3類型がある。このうち、①（取引に関する情報）に関しては、ウォッチリストの要否を判断するために管理部門に転送すること、②（内部者とのやり取り）に関しては、未公表の重要事実を取得した場合には管理部門に連絡する義務がある旨をポリシーに明記すること、③（機密情報にアクセス）に関しては、通常であれば未公表の重要事実にアクセスすることのない部署の者については、管理部門に必ず連絡し、未公表の重要事実にアクセスするのが通常の部署の者については、入手情報が未公表の重要事実であると考えられる場合に管理部門に連絡すること等である。

ダー取引の防止という観点からも、今一度取組みの適切性を再検討することは有益である[107]。

以下では、発行会社や銀行、証券会社等の各社において情報管理体制の整備や再点検を行う際の着眼点を提供するため、①インサイダー取引規制の観点から情報管理体制の適否について詳細な検討が行われた野村證券の社員らによるインサイダー取引事件における第三者委員会報告、②公開買付け等に絡むインサイダー取引の未然防止のために証券取引等監視委員会事務局が取りまとめた「株式公開買付等に係る実務とインサイダー取引のリスク」における情報管理方策[108]、③一連の公募増資インサイダー事件を踏まえた証券会社サイドにおける再発防止策を紹介する。

2 野村證券の社員らによるインサイダー取引事件[109]

この事案は、野村證券の投資銀行業務を扱う企業情報部に所属していた中国人社員が、平成19年3月から12月にかけて、企業情報部が扱ったM&A関連のインサイダー情報4件を知人の中国人に伝達し、単独であるいは当該知人と共謀の上、インサイダー取引を行い、4銘柄合計で約1,370万円の不正の利益を得ていたというものである。当該中国人社員と知人は、逮捕起訴され、執行猶予付き有罪判決を受けた[110]。野村證券は、同年4月25日、本件事案の発生を受けて、投資銀行業務部門における未公開情報等の管理に関する現状および問題点等を調査・検証し、必要な対策を取りまとめることを目的として特別調査委員会を設置した。特別調査委員会は、役職員に対するヒアリング、企業情

---

107 三木亨「銀行のインサイダー取引防止体制　未然防止に向けた積極的取組み明らかに」金融財政事情2950号（2011年）34頁によれば、全上場会社と比較して、銀行は、純投資を行う部署において他部署（融資担当部署等）が取得した取引先の重要情報が利用されることのないよう情報隔壁（チャイニーズ・ウォール）を設けて情報の流出を制限している比率が高く、そのほかにも、役職員に対して情報の不用意な流出につながる行為を行わぬよう注意を呼びかける、役職員から守秘義務誓約書を徴する、内部監査を利用して情報管理に係る取組みの事後検証を行う等の比率が高いとする。
108 http://www.fsa.go.jp/sesc/torikumi/20100715-1.pdf
109 梅林啓＝木目田裕「インサイダー取引の発生を受けた再発防止策のあり方」旬刊商事法務1849号（2008年）23頁。
110 東京地判平成20年12月25日判例集未登載。

部の実地調査、社内規程の調査等を行い、調査結果は、平成20年6月6日に報告書（以下、本項において単に「報告書」という）として公表された。野村證券は、同日、再発防止策についてのプレスリリースも行った[111]。なお、金融庁は、平成20年7月3日、野村證券に対して、金融商品取引法に基づく業務改善命令を行った。野村證券は、翌4日、金融庁に対して業務改善報告書を提出した。

本件事案の発生以前から、野村證券では、インサイダー取引防止規程を設けて、信用取引や短期売買の禁止等を定め、また、企業情報部など法人関係情報に接する可能性が高い投資銀行業務部門に所属する社員に対しては、上場株式等の買付けは全銘柄について禁止とし、売却についても、野村證券が法人関係情報を有する会社の株以外について、部店長および売買管理部長の承認を受けた上で、当該会社の決算発表日の翌営業日以降の4営業日に限定して発注できるにとどまるとするなど、通常の社員よりも厳格なルールを定めており、さらに売買監理部が社員の取引をチェックしていた。

かかる社内の厳格なルールのため、当該中国人社員は、自分の名義で株取引ができないため、知人が野村證券以外の証券会社に開設した証券取引口座を利用し、企業情報部で得た情報を知人に伝えたり、あるいは自ら知人の証券取引口座に暗証番号等を用いてアクセスしたりした上で株取引を行っていた。

当該中国人社員がインサイダー情報に利用した企業情報部が扱ったM&A関連のインサイダー情報4件のうち、当該中国人社員が自ら担当していたのは1件のみであり、そのほかのインサイダー情報はほかの社員が担当する案件であった。また、この4件のほかに合計21銘柄の余罪があるとされ、他課のホワイトボード（日程表）の記載を見て、他課が担当しているM&A情報を入手して、インサイダー取引を行ったなどと報道された。そのため、企業情報部という投資銀行業務を行うがゆえに機密性の高い情報を取り扱う部署におけるインサイダー情報の管理の在り方が問われた。

特別調査委員会は当時の野村證券における情報管理態勢の評価として、大きく劣る点や欠落した点はないとしつつ、次の指摘を行った。

---

111 http://www.nomuraholdings.com/jp/news/nr/nsc/20080606/20080606_a.html

「①　企業情報部の情報管理の基本観として示した内容は部長、次長及びアソシエイトへのヒヤリング、業務フローに見られる運営及び情報システム設計により確認できたが、網羅的、かつ、明瞭なルールを明文化することが望まれる。

②　企業情報部の情報管理の基本観であるが、第1に、未公開の案件情報を企業情報部内にとどめ、部外に漏洩しないという基本観は当然のことである。実際の運用面においてもこの基本観は厳格に遵守されていた。第2に、企業情報部内においても未公開の案件情報の共有を業務遂行上必要な範囲にとどめるという基本観であるが、この原則も是認できる。その具体的内容である(i)案件情報を案件担当者からその上位ラインにおいて共有するという点は責任の明確化などの観点から肯定される。次に(ii)ディールマネージャー以上が部全体の案件進捗情報を共有する点は、部内で各課の繁閑に応じて人員を融通し合うといった実務を円滑に実行する観点及び企業情報部の品質を維持する観点から肯定される。ただし、その際の情報共有は、こうした目的に必要な範囲にとどめる必要がある。案件進捗会議は詳細情報を開示しないようにして運営されていた。(iii)　課の案件進捗状況が課内で共有されることについても、課員相互の業務の繁忙等の把握、案件担当者の追加等の判断の必要性から肯定される。すなわち、アソシエイトのプール制を採用せず、平均12名程度の少人数の課がそれぞれセクター別産業別に担当を持ち、その中で臨機応変にディールチームを編成する方式を採用していることに鑑みた場合、課内では上記目的に必要な範囲で情報共有を認め、ポスト課長がきっちりとその状況を監督することが実効的であると考えられる。第3に、バリュエーション審査会において他課の者が案件情報に触れることについては公正なバリュエーションの確保という点で肯定されるべきであり、むしろ積極的な意義が認められる。ただし、審査会メンバーを超えて、情報が共有されないように注意する必要がある。

③　企業情報部の業務フローの実態をレビューした場合、上記の基本観を徹底する観点から、注意を喚起すべき次の事項が指摘できる。(i)コードネーム使用の不徹底、アウトルック・スケジュール機能やホワイトボード

への記載方法の不統一、執務席周辺での簡単な打合わせや電話での会話、書類をプリントアウトする際の不注意などが相俟った場合、悪意ある者が担当外の案件情報を入手し得ること。(ⅱ)本来、ポスト課長までしか回覧を認めていない部全体の外交日報を教育的配慮から課員全員に閲覧させたポスト課長も一部にいたこと（ただし、中国人社員の所属の課ではこうした実務は行われなかった。）。

④　企業情報部の情報システムの実態をレビューした場合、基本観を徹底するうえで、次の事項が指摘できる。(ⅰ)「案件システム」に一定期間バグが存在したという事実は部内でのシステム開発がIT専門部署との連携の下で適正に行われていなかったこと、あるいは、完成時確認が作成者と別の人間によって行われなかったことが原因であると考えられる。(ⅱ)「個人フォルダ」にアクセス制限が付されていなかったことは、個人フォルダに非公開情報を収めることを厳禁していたとはいえ、うっかりミスをする者やルールを理解しない者が存在する可能性を考慮して当初よりアクセス制限を付すべきであった。問題の本質は、ルールが必ず遵守されることを前提にシステム設計をすることは危険であるということである。(ⅲ)また、上記の「個人フォルダ」利用などで、システムの利用方法について理解に個人差が認められた。

⑤　企業情報部のレイアウト等をレビューした場合、基本観を徹底するうえで次の事項が指摘できる。(ⅰ)課と課の間が背の低いロッカーで区切られるのみであり、異なる課の課員の執務席が隣接し、各執務席を低く薄いパーテーションボードが囲むといったレイアウトから、情報の遮断に限界がある。(ⅱ)プリンターが2つの課で共有されるなど設備に不足があった。(ⅲ)案件情報のハードコピー等の紙ファイルは個人毎に区分けされ施錠可能なロッカーに保管することが義務付けられ、退社時の机上放置が見られなくなっているものの、在社時であっても利用の都度施錠する慣行が確立していない。

上記各指摘事項の背景には、部内におけるルール策定の際及びルール運用に当たり、故意にルールを破ろうとする者、うっかりルールを破ってしまう者の存在を織り込んだ制度設計、運用態勢になっていない（例：個人

フォルダに非公開情報を保存しないというルールゆえに保存がない前提でアクセス制限をかけていなかったこと)、すなわち、ヒューマンリソースが有用な資源であると同時にリスクファクターでもあるとの観点に立って見た場合、深度あるルール策定及びルール運用を冷徹に考えるべきとする認識が少なかったのではないかという事情が窺われる」[112]

特別調査委員会は、以上の評価を踏まえて、情報管理態勢について、次の再発防止策を提言した。

「① 案件情報管理の基本観を明文の上位ルールとし、情報システム管理、会議運営についての規程などの下位規範を体系的に整備すること。この下位規範として案件のコードネーム化と案件における実名使用禁止、社内打合せにおける会議室の使用の義務化、ロッカーの常時施錠態勢、印刷書類の管理、その他案件情報の管理などを網羅的かつ明瞭にルール化し、かつ、そのルールの周知徹底を図ること。

② 案件情報管理システムなどの部内情報システムのアクセス制限が、案件情報管理の基本観が十分に反映されたシステム設計になっていることを継続的に確認すること。

③ 各種システムについてのアクセスログの定期的な検証を行い、アクセスすべきでない者がアクセスした場合には早期に発見できるような態勢を確立し、発見を可能にすること。問題を発見した場合には、すみやかに対応する態勢を確立すること。

④ 部内システム開発に当たってはIT専門部署と連携して実施し、利用開始に当たっては十分な試験を行い、所定のアクセス制限等が十分に機能することを確認すること。

⑤ レイアウトについては、課をエリアに分けて配置し、課の間に仕切りを設けることを検討すること。また、課毎にプリンター、利用しやすい打合わせ室の増設などの設備の拡充を行うこと。

⑥ 企業情報部においては、既に確立・実施されている内部統制に加え、本項で提言した改善案に基づいて実施される具体的な施策について、その

---

[112] 報告書31～33頁。

実施の状況、実効性等に関する検証作業を部内で定期的に行う（自主点検）体制を構築し、深度や実効性の向上を不断に実施すること。同時に内部監査部門が企業情報部の自主点検のレビューを厳格かつ頻繁に実施し、実効性の担保を図ること」[113]

3　証券取引等監視委員会事務局「株式公開買付等に係る実務とインサイダー取引のリスク」

　前述したように、公開買付け等においては、当事者となる会社のほか、投資銀行等のファイナンシャルアドバイザー（以下、「FA」という）や、法律事務所、会計事務所、資産査定の業者、IR会社、印刷会社等の多数の関係者が関与し、ほかのインサイダー情報に比較すると、未公表の公開買付け等にかかる情報が比較的多数の者の間に伝播しやすいこと、対象会社の株券にプレミアムがつくことにより公表後に株価が上昇すること等から、特にインサイダー取引が行われやすい土壌があるとされている。公開買付け等に絡むインサイダー取引の発生を未然に防止するための情報管理体制の整備について、証券取引等監視委員会事務局が取りまとめた「株式公開買付等に係る実務とインサイダー取引のリスク」や証券取引等監視委員会関係者の論考等[114]に基づいて整理すると、次のとおりである。

(1)　FAの注意喚起等の役割の最大限の発揮

　証券会社などのFAは、公開買付け等や有価証券取引についての専門家として豊富な知識経験を有すること、実務上も、従来からインサイダー取引防止の観点のみならず、公開買付け等の情報漏れにより株価が高騰して円滑な公開買付け等の実施が困難になることを防ぐという観点からも、情報漏洩・情報拡散を防止するために公開買付け等の関係者に対する注意喚起等を行ってきた。かかるFAの注意喚起等の役割を最大限に発揮させることは、公開買付け等に絡

113　報告書36頁。
114　田中賢次=辻畑泰伸「公開買付けに係る実務とインサイダー取引のリスク」金融法務事情1904号（2010年）80頁参照。

むインサイダー取引を未然防止するために有意義である。具体的には、次のとおりである。

　①FAは、公開買付け等の関係者に対し、情報管理の重要性・具体策について注意喚起を行う。その際、当然のことながら、情報を同僚・知人・親族等にも不用意に漏らすことのないよう注意喚起する。

　②FAは、情報伝達先をできる限り限定するよう努める。たとえば、FAが主導して、FAや公開買付け等の関係者において、案件関与者のリスト（パーティーズ・リスト）を作成し、リストに掲載されない者に情報が伝わらないようにする。なお、FAはDD実施の過程で、公開買付け等を知らされていない対象者従業員に情報が伝わらないような工夫を行い、その旨を関係者に要請する。また、FAは、公開買付者の特別関係者の持株数調査の過程で、公開買付け等の情報が広範囲の者に伝わらないよう留意する。

　③FAが主導して、FAや公開買付け等の関係者において、コード化した案件名・当事者名の利用、ファイル等にパスワードを付す等の情報漏れ防止策を講ずる。

　④公開買付け者や対象会社は、後日証券取引所から経緯報告書[115]を徴収される可能性が高いところ、FAは、これらの公開買付け等の関係者に対し、経緯報告書作成に備えて、情報伝達等に関する記録の作成・保管等を促す。

　⑤その他、FAが主導して、公開買付けの関係者をして、守秘義務契約の締結、必要に応じ役職員からの情報管理にかかる誓約書の徴求、弁護士によるインサイダー取引規制等の社内講習の実施などの措置を講じさせる。

(2)　**情報伝達範囲・内容の限定**

　関与者が増加すればするだけ情報漏洩リスクは高まるから、公開買付け等の情報について情報伝達範囲を限定することが有益である。また、社内関係者の中でも公開買付け等に対する関与の度合いは様々であり、関与が間接的な者に対しては、その職務に必要な範囲を超えた情報を伝達しないようにする。特に

---

115 経緯報告書とは、証券取引所がインサイダー取引等の審査の過程で発行会社に作成を要請する書面で、重要事実を構成する取引の経緯や関与した関係者の一覧等を時系列で記載するものをいう。

主要情報（①公開買付け等の事実、②対象者名、③買付者名、④開始時期）については、伝達する必要があるかどうかを慎重に検討する必要がある。この点、FAは、リテール統括部門への情報開示範囲について各社で差異が見られるところ[116]、できる限り個別の買付者・対象者名はリテール統括部門等に対して伝達しないようにする。

(3) 情報管理態勢等の強化

公開買付け等の関係者の特性に応じた情報管理態勢の強化が有益である。たとえば、FA・銀行・各専門家は案件受任前のコンフリクト・チェック時から適切な情報管理を行う必要があり、特にFA・銀行は、法人関係情報として登録しない場合であっても、法人関係情報と同等の情報管理を行うことが有益である。さらに、銀行については、与信管理の観点から情報伝達範囲の限定に限界があるのであれば、情報を伝達した上での情報漏洩・拡散の防止策に特に注力することが有益である。また、印刷会社は、印刷の過程で第三者の業者に一部業務委託している例があり、当該業務委託先の情報管理も徹底する。

(4) その他

以上のほか、守秘義務契約の奨励が強調されている。すなわち、守秘義務契約締結の効果を過大視することはできないが、守秘義務契約を締結したという事実は1つの抑止力になり、また、関係者の情報管理に対する意識を高める上で有益であるとされている。

---

116 投資銀行部門が中心となってFA業務を行うところ、公開買付け代理人も併任している場合、TOB開始後の株主からの応募の受付に対応するために、TOB公表前から全国の支店を統括するリテール統括部門がその準備手続を行うことになる。そのため、投資銀行部門はリテール統括部門に一定のTOB情報を伝えることになるが、このリテール統括部門に対する情報伝達内容は各社によって異なり、TOB公表前の段階では、TOBのおおよその規模（株主数や株主分布など）だけ伝え、個別の買付者・対象者名は伝えず、リテール統括部門が全国の支店の株主からの応募受付態勢の規模を把握するというFAもあれば、TOB公表前の段階ですでにリテール統括部門に個別の買付者・対象者名を伝えるFAもあるとされ、後者の場合には、より広範囲の社員がTOB情報を公表前に知ることになるため、インサイダー取引のリスクが高まることになる（田中賢次＝辻畑泰伸「公開買付けに係る実務とインサイダー取引のリスク」金融法務事情1904号（2010年）80頁）。

なお、情報管理対策の範疇には必ずしも含まれないのかもしれないが、公開買付け絡みのインサイダー取引を防止するために、証券取引所から提出を求められる経緯報告書の内容の充実が重要であるとされているので、参考までに紹介する。すなわち、買付者・FA・銀行・印刷会社・対象会社等における社内関与者を経緯報告書で的確に把握・報告するプラクティスを確立することは、これらの社内関与者をしてインサイダー取引を行えば、当局に露見すると意識させることでインサイダー取引を抑止する効果があるところ、経緯報告書は買付者・対象者が会議等で実際に直接接触した者しか記載されていないことが多いが、各関係者の会社内で間接的に案件に関与した者についても記載するように努めることが経緯報告書の牽制機能の最大限の発揮という観点から有益であるとされている。

4 公募増資インサイダーについて情報管理体制の観点からの検討

　一連の公募増資インサイダー問題に関して、未公表の公募増資情報の伝達を行った証券会社や伝達を受けた投資家の問題点や再発防止策については前述したとおりであり、事実関係の特徴や原因分析等をまとめれば、次のようになる。

①**事実関係における特徴**
　　・主幹事証券会社における引受け部門と営業部門の間にはチャイニーズ・ウォール
　　　しかし、
　　　⇒アナリストのカバレッジリストの状況、（グローバル・オファリング案件で）アナリストの海外出張状況から、特定銘柄の増資が近々実施予定であることを認識できた
　　　⇒引受け部門が営業担当者に、銘柄名さえいわなければインサイダー情報の伝達に該当しないと考え、時期・規模等の公募増資情報を半ば恒常的に伝達
　　　⇒上司から営業担当者に対する「来週は休まないように」との指示、銘柄名までは明示されないが「X日の引け後に発行体を呼んでの勉強会がある」との指示

・営業担当者から、顧客のファンドマネージャーに対する伝達
　⇒市場の噂であれば、あるいは、銘柄名をいわなければ、インサイダー情報の伝達に該当しないとの誤解
　⇒早耳情報に依存した営業（市場の噂や憶測として）
　⇒公募増資への応募確保のため、公表前にファンドマネージャーに公募増資情報を伝えて売却させ応募枠を確保させるという営業
　⇒顧客からのブローカー評価と、顧客からの法人関係情報の提供の要求、アナリストのレーティング変更に関する情報を変更前に提供せよ等の要請

②原因分析
・収益至上主義、行き過ぎた営業姿勢
・チャイニーズ・ウォールを尊重して守る意識の欠如
・インサイダー情報であることの意識の低さ
　　銘柄名を明示しない断片的な情報でも機関投資家等のプロにとっては推知可能。
　　発行登録銘柄とはいえ公募増資の決議日の情報も重要。

　かかる公募増資インサイダーについて、証券会社における情報管理体制の観点から検討すると、まず、証券会社のチャイニーズ・ウォールの技術的な穴としては、たとえば、営業担当者は、アナリストのカバレッジリストを見て、アナリストの担当銘柄の削除を認識し、アナリストの退職もない等と消去法的に考えられる削除理由を除外していき、報道や公表情報をも加味して、「あの会社は公募増資を予定している」と推知できた。また、公募増資を実際に行うとすればグローバル・オファリングになるような銘柄の場合、担当アナリストが事前に公募増資公表後の海外出張スケジュールを確保することになるため、営業部門からも担当アナリストの海外出張予定を確認すれば、公募増資が推知可能であった。さらに、一部の事案では、引受け部門の意識としても、営業部門からの問合せに対し、銘柄名が伝わらなければ公募増資情報の伝達にならずチャイニーズ・ウォールを破ることにならないという誤った正当化に基づいて、公募増資の予定を半ば恒常的に伝達していた。
　また、公募増資案件においては、公表前の段階で販売資料の作成等の営業準

備をするといった営業上の必要性から、引受け部門から営業部門サイドに事前に公募増資情報が例外的に伝達されることがあり、この場合、イン登録された役職員のみに情報共有範囲を限定すべきところ、現実には、情報が営業部門の内部で拡散していた。たとえば、営業部門における席の配置等の問題からイン登録された役職員の電話でのやり取りがほかの役職員にも漏れる可能性があった。あるいは、営業部門において、上司から部下に対する「来週は休まないように」との指示、銘柄名までは明示されないが「X日の引け後に発行体を呼んでの勉強会がある」との指示などにより、報道等のほかの情報と組み合わせれば、営業担当者に特定銘柄の公募増資実施やその時期等がわかる可能性もあった。そのほか、社内LAN等に掲載された部長のスケジュールを見ると、部長が引受け部門等との間で打合せをしていること等から、公募増資案件が動いていると営業担当者にもわかる可能性があった。

　さらには、営業担当者が担当アナリストに接触してコメントの可否を尋ねたり、隣席の募集担当者に休暇をとってよいかを打診したりするなど、殊更にチャイニーズ・ウォールの穴を探るような行動をとっていたとされる事例もあった。

　以上のチャイニーズ・ウォールの技術的な穴について、証券会社の再発防止策においては、たとえば、カバレッジリストの記載方法を見直すこと、募集準備や投資家リスト作成などの募集担当者の業務を営業担当者から独立した部署に移管すること、アナリストの海外出張スケジュールを社内イントラに掲載しないこと、営業部門において公募増資公表予定日の待機指示をしないこと、営業部内の席の配置を見直すこと、営業部門から引受け部門等に対する打診や働きかけを禁止すること等が課題として挙げられている。

　また、個々の役職員がウォールを意図的に越えようとするという潜在的危険を正面から見据えて、性悪説に立った上での牽制機能を確保するという観点から、再発防止策として、主幹事ファイナンス案件では公表日前の一定期間について営業部門の電話・メールを重点的にモニタリングすること、営業担当者に録音機能付き携帯電話の使用を義務付けること、営業担当者らの通話記録の保存・検証を徹底すること等が挙げられている。

　そもそも、カバレッジリストの運用等には、有価証券届出書提出前のいわゆ

る届出前勧誘を防止するための保守的な対応としてやむを得ない面があったとはいえ、主幹事証券会社において、いかに公募増資の検討が進んでいる銘柄の担当アナリストであったとしても、営業部門の担当者が、そのアナリストのレポートを投資家に交付したからといって、増資それ自体への応募を勧誘するのでなければ、直ちに届出前勧誘という問題にはならないのではないか、と思われる。平成25年改正で導入された取引勧誘規制との関係でも、未公表の公募増資情報を知っているアナリストが作成したレポート（当該レポート中に当該公募増資情報は記載されていないとの前提に立つ）を、営業職員が投資家に交付して、当該銘柄への買付けを推奨したからといって、チャイニーズ・ウォールの存在を前提とする限り、当該営業職員には当該公募増資情報の認識がないのだから、当該営業職員には「重要事実の公表前に売買等をさせることにより他人に利益を得させる」等の目的（法167条の2第1項、2項）が認められず、取引推奨規制違反に該当しないと思われる。そうだとすれば、イン登録されたアナリストのカバレッジを変更・削除するといったカバレッジリストの運用自体が本当に必要なものであったかどうかは疑問である。

　ともあれ、公募増資インサイダー事案における、このようなチャイニーズ・ウォールの技術的な穴については、チャイニーズ・ウォールを設ける社内規程を策定した者も、恐らく、思いもよらないものであったのではないだろうか。というのも、カバレッジリストの運用等の問題にせよ、営業職員がアナリストの海外出張を把握することで公募増資情報を推知できたという問題にせよ、これらの事情は、チャイニーズ・ウォールの設計思想それ自体に起因する問題であるように思われず、むしろ、現場での運用の問題そのものであったように思われるからである。もとより、現場の問題とはいえ、理想論としては、経営者や法務コンプライアンス部門、内部監査部門がかかる現場の技術的な面まで目配りできていればよいとはいえるが、それはあくまで理想論にとどまる。むしろ、社内規程やチャイニーズ・ウォールの実際の現場での運用状況といったものを、どのように対応していれば公募増資インサイダーのような問題が顕在化する前に把握して手を打つことができたのかという難しい問題が、真の課題の1つであると思われる。

　さらに、もう1つ重大な課題があると思われる。すなわち、前述したように、

チャイニーズ・ウォールがあったとはいえ、結局、引受け部門が営業からの問合せに対し公募増資の予定を半ば恒常的に伝達する、営業担当者がアナリストにレポート作成の制限の有無を尋ねればアナリストが回答する、営業担当者が募集担当者に休暇取得の可否を尋ねたり、アナリストの海外出張予定やカバレッジリストをチェックしたりする等となれば、ウォールは機能しない。チャイニーズ・ウォールについては、その技術上の穴を埋めることはもとより重要だが、それ以上に、役職員個々人にチャイニーズ・ウォールを尊重してこれを守る意識がなければおよそ機能しない。

　一連の公募増資インサイダー事件において、なぜ、関係した役職員にチャイニーズ・ウォールを尊重してこれを守る意識がなかったのかと考えると、1つには営業優先・利益至上主義思想があるが、情報管理体制の整備という観点から見れば、より根本的な問題として、「銘柄名さえいわなければ（聞かなければ）」や「市場の噂だから」のような、インサイダー情報に対する意識の低さによる自己正当化に着目する必要がある。

　いうまでもなく、銘柄名が特定されていない情報や断片的な情報であればインサイダー情報に該当しないとの考え方は、完全な「誤解」である。インサイダー取引がなぜ規制されているかという規制趣旨に遡って考えていれば、たとえ銘柄名が特定されていない情報や断片的な情報であっても、主幹事証券会社の役職員であるがゆえに知った情報であって、ほかの公表情報等を組み合わせることで投資判断に際して重要な情報になる以上、まさに典型的なインサイダー情報であることは、容易にわかったはずである。たとえば、直近に発行登録が行われ、近いうちに公募増資や第三者割当増資等が行われることが一般に想定されている銘柄であっても、主幹事証券会社から提供される断片的な情報に報道等を組み合わせることで、機関投資家や運用会社は、公募増資が現実に行われることや発行会社による具体的な公募増資の公表予定日を認識できることとなり、たとえば「今日、明日に売っておこう」などと投資判断し得ることになる。このような情報を一部の機関投資家や運用会社だけが主幹事証券会社の役職員から教えてもらって株式売買で利益を上げることは、一般投資家の目線で見れば、まさに不公正以外の何物でもない。インサイダー取引が規制されている理由が何かを念頭に置いていれば、法令の具体的な規定やテクニカルな

解釈論を知らなくても、あるいは、銘柄名が特定されていない情報や断片的な情報であっても、かかる情報の提供が法人関係情報の提供になり得ることや、かかる情報を知って行う売買等がインサイダー取引になり得ることは容易にわかったはずである。

　公募増資インサイダー問題を受けて、各証券会社や運用会社等では、情報管理にかかる社内規程に、「法人関係情報には、明示的な法人関係情報のみならず、推知情報が含まれる」旨を明示するようになっているが、以上に述べたような観点からすれば、より根本的には、チャイニーズ・ウォールの技術的な穴をふさぐといったテクニカルな再発防止策だけでは足りず、インサイダー取引防止のための教育研修等を通じて、個々の役職員に、ルールに形式的に引っ掛かるかどうかではなく、インサイダー取引が規制されている理由に遡って一般投資家の目線で考える意識を涵養することが最も重要である。

6 平成25年金融商品取引法改正（情報提供・取引推奨規制導入等）、日本版スチュワードシップ・コードを踏まえたインサイダー取引防止体制上の留意点

　平成25年金融商品取引法改正（情報提供・取引推奨規制導入等）の具体的な内容は次章で解説するが、これを踏まえたインサイダー取引防止体制上の留意点は、次のとおりである。

　企業、金融機関等としては、一連の改正を踏まえ、ハード面としては、インサイダー取引防止規程や情報管理規程の改訂につき検討する必要があるが、基本的には、従前来のインサイダー取引防止態勢を大幅に見直すことが必要になるような改正は行われていないと思われるので、既存の規程および運用を改正内容に合わせて修正することで足りると考えられる。なお、上場投資法人にかかる投資証券等については、これまでインサイダー取引規制の対象とされていなかったことから、平成25年改正における上場投資法人にかかる投資証券等に関するインサイダー取引規制の導入を受けて、従来の規程改訂や事前申請等に対するチェック態勢の見直しが必要になる。

　情報提供・取引推奨規制については、金融審議会における検討段階から、新規制が社内での情報共有や他社との業務提携・M&A等の支障になるのではないか、従来のようなIR活動はできないか、といった懸念の声も一部には見られたが、次章で述べるように、目的要件・取引要件による規制範囲の限定化、金融庁の情報提供・取引推奨Q&Aの発表等により、従来から業務上の正当なものとして行われてきた情報提供や取引推奨まで規制するものでないことが明確化されていると思われる。それゆえ、企業、金融機関等としては、基本的には、今般の情報提供・取引推奨規制との関係で、殊更にこれまでの運用を改めるべきことはなく、萎縮する必要もないと思われる。

　もっとも、平成25年改正による情報提供・取引推奨規制の導入は、各企業、

各金融機関等において、これまでの社内の情報管理態勢で十分かどうかを改めて検証する好機であるから、すでに述べた情報管理態勢の着眼点や野村證券事件の再発防止策、公開買付け絡みインサイダー事件防止の観点からの情報管理方策、公募増資インサイダー事件の教訓等を踏まえて、この機会に従来の情報管理態勢で十分かどうかを再確認することが有益である。

この点、未公表の重要事実等やそれに該当する可能性がある事実を他人に伝達する場合には、公表前に売買等させることにより利益を得させる目的がないことを後日証明できるようにするため、守秘義務契約書等において、①正当な伝達目的を明示的に記載して証拠化するとともに、②情報伝達の名宛人の明示・限定、③情報受領者による情報の秘密保持（情報伝達目的以外での利用禁止、第三者への提供禁止、厳格な情報管理等）の義務付け、④情報受領者による売買禁止の義務付け、⑤情報受領者による公表前の売買はインサイダー取引規制に抵触するおそれがあることの警告等を行うことが必要であるという指摘がある[117]。以上のうち、①は確かに有益であると考えられる。また、③はすでに守秘義務契約書等で手当てされている例も多いのではないかと思われ、②、④および⑤は必ずしも守秘義務契約書等における明示が必要とは思われないが、いずれにせよ、かかる観点からこれまでの守秘義務契約書や誓約書等の記載を再確認するとよい。

むしろ、ソフト面の対応が重要である。平成24年金融商品取引法改正も含めれば、一連の改正により、①合併・会社分割による対象財産中の株券等の取得についてもインサイダー取引該当性のチェックが必要となったこと、②特定上場会社等の株券等の取引では軽微基準等を連結ベースで検討することが必要となったこと、③公開買付け規制における公表措置や適用除外等が変更されていること、④情報提供・取引推奨それ自体が刑事罰・課徴金の対象になったこと等を踏まえ、関係する役職員に対する改正内容の研修・教育を通じた周知徹底が必須である。

証券会社や登録金融機関についても、以上で述べたことは当てはまる。ただし、取引推奨に関しては、第３章第２節６(3)で述べるように、営業担当の役

---

[117] 中村聡「インサイダー取引規制の平成25年改正と実務上の諸問題」旬刊商事法務1998号（2013年）28頁、31頁。

職員がたまたま重要事実等を知ってしまった場合の顧客対応について、難しい面がある。しかし、翻って考えれば、法人関係情報を提供して有価証券取引等の勧誘をすることは、従前から証券会社等の禁止行為であり、今般の取引推奨規制やそれに伴う業法規制の追加[118]を待つまでもなく、もともと、法人関係情報等を提供しなくとも、法人関係情報にいわば裏打ちされたような営業を行うことは、証券会社等がおよそ行ってよいことではなかった。だから、取引推奨規制が導入されたからといって、大騒ぎすることではなく、従来から駄目だったことが、駄目であると法令上再確認されたにすぎないと冷静に受け止めるべきであろう。

テクニカルには、金融庁の「情報提供・取引推奨Q&A問5」が述べるように、重要事実等を取り扱う部署と営業部署との間のチャイニーズ・ウォールが確実に機能すれば、営業職員がたまたま重要事実等を知ってしまうという事態が発生することはないので、まずは、チャイニーズ・ウォールの整備に注力するべきである。

その上で、チャイニーズ・ウォールで防ぎきれずに営業職員が重要事実等を知った場合に備え、かかる営業職員の一時的な担当換え等のルール、営業職員が重要事実等を自らが保有しているのではないかとの疑念をもった場合の上司等に対する申告のルール、上司はもとより営業職員がかかる疑念を持ち得るようにするためのインサイダー取引規制の教育、営業職員をして自己の保有情報が重要事実等に由来するかどうかのチェックをさせるルール[119]等の整備を検討することになろう。

最後に、インサイダー取引防止と日本版スチュワードシップ・コードの関係について述べる。平成26年2月26日、金融庁に設置された「日本版スチュワー

---

[118] 情報伝達・取引推奨規制の導入に伴い、新たに、金融商品取引業者等の禁止行為として、「有価証券の売買等またはこれらの媒介・取次ぎ・代理につき、当該有価証券の発行者の法人関係情報について公表がされたこととなる前に当該売買等をさせることにより顧客に利益を得させ、または当該顧客の損失の発生を回避させる目的をもって、当該顧客に対して当該売買等をすることを勧めて勧誘する行為」が追加された（金商業等府令117条1項14号の2）。

[119] 梅澤拓「情報伝達・取引推奨行為に関するインサイダー取引規制の強化と実務対応」金融法務事情1980号（2013年）42頁、56頁が述べる「コンタミネーション・チェック」である。

ドシップ・コードに関する有識者検討会」において、「『責任ある機関投資家』の諸原則《日本版スチュワードシップ・コード》~投資と対話を通じて企業の持続的成長を促すために~」(以下、「日本版スチュワードシップ・コード」という) が策定・公表された[120]。日本版スチュワードシップ・コードは、機関投資家が顧客・受益者と投資先企業との双方を視野に入れ、「責任ある機関投資家」として、投資先企業やその事業環境等に関する深い理解に基づく建設的な「目的をもった対話」(エンゲージメント) などを通じて、当該企業の企業価値の向上や持続的成長を促すことにより、「顧客・受益者」の中長期的な投資リターンの拡大を図る責任 (スチュワードシップ責任) を果たすにあたり有用と考えられる諸原則を示すものである。

機関投資家と投資先企業との間の対話の中で、投資先企業が機関投資家に対し、未公表の重要事実等を伝達することも考えられ、その場合、投資先企業については、その伝達目的いかんでは情報伝達規制への抵触が問題となり、投資先企業の株式等を売買すれば機関投資家はインサイダー取引規制に違反することになる。

この点、金融庁の平成26年2月26日付け「日本版スチュワードシップ・コードの策定を踏まえた法的論点に係る考え方の整理」[121]は、投資先企業が「機関投資家との間で行う踏み込んだ対話についても、通常の場合には、『重要事実の公表前に (機関投資家に) 売買等をさせることにより他人 (機関投資家) に利益を得させる』等の目的を欠くと考えられるため、基本的に、情報伝達・取引推奨規制の対象にはならない」と述べるが、投資先企業としては、機関投資家との対話を行う際に、①基本的には未公表の重要事実の伝達を行わないように配意すること、②未公表の重要事実の伝達を伴う踏み込んだ対話を行うのであれば、当該重要事実を伝達する目的を書面化するなど、事後的に情報伝達規制違反に問われないような措置を講じること等に留意する必要がある。

また、機関投資家については、日本版スチュワードシップ・コード10頁は、

---

120 http://www.fsa.go.jp/news/25/singi/20140227-2/04.pdf。なお、日本版スチュワードシップ・コードの策定の経緯・内容等については、笠原基和「『責任ある機関投資家の諸原則』《日本版スチュワードシップ・コード》の概要」旬刊商事法務2029号 (2014) 59頁。

121 http://www.fsa.go.jp/singi/stewardship/legalissue.pdf

機関投資家が「当該対話において未公表の重要事実を受領することについては、基本的には慎重に考えるべき」であり、「投資先企業との特別な関係等に基づき未公表の重要事実を受領する場合には、当該企業の株式の売買を停止するなど、インサイダー取引規制に抵触することを防止するための措置を講じたうえで、当該企業との対話に臨むべき」であるとする。機関投資家としては、①基本的には未公表の重要事実の伝達を受けないよう、インサイダー情報の授受を伴う対話は望まない旨を対話前に投資先企業側に伝えること、②投資先企業と踏み込んだ対話を行うのであれば、当該投資先企業の株式等を売買等の対象から外す、③踏み込んだ対話を行う部署と短期的な売買等を行う部署間でチャイニーズ・ウォールを構築する等の措置を講じること等に留意する必要がある。

第 3 章

平成25年改正金商法による
インサイダー取引規制

1 平成25年改正の経緯
2 情報伝達・取引推奨規制
3 公開買付者等関係者のインサイダー取引規制（法167条）の改正
4 会社関係者のインサイダー取引規制（法166条）の改正
5 上場投資法人等にかかる投資証券等に関するインサイダー取引規制の導入
6 その他

1 平成25年改正の経緯

　金融商品取引法（以下、「法」という）の平成25年改正は、一連の公募増資インサイダー取引等に対する対応のための改正と、上場投資法人にかかる投資証券をインサイダー取引規制の対象とするための改正とを主な内容とする。

　このうち、まず、一連の公募増資インサイダー等に対する対応についてであるが、金融審議会金融分科会の下に設置された「インサイダー取引規制に関するワーキング・グループ」（座長：神田秀樹東京大学大学院法学政治学研究科教授）は、平成24年7月から7回にわたり審議を行い、「最近のインサイダー取引事案で明らかとなった課題への対応を検討するとともに、近年の金融・企業実務を踏まえたインサイダー取引規制の見直しを行うため」、平成24年12月25日、「近年の違反事案及び金融・企業実務を踏まえたインサイダー取引規制をめぐる制度整備について」と題する報告書[1]（以下、「WG報告書」という）を取りまとめた。

　同ワーキング・グループは、同報告書において、①情報伝達・取引推奨の規制対象化、②公開買付者等関係者の範囲の拡大、③公開買付け等事実の情報受領者に対する適用除外、④法166条6項7号の「クロクロ取引」の適用除外の見直し等を提言した。

　また、投資信託・投資法人法制の見直しの検討のため、金融審議会が設置した投資信託・投資法人法制の見直しに関するワーキング・グループは、平成24年12月7日付け「投資信託・投資法人法制の見直しに関するワーキング・グループ　最終報告」を取りまとめ、上場投資法人にかかる投資証券をインサイダー取引規制の規制対象に加えることを提言した。

　これを受けて、金融商品取引法の改正法が国会に提出され、同改正法は平成25年6月12日に可決成立し、同月19日に公布され、平成26年4月1日から施行されている[2]。

---

1 http://www.fsa.go.jp/singi/singi_kinyu/tosin/20121225-1/01.pdf

また、改正金融商品取引法の委任に基づく金融商品取引法施行令（以下、「施行令」という）の改正（同年2月4日公布）および有価証券の取引等の規制に関する内閣府令（以下、「取引規制府令」という）その他の関係内閣府令の改正（同年2月14日公布）が行われ、同年4月1日から施行されている[3]。

---

2 平成25年改正については、立案担当者による解説として、齊藤将彦＝滝琢磨＝上島正道＝山辺紘太郎「平成25年改正金商法の解説(6)公募増資に関連したインサイダー取引事案等を踏まえた対応」旬刊商事法務2012号（2013年）24頁（以下、「齊藤他」という）、有賀正宏＝大谷潤＝大矢和秀＝小長谷章人＝菅原史佳＝谷口達哉＝谷本大輔＝樋口彰＝御厨景子「平成25年改正金商法等の解説（7・完）投資法人の資金調達・資本政策手段の多様化等」旬刊商事法務2013号（2013年）30頁（以下、「有賀他」という）がある。そのほか、たとえば、佐伯仁志「刑法から見たインサイダー取引規制」金融法務事情1980号（2013年）6頁（以下、「佐伯」という）、松尾直彦『最新インサイダー取引規制―平成25年改正金商法のポイント』（金融財政事情研究会、2013年）（以下、「松尾」という）、「平成24・25年インサイダー取引規制関係改正資料」別冊商事法務384号（2014年）、中村聡「インサイダー取引規制の平成25年改正と実務上の諸問題」旬刊商事法務1998号（2013年）28頁（以下、「中村」という）、梅澤拓「情報伝達・取引推奨行為に関するインサイダー取引規制の強化と実務対応」金融法務事情1980号（2013年）42頁（以下、「梅澤」という）、宮下央「金商法改正によるM&A実務への影響―インサイダー取引規制の改正を中心に―」金融法務事情1972号（2013年）6頁（以下「宮下」という）、小島義博＝久保田修平「平成25年金商法改正によるインサイダー取引規制がM&A実務に与える影響」旬刊商事法務2019号（2013年）4頁、中村聡＝尾本太郎「J-REIT等の上場投資法人に関するインサイダー取引規制の導入」金融法務事情1980号（2013年）28頁（以下、「中村＝尾本」という）、木目田裕＝有松晶「改正されたインサイダー取引規制の留意点―平成24年・平成25年改正―」ビジネスロー・ジャーナル69号（2013年）44頁、渋谷武宏＝見知岳洋「インサイダー取引規制に係る実務上の留意点―平成25年改正金商法政府令を踏まえて―」旬刊商事法務2035号（2014年）4頁、木目田裕＝鈴木俊裕「情報伝達・取引推奨規制における若干の解釈論―目的要件・氏名公表措置―」旬刊商事法務2036号（2014年）4頁等がある。
3 改正政府令の立法担当者による解説として、小長谷章人＝古角壽雄＝上島正道＝山辺紘太郎「平成25年改正金商法政府令の解説(1)公募増資に関連したインサイダー取引事案等を踏まえた対応、ファンド販売規制の見直し」旬刊商事法務2029号（2014年）48頁（以下、「小長谷他」という）がある。

2 情報伝達・取引推奨規制[4]

1 概　　要

　情報受領者によるインサイダー取引の増加や公募増資インサイダー取引の発生を踏まえ、平成25年改正は、会社関係者等（以下、元会社関係者を含む）および公開買付者等関係者等（以下、元公開買付者等関係者を含む）（以下、両者を一括して「会社・公開買付者等関係者」という）が、他人に対し、重要事実や公開買付け等事実（以下、両者を一括して「重要事実等」という）の公表前に当該他人をして「売買等をさせることにより当該他人に利益を得させ、または当該他人の損失の発生を回避させる目的」をもって、①当該重要事実等を伝達する行為、②当該売買等をすることを勧める行為を禁止した（法167条の2）。かかる情報伝達・取引推奨を行った者は、当該他人が当該重要事実等の公表前に売買等を行った場合に（ただし、法166条および167条の適用除外に該当する場合を除く）、刑事罰・課徴金の対象となる（法175条の2、法197条の2第14号・15号）。

　つまり、会社・公開買付者等関係者は、重要事実等の公表前に取引させて利益を得させる目的で、他人にその重要事実等を伝達したり、あるいは伝達しなくても売買等を勧めると、法167条の2違反となり、伝達された者や勧められた者が実際に公表前に売買等を行うと、刑事罰や課徴金がかかることになった。伝達された者や勧められた者が実際に公表前に売買等を行わない限り、法167条の2に違反しても刑事罰や課徴金はかからないが、法令違反には該当するため、金融機関等であれば行政処分の問題、事業会社等であっても契約上の表明保証違反や社内規則違反等の問題にはなり得る。

　4　本節の執筆の過程で、本節の一部を加筆修正したものを、別途、木目田裕＝鈴木俊裕「情報伝達・取引推奨規制における若干の解釈論—目的要件・氏名公表措置—」旬刊商事法務2036号（2014）4頁として寄稿している。

インサイダー取引規制には、会社関係者を対象とした規制（法166条）と公開買付者等関係者を対象とした規制（法167条）があることを踏まえ、情報伝達・取引推奨規制についても、会社関係者を対象とした規制と公開買付者等関係者を対象とした規制が設けられている。金融庁は、情報伝達・取引推奨規制について、平成25年9月12日に主要な論点についての考え方を示している（「情報伝達・取引推奨規制に関するQ＆A」[5]（以下、「情報伝達・取引推奨Q＆A」という））。

なお、金融商品取引業者等は、有価証券の売買等について法人関係情報を提供して勧誘することが禁止され（法38条7号、金融商品取引業等に関する内閣府令（以下、「金商業等府令」という。117条1項14号））、法人関係情報にかかる不公正な取引の防止を図るために必要かつ適切な措置を講じていないと認められる状況があれば法令違反になるところ（法40条2号、金商業等府令123条5号）、情報伝達・取引推奨規制の導入に伴い、新たに金融商品取引業者等の禁止行為として、「有価証券の売買等又はこれらの媒介・取次ぎ・代理につき、当該有価証券の発行者の法人関係情報について公表がされたこととなる前に当該売買等をさせることにより顧客に利益を得させ、又は当該顧客の損失の発生を回避させる目的をもって、当該顧客に対して当該売買等をすることを勧めて勧誘する行為」が追加された[6]（金商業等府令117条1項14号の2。なお、取引所取引業務、金融商品仲介業務について同府令231条1項3号の2、275条1項11号の2）。

【情報伝達・取引推奨規制の関連条文】

法167条の2

上場会社等に係る第166条第1項に規定する会社関係者（同項後段に規定する者を含む。）であつて、当該上場会社等に係る同項に規定する業務等に関する重要事実を同項各号に定めるところにより知つたものは、他人に

---

[5] http://www.fsa.go.jp/news/25/syouken/20130912-1/01.pdf
[6] 金商業等府令117条1項14号の2の規制対象になるのは、法人関係情報を知っている者に限られ、証券会社等においてチャイニーズ・ウォールの外側の者が法人関係情報を知らずに取引推奨した場合、当該法人関係情報の公表前の売買等により利益を得させる等の目的を欠くため（小長谷他54頁）、違反にならない。その他、金商業等府令117条1項14号の2についても、情報伝達・取引推奨Q＆Aが当てはまる（小長谷他54頁）。

対し、当該業務等に関する重要事実について同項の公表がされたこととなる前に当該上場会社等の特定有価証券等に係る売買等をさせることにより当該他人に利益を得させ、又は当該他人の損失の発生を回避させる目的をもつて、当該業務等に関する重要事実を伝達し、又は当該売買等をすることを勧めてはならない。

2 公開買付者等に係る前条第1項に規定する公開買付者等関係者（同項後段に規定する者を含む。）であつて、当該公開買付者等の公開買付け等事実を同項各号に定めるところにより知つたものは、他人に対し、当該公開買付け等事実について同項の公表がされたこととなる前に、同項に規定する公開買付け等の実施に関する事実に係る場合にあつては当該公開買付け等に係る株券等に係る買付け等をさせ、又は同項に規定する公開買付け等の中止に関する事実に係る場合にあつては当該公開買付け等に係る株券等に係る売付け等をさせることにより当該他人に利益を得させ、又は当該他人の損失の発生を回避させる目的をもつて、当該公開買付け等事実を伝達し、又は当該買付け等若しくは当該売付け等をすることを勧めてはならない。

法175条の2
第167条の2第1項の規定に違反して、同項の伝達をし、又は同項の売買等をすることを勧める行為（以下この項において「違反行為」という。）をした者（以下この項において「違反者」という。）があるときは、当該違反行為により当該伝達を受けた者又は当該売買等をすることを勧められた者（以下この項及び第3項において「情報受領者等」という。）が当該違反行為に係る第166条第1項に規定する業務等に関する重要事実について同項の公表がされたこととなる前に当該違反行為に係る特定有価証券等に係る売買等をした場合（同条第6項各号に掲げる場合に該当するときを除く。）に限り、内閣総理大臣は、次節に定める手続に従い、当該違反者に対し、次の各号に掲げる場合の区分に応じ、当該各号に定める額に相当する額の課徴金を国庫に納付することを命じなければならない。

一　特定有価証券等に係る第2条第8項第2号又は第3号に掲げる行為、同項第4号に掲げる行為（店頭デリバティブ取引を除く。）、同項第10号に

掲げる行為（有価証券の売買を除く。）その他これらに類するものとして政令で定める行為に係る業務（これらに付随する業務として内閣府令で定めるものを含む。以下この項及び次項において「仲介関連業務」という。）に関し違反行為をした場合（次号に掲げる場合を除く。）当該情報受領者等から当該違反者に対し支払われる当該違反行為をした日の属する月（当該月が二以上ある場合には、これらの月のうち最後の月）における仲介関連業務の対価の額に相当する額として内閣府令で定める額に三を乗じて得た額

二　当該特定有価証券等に係る第2条第8項第9号に掲げる行為に係る業務（以下この号、次項第2号並びに第185条の7第12項及び第13項において「募集等業務」という。）に関し違反行為をした場合　次のイ及びロに掲げる額の合計額

イ　当該情報受領者等から当該違反者に対し支払われる当該違反行為をした日の属する月（当該月が二以上ある場合には、これらの月のうち最後の月）における仲介関連業務の対価の額に相当する額として内閣府令で定める額に三を乗じて得た額

ロ　当該募集等業務及び当該募集等業務に併せて行われる第2条第8項第6号に掲げる行為に係る業務の対価の額に相当する額として内閣府令で定める額に二分の一を乗じて得た額

三　前二号に掲げる場合以外の場合　当該違反行為により当該情報受領者等が行つた当該売買等によつて得た利得相当額に二分の一を乗じて得た額

2　第167条の2第2項の規定に違反して、同項の伝達をし、又は同項の買付け等若しくは売付け等をすることを勧める行為（以下この項において「違反行為」という。）をした者（以下この項において「違反者」という。）があるときは、当該違反行為により当該伝達を受けた者又は当該買付け等若しくは売付け等をすることを勧められた者（以下この項及び第4項において「情報受領者等」という。）が当該違反行為に係る公開買付け等事実について第167条第1項の公表がされたこととなる前に当該違反行為に係る株券等に係る買付け等又は売付け等をした場合（同条第5項各号に掲げる場合に該当するときを除く。）に限り、内閣総理大臣は、次節に定める

手続に従い、当該違反者に対し、次の各号に掲げる場合の区分に応じ、当該各号に定める額に相当する額の課徴金を国庫に納付することを命じなければならない。
一　株券等に係る仲介関連業務に関し違反行為をした場合（次号に掲げる場合を除く。）当該情報受領者等から当該違反者に対し支払われる当該違反行為をした日の属する月（当該月が二以上ある場合には、これらの月のうち最後の月）における仲介関連業務の対価の額に相当する額として内閣府令で定める額に三を乗じて得た額
二　当該株券等に係る募集等業務に関し違反行為をした場合　次のイ及びロに掲げる額の合計額
イ　当該情報受領者等から当該違反者に対し支払われる当該違反行為をした日の属する月（当該月が二以上ある場合には、これらの月のうち最後の月）における仲介関連業務の対価の額に相当する額として内閣府令で定める額に三を乗じて得た額
ロ　当該募集等業務及び当該募集等業務に併せて行われる第2条第8項第6号に掲げる行為に係る業務の対価の額に相当する額として内閣府令で定める額に二分の一を乗じて得た額
三　前二号に掲げる場合以外の場合　当該違反行為により当該情報受領者等が行つた当該買付け等又は売付け等によつて得た利得相当額に二分の一を乗じて得た額

法192条の2
内閣総理大臣は、公益又は投資者保護のため必要かつ適当であると認めるときは、内閣府令で定めるところにより、この法律又はこの法律に基づく命令に違反する行為（以下この条において「法令違反行為」という。）を行つた者の氏名その他法令違反行為による被害の発生若しくは拡大を防止し、又は取引の公正を確保するために必要な事項を一般に公表することができる。

法197条の2
次の各号のいずれかに該当する者は、五年以下の懲役若しくは五百万円以下の罰金に処し、又はこれを併科する。

一〜十三（略）

十四　第167条の２第１項の規定に違反した者（当該違反により同項の伝達を受けた者又は同項の売買等をすることを勧められた者が当該違反に係る第166条第１項に規定する業務等に関する重要事実について同項の公表がされたこととなる前に当該違反に係る特定有価証券等に係る売買等をした場合（同条第６項各号に掲げる場合に該当するときを除く。）に限る。）

十五　第167条の２第２項の規定に違反した者（当該違反により同項の伝達を受けた者又は同項の買付け等若しくは売付け等をすることを勧められた者が当該違反に係る公開買付け等事実について第167条第１項の公表がされたこととなる前に当該違反に係る株券等に係る買付け等又は売付け等をした場合（同条第５項各号に掲げる場合に該当するときを除く。）に限る。）

2　規制の趣旨・意義

　WG報告書（インサイダー取引規制に関するワーキング・グループの平成24年12月25日付け「近年の違反事案及び金融・企業実務を踏まえたインサイダー取引規制をめぐる制度整備について」）は、規制の趣旨について、次のとおり述べる。

●WG報告書
「証券取引等監視委員会による最近のインサイダー取引に係る課徴金勧告・刑事告発事案では、会社関係者や公開買付者等関係者から情報伝達を受けた者（情報受領者）による違反行為が増加しており、違反事案の多数を占める状況となっている。また、上場会社の公募増資に際し、引受け主幹事証券会社の営業職員による情報伝達に基づいたインサイダー取引事案も生じている。情報受領者によるインサイダー取引は、情報伝達がなければ生じることはないため、このようなインサイダー取引の発生を防止していくためには、不正な情報伝達をいかに抑止していくかが重要な課題となっている」（WG報告書１頁）
「⑴情報伝達行為に対する規制

上場会社の未公表の重要事実に基づく取引が行われた場合には、それを知らない一般投資家と比べ極めて有利であり、そのような取引が横行すれば、そのような証券市場は投資家の信頼を失いかねない。こうした取引を助長する情報伝達行為は、未公表の重要事実に基づく取引が行われる蓋然性を高めるとともに、内部者に近い特別の立場にある者にのみ有利な取引を可能とする点等で、証券市場の公正性・健全性に対する投資家の信頼を損なうおそれがあり、適切な抑止策を設ける必要がある」（WG報告書2頁）
　「(2)取引推奨行為に対する規制
　情報伝達行為を規制する場合には、未公表の重要事実の内容は伝えず、その存在を仄めかし、又は未公表の重要事実を知り得る立場にあることを示しつつ取引を推奨するなどの潜脱的行為が行われるおそれがある。また、内部情報を知り得る特別の立場にある者が、内部情報を知りながら不正に取引推奨すれば、被推奨者に取引を行う誘因が働き、未公表の重要事実に基づいた取引に結びついていくものと考えられる。このような取引推奨が行われることは、証券市場の公正性・健全性に対する投資家の不信感を惹起するおそれがあることを踏まえると、不正な取引推奨行為についても適切な抑止策を設ける必要がある」（WG報告書2頁）
　以上を踏まえ、立案担当者の解説に基づき[7]、情報伝達・取引推奨規制の規制趣旨を整理すると、次のとおりである。
　公開買付け等絡みのインサイダー取引事案や公募増資インサイダー事案のように情報受領者によるインサイダー取引がたびたび発生している現下情勢に鑑み、情報受領者によるインサイダー取引は情報伝達がなければ生じることはなく、情報受領者によるインサイダー取引の発生を防止するため、情報伝達それ自体の抑止が必要である。
　そもそも、情報伝達行為はインサイダー取引の（共謀）共同正犯、教唆犯または幇助犯に該当し得るところ、重要事実等を知り得る「特別な立場にある者」（会社・公開買付者等関係者）が特定の者に利益を得させる等の目的を

---

[7] 齊藤他27頁。

もって当該重要事実等を伝達する行為は、当該重要事実等の公表前の有利な取引を引き起こす点で、それ自体がいわば独立してインサイダー取引規制の保護法益である「証券市場の公正性・健全性に対する一般投資家の信頼」を損なうおそれのある行為である。このような意味で、会社・公開買付者等関係者の情報伝達行為は、それ自体でインサイダー取引を行うことに準ずる違法性のある行為であり、かつ、自らの情報伝達行為により「証券市場の公正性・健全性に対する一般投資家の信頼」を損なうおそれのある状況を作出しているから、インサイダー取引と同等の刑事罰・課徴金による制裁の下でその抑止を図ることが正当化される。

　また、取引推奨行為は、かかる情報伝達規制の潜脱的行為になり得る[8]。また、重要事実等を知り得る「特別な立場にある者」（会社・公開買付者等関係者）が、上記と同様の目的をもって、重要事実等を知りながら取引推奨することは、情報伝達行為と同様に、当該重要事実等の公表前の有利な取引を引き起こす点で、それ自体がいわば独立して「証券市場の公正性・健全性に対する一般投資家の信頼」を損なうおそれのある行為である。このような意味で、当該会社・公開買付者等関係者の取引推奨行為も、情報伝達行為と同様に、それ自体でインサイダー取引を行うことに準ずる違法性のある行為であると考えられるから、インサイダー取引と同等の刑事罰・課徴金による制裁の下でその抑止を図ることが正当化される。

　したがって、情報伝達・取引推奨規制の保護法益は、インサイダー取引規制と同様に、「証券市場の公正性・健全性に対する一般投資家の信頼」であると考えられる。

　もっとも、取引推奨規制に関しては、その立法論としての当否には疑問がある。第1に、情報伝達の潜脱的行為を問題にするとはいえ、いかなる法令上の規制も常に潜脱・脱法の懸念を伴う以上は、どこかで割り切って規制対象を線引きするものであり、情報伝達それ自体を立証できないにもかかわらず、「潜脱・脱法」と称して、単に取引を推奨するにすぎない行為まで規制対象に取り込むことを必要とするだけの立法事実がどの程度存在するかは疑問である。第

---

[8] 齊藤他37頁。

2に、公募増資インサイダー事案における推知情報や断片的情報をめぐる議論は、問題となった各証券会社の調査委員会報告書も指摘するとおり、「推知」情報であろうが「断片的」情報であろうが、一般投資家の目線で見れば、むしろ従来からいわれてきたインサイダー情報そのものに該当することは明白である。推知情報や断片的情報といった一部のいわば言い訳を気にしすぎた結果が、この取引推奨規制の導入なのではないだろうか。第3に、インサイダー取引規制の基本構造は、あくまで特別な立場にある者（会社・公開買付者等関係者）が、その特別な立場にあるがゆえに未公表の重要事実等を知って、株式等の売買等をすることを規制するものであり、取引推奨規制はかかるインサイダー取引規制の基本構造と必ずしも沿わないように思われる（なお、課徴金・刑事罰を課すためには、取引推奨を受けた者が実際にインサイダー取引を行ったことを要する点で、かろうじてインサイダー取引規制の基本構造を維持しているとの評価も可能であるとは思われる）。第4に、取引推奨という行為それ自体は、情報伝達と異なり、客観的な行為の側面において、「推奨」か否かの区別が必ずしも容易でなく適法な行為に対する萎縮効果が特に大きいのではないかと懸念される。

　他方、情報伝達行為については、多くの事案において情報受領者によるインサイダー取引の（共謀）共同正犯、教唆犯または幇助犯にも該当し[9]、従前から刑事罰を科すことは可能であったと思われるが、平成25年改正により情報伝達規制が設けられたことによって、従来のインサイダー取引の（共謀）共同正犯、教唆犯または幇助犯に比較して、刑事罰・課徴金による制裁の範囲が次の点で広がった。

---

[9] この点、佐伯9頁は「WGにおいて、筆者は、情報提供等の処罰は、基本的に、現行法のもとで共犯が成立し得る範囲で十分であり、要件が不明確等の理由で現行法が十分に機能していないのであれば、同様の処罰範囲で要件を明確化した、独立の犯罪類型を設けることは考えられるという意見であった。このような考えからは、情報提供等の処罰には、情報伝達等によって実際にインサイダー取引が行われたという客観的要件と、情報伝達等を行う者が、少なくとも、情報伝達行為によってインサイダー取引が行われることを認識・認容していたという主観的要件が必要になる。このような立法は、共犯を正犯として処罰することになる点で処罰範囲の拡張といえるが、情報伝達自体を処罰する立法に比べれば、相当に限定された立法だといえる」と述べる。

(1) 課徴金との関係

公募増資インサイダー取引のような事案において、平成25年改正以前は、情報伝達を行った証券会社やその役職員は課徴金の賦課対象ではなかったが、平成25年改正により情報伝達規制が設けられたことで、証券会社の業務に関して情報伝達が行われた場合には当該証券会社に対する課徴金納付命令が、役職員が個人的に（証券会社の業務に関わりなく）情報伝達を行った場合には当該役職員に対する課徴金納付命令が可能になった。

(2) 刑事罰との関係

証券会社の業務に関してその役職員が情報伝達を行い、それがインサイダー取引の（共謀）共同正犯、教唆犯、幇助犯に問われる場合、平成25年改正以前は、役職員個人に刑事罰を科すことは可能であったが、両罰規定（法207条）によって証券会社をも処罰することが可能かどうかは両罰規定の解釈上の疑義があった[10]。平成25年改正により情報伝達規制違反が独立して罰則の対象とされ、不正な情報伝達の禁止という禁止規範が新たに設けられたので、役職員個人とともに証券会社をも両罰規定で処罰できることが明確化された。

幇助犯の刑は正犯の刑の２分の１であり、情報伝達行為につき幇助犯が成立するにとどまる事案については、情報伝達行為をインサイダー取引の正犯とは独立した違反行為とすることで、実質的には刑の引上げがなされた。

3 規制対象者

(1) 会社関係者等

法167条の２第１項の情報伝達・取引推奨規制の規制対象者は、法166条１項に規定する会社関係者・元会社関係者である。

情報伝達・取引推奨規制の対象者となる会社関係者等の解釈は、これまでのインサイダー取引規制における会社関係者等の解釈と同じである[11]。たとえば、法人の役員等が法人の業務に関して違反行為を行った場合には、当該法人が会

社関係者等として違反者と認定されて（法166条1項5号）、課徴金の賦課対象とされ、他方、当該役職員等個人は違反者ではなく、課徴金を賦課されない[12]。刑事罰の場合には、たとえば法人の役員等が法人の業務に関して違反行為を

10 平成25年改正前には証券会社を両罰規定で処罰できるかどうか疑義があった理由を述べると以下のとおりである。この点は本稿の主題ではなく、インサイダー取引規制の規範の名宛人や両罰規定に係る理屈の問題にすぎないので、理屈の厳密性を犠牲にして、できるだけ簡潔に説明する。本文記載の事案で証券会社の役職員から情報伝達を受けた運用会社のファンドマネージャー（以下、「FM」という）が当該運用会社の業務に関して法166条1項のインサイダー取引を行ったとする。FMが法197条の2第13号、166条1項（以下、一括して「法166条1項」という）違反により処罰され、運用会社も両罰規定で処罰される。ここで法166条1項の売買等の禁止の名宛人は、未公表の重要事実を知った会社関係者等である。運用会社は、法166条1項の文理上、売買等の禁止規範の名宛人でないが、両罰規定（法207条）の「次の各号に掲げる規定の違反行為をしたときは、その行為者を罰するほか、その法人に対して当該各号に定める罰金刑を…（中略）…科する」によって法166条1項が修正され、法166条1項の禁止規範の名宛人が、当該FMの所属する運用会社に拡張される。証券会社の役職員個人はFMの共犯（（共謀）共同正犯、教唆犯、幇助犯）として処罰されるところ、証券会社の役職員個人は、ここで売買等が行われた取引との関係では「会社関係者等」でなく（別異の解釈があり得る）、法166条1項の名宛人でないが、刑法65条（身分なき共犯）、60条等によって、法166条1項が修正拡張されて禁止規範の名宛人となる。次に、当該役職員個人が所属する証券会社であるが、法207条の文理上、「次の各号に掲げる規定の違反行為」に、刑法65条等によって修正された後の法166条1項の違反が含まれるとは読めないから（禁止規範を名宛人非限定と理解して「読める」とする理解もあり得る）、法166条1項の禁止規範の名宛人を両罰規定によって証券会社にまで拡張することはできない。法人自体が自ら犯罪行為を自然的事実として遂行するわけでないから、運用会社の両罰規定違反をさらに刑法の共犯規定で修正して名宛人を証券会社に拡張することもできない。
11 会社関係者等、公開買付者等関係者等の解釈等については、木目田裕監修・西村あさひ法律事務所危機管理グループ編『インサイダー取引規制の実務』（商事法務、2010年）（以下、「木目田」という）36頁以下、356頁以下参照。
12 なお、特定有価証券等の発行者である上場会社等自体は、法166条1項の規定上、会社関係者に該当しないが（法166条1項1号参照）、その役員等が当該上場会社等の業務に関して法167条の2に違反して情報伝達・取引推奨行為（「特定伝達等行為」（法175条の2第13項））を行った場合には、当該上場会社等の業務として行われた行為であることに加え、当該行為による利得は当該上場会社等に帰属すると考えられるため、法166条1項各号の会社関係者等の範囲を超えて、当該上場会社等を課徴金の賦課対象とする旨の明示の規定（法175条の2第13項）が設けられている。また、役員等が当該上場会社等の業務に関して、法167条の2に違反して情報伝達・取引推奨行為を行えば、当該役員等個人が刑事罰の対象となるとともに、当該上場会社も両罰規定（法207条1項2号）により刑事罰の対象となる。以上の点は、従来のインサイダー取引（たとえば上場企業等の自社株買いにおけるインサイダー取引規制違反）と同様である。

行った場合、当該役員等個人が刑事罰の対象となるとともに、当該法人もいわゆる両罰規定（法207条１項２号）により刑事罰の対象となる。

会社関係者等から未公表の重要事実の伝達を受けた者（第一次情報受領者）は、インサイダー取引規制により売買等を行うことが禁止される（法166条３項）が、情報伝達・取引推奨規制の規制対象とはされていない（法167条の２第１項）。立案担当者によれば、①情報受領者は上場会社等の重要事実を通常知るべき立場になく、むしろ重要事実を通常知るべき立場にない者に対する会社関係者等からの情報伝達や取引推奨を防止することが重要であること、②第一次情報受領者から重要事実の伝達を受けた者による取引はインサイダー取引規制の対象外であることから、法166条３項の第一次情報受領者については情報伝達・取引推奨規制の規制対象とされなかった[13]。

また、会社関係者等から未公表の重要事実の伝達を受けた者や取引推奨を受けた者について、情報受領行為・取引推奨を受ける行為それ自体は規制対象とされていない。

なお、当然のことながら、情報受領者であっても、会社関係者等から未公表の重要事実の伝達を受けて、これを知って株券等の売買等をすれば、インサイダー取引規制に違反することになる。また、取引推奨を受けた者であっても、会社関係者等としてその職務等に関して未公表の重要事実を知ったり、会社関係者等から未公表の重要事実の伝達を受けて（法166条３項）株券等の売買等をしたりすれば、インサイダー取引規制に違反することになる。

(2) 公開買付者等関係者等

法167条の２第２項の情報伝達・取引推奨規制の対象者は、法167条１項に規定する公開買付者等関係者・元公開買付者等関係者[14]である。

情報伝達・取引推奨規制の対象者となる公開買付者等関係者等の解釈は、これまでのインサイダー取引規制における公開買付者等関係者等の解釈と同じである。

---

13 齊藤他27頁。
14 平成25年改正により、元公開買付者等関係者の範囲に関しては、公開買付者等関係者でなくなった後「１年以内」の者から、「６月以内の者」に改正されている。

公開買付者等関係者等から未公表の公開買付け等事実の伝達を受けた者（第一次情報受領者）は、インサイダー取引規制においては、売付け等・買付け等を行うことが禁止される（法167条3項）が、情報伝達・取引推奨規制の規制対象とされていない（法167条の2第2項）。その理由は、(1)で会社関係者等について述べたとおりである。

　また、公開買付者等関係者等から未公表の公開買付け等事実の伝達を受けた者や取引推奨を受けた者について、情報受領行為・取引推奨を受ける行為それ自体は規制対象とされていない。なお、法167条の2第1項の会社関係者等について述べたのと同様に、情報受領者・取引推奨を受けた者であっても、未公表の公開買付け等事実を知って株券等を売付け等・買付け等すれば別途インサイダー取引規制に違反することになる。

(3)　会社・公開買付者等関係者が重要事実等を知った経緯

　法167条の2第1項は、情報伝達・取引推奨規制の規制対象となる会社関係者等について、業務等に関する重要事実を法166条1項各号に定めるところにより知った者に限定し、法167条の2第2項は、公開買付者等関係者等について、未公表の公開買付け等事実を法167条1項各号に定めるところにより知った者に限定している。

　前述したように、情報伝達行為は、重要事実等を知り得る「特別な立場にある者」（会社・公開買付者等関係者）が特定の者に利益を得させる等の目的をもって情報伝達する行為が、当該重要事実等の公表前の有利な取引を引き起こす点に着目して、当該会社・公開買付者等関係者の行為を自らインサイダー取引を行うことに等しい違法性のある行為であると捉えて、規制対象にされたものである。取引推奨行為も同様の考え方から規制対象にされたものである。このように、情報伝達・取引推奨規制は、インサイダー取引との違法性の同等さに着目するものであるから、情報伝達・取引推奨規制においても、インサイダー取引と同様に、会社・公開買付者等関係者が法166条1項各号・法167条1項各号に定めるところにより重要事実等を知った場合に規制対象になるとしている。

　この点、立案担当者も「職務外の私的な関係等により通常知り得る契機以外

によって未公表の重要事実を知った場合には、それは会社関係者であるがゆえの特別の立場に基づくものとは異なる。このため、情報伝達・取引推奨規制の対象は、会社関係者が未公表の重要事実を通常知り得る方法により知った場合（166条1項各号に定めるところにより知った場合）に限定されている」と述べる[15]。

法人が契約締結者（法166条1項4号、法167条1項4号）等に該当し、会社・公開買付者等関係者となる場合、当該法人の特定の部署の役職員が当該法人の業務に関して重要事実等を知ったとしても、そのことをもって直ちに法人全体が重要事実等を知ったことにはならず、法人全体（つまり、その法人の役職員等の全員）が情報伝達・取引推奨規制の対象となるわけではない[16]。たとえば、証券会社のイン部署の役職員が上場会社等であるＸ社の重要事実を知っていたとしても、チャイニーズ・ウォールで情報が遮断された上で、アウト部署の役職員がＸ社株式の取得を顧客に勧めていたとしても、取引推奨規制違反とはならない[17]。

4 目的要件

(1) 概　　要

法167条の2第1項は、会社関係者等による情報伝達・取引推奨規制の成立要件として、「当該業務等に関する重要事実について同項の公表がされたこととなる前に当該上場会社等の特定有価証券等に係る売買等をさせることにより当該他人に利益を得させ、又は当該他人の損失の発生を回避させる目的」を規

---

[15] 齊藤他27頁。
[16] 法人の役員等ないし法人自体の認識の問題とチャイニーズ・ウォールの関係については、前掲・木目田427頁以下参照。
[17] 情報伝達・取引推奨Q&Aは「（問4）証券会社等において、一部の役職員が上場会社等の未公表の重要事実を知っていたとしても、チャイニーズウォールにより営業部門の役職員がそれを知らなければ、当該営業部門の役職員が顧客に取引推奨することは可能でしょうか。（答）証券会社等の一部の役職員が上場会社等の未公表の重要事実を知っていたとしても、取引推奨を行う営業部門の役職員がそれを知らない場合には、当該取引推奨行為は基本的に規制違反とはならないものと考えられます」と述べる。

定する。

　法167条の２第２項は、公開買付者等関係者等による情報伝達・取引推奨規制の成立要件として、第１項と同様に「当該公開買付け等事実について同項の公表がされたこととなる前に、同項に規定する公開買付け等の実施に関する事実に係る場合にあつては当該公開買付け等に係る株券等に係る買付け等をさせ、又は同項に規定する公開買付け等の中止に関する事実に係る場合にあつては当該公開買付け等に係る株券等に係る売付け等をさせることにより当該他人に利益を得させ、又は当該他人の損失の発生を回避させる目的」を規定する[18]。

　WG報告書３頁は、情報伝達・取引推奨規制における主観的要件の必要性について、「上場会社では、例えば、業務提携の交渉や投資家向け説明（いわゆる「IR活動」）など、様々な場面で情報のやりとりが行われており、情報伝達・取引推奨行為全般を規制対象とした場合には企業の通常の業務・活動に支障が生じるとの指摘がある。こうした企業の通常の業務・活動の中で行われる情報伝達・取引推奨に支障を来たすことなく、他方で、未公表の重要事実に基づく取引を引き起こすおそれの強い不正な情報伝達・取引推奨行為を規制対象とするため、立証可能性にも留意しつつ、「取引を行わせる目的」等の主観的要件を設けることが適当である」とした。なお、佐伯教授は、企業の通常の業務・活動に対する支障の回避に加え、家族や知人に最近合併の仕事で忙しいと漏らした場合など日常的・偶発的な行為であれば「市場の信頼が可罰的な程度に侵害されるとは思われない」として、「正当な企業活動を阻害しないことと軽微な日常的・偶発的行為を処罰しないことという２つの要請を満たすためには、何らかの主観的要件を規定することが妥当であり、条文化された目的は２つの要請を満たしていると思われる」とする[19]。

　WG報告書を踏まえ、立案担当者が述べるように、重要事実を知っている会

18　なお、法167条の公開買付者等関係者等のインサイダー取引規制では、公開買付け等の実施に関する事実を知った場合は株券等の買付け等が禁止され、公開買付け等の中止に関する事実を知った場合は株券等の売付け等が禁止されている。このため、法167条の２第２項の目的要件においても、公開買付け等の実施に関する事実を知っている場合は、株券等の「買付け等をさせて」利益を得させる等の目的とされ、公開買付け等の中止に関する事実を知っている場合は、株券等の「売付け等をさせて」利益を得させる等の目的と規定されている。

19　佐伯11頁。

社関係者が行う情報伝達・取引推奨であっても、企業の正当な業務行為として通常行われるものについては、規制対象から除外する必要があることや、家族に対し世間話として自己が取り組んでいる業務内容について話をするような場合を規制対象とすることは家庭生活等に対する公権力の過度な介入となり得ることから、規制対象を適切に限定するために、上記のとおり、重要事実の公表前に売買等をさせることにより当該他人に利益を得させる等の目的という要件が設けられた[20・21]。

WG報告書や情報伝達・取引推奨Q&A、立案担当者の解説からも明らかなように、業務上の必要から取引先等に重要事実等を伝達することや、上場会社等の役職員がIR活動を行うことなど、正当な目的・理由によるものは、通常は目的要件を満たさず、規制の対象外となる。

なお、目的要件を欠く情報伝達行為は、情報伝達・取引推奨規制には違反しないが、企業の情報管理規則やインサイダー取引防止規則等の社内規則に違反するとされる可能性はある。また、目的要件を欠く情報伝達行為が行われ、伝達者としては情報受領者がインサイダー取引を行うことを想定していなかったとしても、実際に情報受領者がその重要事実等の公表前に取引をした場合には、当該情報受領者は法166条3項・法167条3項の情報受領者に該当する限り、インサイダー取引規制違反となり得る。

(2) 行為者の認識・意思

未公表の重要事実を知っている者により情報伝達・取引推奨が行われたとしても、すべての場合を規制する必要はなく、また規制することが相当でもない。たとえば、上場会社の従業員が、業務提携の交渉の場面において、秘密保持契約を締結した上で当該上場会社の重要事実等を相手方の会社の従業員に伝達し

---

20 齊藤他28頁。
21 この点、梅澤47頁脚注25は目的要件に関し「重要事実の公表の直前に伝達や推奨行為を行うことにより、重要事実の公表直後にほかの投資家にわずかながら先んじて取引させることを目的とするような潜脱的行為が行われた場合、本規制に基づいて刑事罰や課徴金を課すことは困難である。しかし、少なくとも金融商品取引業者等については、法人関係情報の管理の観点および法人関係情報提供勧誘規制により、かかる潜脱的行為は規律されることとなるほか、業務改善命令や氏名公表等の対象として検討されるべきであろう」と述べる。

たとしても、インサイダー取引の惹起にはつながらず、証券市場の公正性・健全性に対する一般投資家の信頼を害することもない。他方、その従業員が友人を儲けさせようと考え、当該上場会社の重要事実等を伝達した場合は、証券市場の公正性・健全性に対する一般投資家の信頼を害することになる。このように、目的要件は、かかる目的が存在することによって、証券市場の公正性・健全性に対する一般投資家の信頼を害するという法益を侵害する危険性が高まるものであり、主観的違法要素と解される[22]。

　伝達者の主観が具体的にどのようなものであれば目的要件を満たすのかについて、立案担当者によれば、次のとおりである。

　すなわち、情報受領者が重要事実等の公表前に取引を行う可能性がまったくないとは言い切れず、情報の提供者としても、そのような可能性の存在を認識しているとしても、それだけで直ちに目的要件を満たすと考えるべきではない。かかる可能性の存在の認識をもって直ちに目的要件を肯定すれば、社会的に見て相当な態様・状況等における情報伝達まで、情報伝達規制違反とされかねず、企業の通常の業務・活動の中で行われる情報伝達・取引推奨に支障を来すことがないようにするために目的要件を設けた趣旨に反することになる。これに対し、情報伝達の相手方である情報受領者に重要事実等の公表前に株式売買等の取引を行わせることにより利益を得させる（損失を回避させる）ことを意欲して情報伝達した場合や、そのような結果が発生することを積極的に肯定・是認しながら情報伝達した場合には、証券市場において内部者に近い特別の関係にある者にのみ有利な取引を進んで行わせる行為が行われている点で、証券市場に対する一般投資家の信頼を失墜させる危険性が高まる。

　そこで、他人に対し、重要事実等の公表前に取引を行わせることにより当該他人に利益を得させることを意欲して情報伝達・取引推奨した場合や、そのような結果が発生することを積極的に肯定・是認しながら情報伝達・取引推奨した場合に、重要事実等の公表前に売買等をさせることにより当該他人に利益を得させる等の目的が認められると解されている[23]。

　すなわち、立案担当者によれば、情報伝達や取引推奨に当たり、単に、他人

---

[22] 齊藤他28頁。
[23] 齊藤他28頁。

が重要事実等の公表前に売買等を行う可能性や当該売買等に起因して利益を得る可能性があることを認識していたにすぎない場合には、かかる目的要件を欠き、結果発生に対する積極的な意思が認められる場合に限り、目的要件の存在が認められると解されている[24]。

こうした積極的な意思の有無は行為者の内心の問題であるので、その立証方法が問題となる。実務上は、情報伝達・取引推奨が行われた際の経緯・状況・相手との関係・資金の流れ・関係者の供述等の間接事実等によってこうした目的の存否の立証が行われることになる。

この点、業務上の情報伝達を行う際には、重要事実等の公表前に売買等をさせることにより当該他人に利益を得させる等の目的がないことを証拠化するために、契約書・誓約書その他の文書において、伝達目的を明示することや、相手方に売買等をしないことを誓約させる等の措置をとることが考えられるとの見解がある[25]。また、証券取引等監視委員会も、「上場会社におかれても、社内ルールの整備・遵守の徹底など適切な措置を講じることにより、より一層、役職員の内部者取引規制に対する規範意識を醸成していただくとともに、社外の取引先等に対し重要事実を伝達する際には、伝達する情報が重要事実であることや当該情報に係る機密保持についての了解を得るなどの対応を行うことが重要と考えます」と述べている[26]。

(3) 利　　益

法167条の2の目的要件においては、他人に「利益」を得させる等の目的が必要とされている。立案担当者によれば、この「利益」は、重要事実等の公表前に売買等をさせることにより得られるものであって、重要事実等が公表される前の売買等であることに起因した利益を指すものであると解される。重要事実等の存在やその公表のタイミングとは無関係の利益は含まれないと解されている[27]。たとえば、長期保有による優待や配当への期待は、目的要件における

---

[24] 齊藤他28頁。
[25] 中村34頁。
[26] 証券取引等監視委員会事務局 取引調査課長 小出 啓次「平成25年7月以降に勧告した内部者取引に関する課徴金納付命令勧告事案の特色について」(http://www.fsa.go.jp/sesc/keisai/26/20140514-1.pdf)。

「利益」には含まれないと考えられる。

また、立案担当者によれば、目的要件における利益は、売買等をさせることにより他人に得させる利益であり、取引から生じる経済的利益を指すものと解され、投資運用業者がファンドの計算で売買等をすることにより得られる利益（売買手数料や運用報酬、その減少の回避）も含まれると解されている[28]。

法167条の2の文理上、「利益」は、目的として情報伝達・取引推奨者の内心に存在していれば足り、実際に情報伝達・取引推奨を受けた者が利益を得たことは必要とされていない[29]。「損失の回避」についても同様である。

なお、人事評価や社会的評価などの身分上の利益・損失も目的要件における「利益」に含まれるか否かとの問題指摘があるが[30]、前述のとおり「利益」は文理上「重要事実等の公表前に売買等をさせることにより」得られるものをいい、人事評価や社会的評価などの身分上の利益・損失は重要事実等の存在やその公表のタイミングとは関係がないので、かかる利益は含まれないと考えられる[31]。また、中村弁護士による情報伝達の相手方である「他人」の捉え方と「利益」をめぐる指摘について後に検討する。

(4) 具体例

以上で述べた、目的要件を設けた理由や解釈にかかるWG報告書や情報伝達・取引推奨Q&A、立案担当者の説明等からも明らかなように、①未公表の

---

27 齊藤他28頁。
28 齊藤他28頁、佐伯11頁。
29 佐伯11頁。
30 中村33頁。
31 この点について、佐伯12頁脚注20は、背任罪の図利加害目的の解釈と対比して、「背任罪の図利目的には身分上の利益も含まれるというのが判例（大判大3.10.16刑録20輯1867頁、最二小決昭63.11.21刑集42巻9号1251頁）・通説であり、本罪についても同様の解釈が採られる可能性はある。しかし、本罪では、「利益」と並んで「損失の回避」も規定されており、経済的なものが想定されていることがよりうかがえる規定振りである。また、身分上の利益といっても、職業上の地位の保全など経済的利益と無関係でないものについて認められているのであって、経済的利益とまったく関係のない利益（たとえば、異性の好意を得ることなど）についてまで認められているわけではない。そうであれば、明確性の観点からも、経済的利益・損失に限定する解釈が望ましいと思われる」と述べる。

重要事実等を知っている上場会社等の役職員が正当な業務上の必要から他の役職員や取引先等に重要事実等を伝達することや、②上場会社等の役職員がIR活動の一環として自社への投資を促すような一般的な推奨行為[32]など、正当な目的・理由による情報伝達・取引推奨行為は、重要事実等の公表前の売買等により利益を得させる等の目的が認められないから、情報伝達・取引推奨規制に違反しないと考えられる。

同様に、③企業提携の交渉中に交渉相手やFA等の関係者に自社の未公表の重要事実等を伝達する場合、④自己株式を取得するに際して売り手候補に売却を打診する場合（自社において自己株式取得の検討を決定した事実の伝達を必然的に伴う）、⑤重要事実等を知っている会社役職員が社内で持株会加入を勧誘する場合なども、いずれも業務上の正当な目的・理由に基づくものであるから、情報伝達・取引推奨行為であったとしても、重要事実等の公表前の売買等により利益を得させる等の目的が認められず、情報伝達・取引推奨規制に違反しないと考えられる。

また、⑥家族や知人らに対し、うっかり、あるいは何の他意もなく、世間話として重要事実等を話した場合や⑦「最近合併の仕事で忙しい」と愚痴を漏らした場合も情報伝達規制の違反にならない[33]。

もっとも、家族や知人らに対し、通常では話さないような会社の極秘情報を話したのであれば、それはなぜなのか、正当な理由が合理的に認められるかどうかは、事実認定として問題となる。もし、情報伝達者が正当な理由を説明できず、十分な反証もできないのであれば、当該家族や知人らをして重要事実等の公表前の売買等をさせることにより利益を得させる等の目的があって情報伝達したのではないかと強く疑われることになる。

---

32 「情報伝達・取引推奨Q&A問3」は「上場会社等では、IR活動として、投資家等との間で自社の経営状況や財務内容等に関する広報活動が一般的に行われているものと考えられます。こうした活動の一環として行う自社への投資を促すような一般的な推奨については、通常の場合、他人に対し、特に重要事実の公表前の売買等を行わせ、それに起因した利益を得させるためのものではなく、「重要事実の公表前に売買等をさせることにより他人に利益を得させる」等の目的を欠くと考えられるため、基本的に規制対象とはならないものと考えられます」と述べる。

33 情報伝達・取引推奨Q&A問2。

(5) いわゆる適用除外取引問題

　相手方に適用除外取引を行わせるに際して未公表の重要事実等を伝達した場合について、重要事実等の公表前の売買等により利益を得させる等の目的がないとは言い切れないのではないか、との指摘がある[34]。たとえば、会社関係者が資金調達を目的として未公表の重要事実等を相手方に伝達した上で保有株式を売却するような場合である（法166条6項7号・法167条5項7号のいわゆるクロクロ取引の適用除外になる取引を行う場合となる）。このほか、いわゆる応援買いや対抗買いの要請をする場合についても同様の指摘がある。

　目的要件が、重要事実等の公表前に売買等をさせることにより当該他人に利益を得させる等の目的と規定するにとどまり、たとえば、「法166条1項または3項に違反して売買等をさせる目的」といった文言になっていないことから、かかる問題が指摘されることになった[35]。つまり、情報伝達規制の立法目的からすれば、目的要件については端的に「インサイダー取引をさせる目的で」という意味の文言にするべきだったのに、そうなっていないとして、情報伝達や取引推奨の相手方にインサイダー取引規制違反にならないような適用除外取引をさせる場合であっても、目的要件があることになってしまい、情報伝達規制や取引推奨規制に違反するのではないか、との疑いが生じたものである。その延長線上で、上記(4)の①ないし⑤の類型のように、常識的に考えれば、適法性におよそ疑いがない情報伝達・取引推奨行為であっても、規制違反になるのではないかと取り沙汰されることになった。

　この点、法167条の2における目的要件の規定振りの問題は、情報伝達規制とともに取引推奨規制をも設けたために生じた立法技術上の問題にすぎないと思われる。取引推奨行為の場合、重要事実等の伝達を行わないで単に取引推奨することを規制対象としているため、相手方である被推奨者にインサイダー取引それ自体をさせることを目的とすると、条文の建付け上矛盾があるように感じられたため、「法166条1項又は3項に違反して売買等をさせる目的」との規定振りとはされなかったのであろうと推測される。もっとも、取引推奨規制と

---

34 中村30頁、宮下9頁。
35 中村30頁。

いえども、情報伝達規制の潜脱を防ぐとともに、インサイダー取引を惹起し得る点で規制対象とされたのであるから、「インサイダー取引をさせる目的で」という意味内容の文言にすることに本来は矛盾がなく（なお、「当該他人による取引の要件」はまさに推奨を投資判断の要素として被推奨者がインサイダー取引を実行することを要件としている）、もし矛盾を感じるとすれば、それは前述したように取引推奨規制の立法論としての問題点に帰着すると考えられる。

ともあれ、目的要件が重要事実等の公表前に売買等をさせることにより当該他人に利益を得させる等の目的と規定された以上は、この文言を前提として、妥当な結論を導き得る解釈論を考えていくほかはない。

この点、立案担当者は、前述のとおり、情報伝達や取引推奨にあたり、単にその相手方が重要事実等の公表前に売買等を行う可能性や当該売買等に起因して利益を得る可能性があることを認識していたにすぎない場合には目的要件を欠き、重要事実等の公表前に取引を行わせることにより当該他人に利益を得させることを意欲して情報伝達・取引推奨をした場合や、そのような結果が発生することを積極的に肯定・是認しながら情報伝達・取引推奨をした場合など、結果発生に対する積極的な意思が認められる場合に限り、目的要件の存在が認められるとしている。

そして、立案担当者は、かかる目的要件の解釈を前提として、相手方にインサイダー取引規制の適用除外に該当する取引を行わせる場合の情報伝達・取引推奨であれば（たとえ相手方が当該取引に起因した利益を得る可能性があることを認識していたとしても）、通常は、目的要件を欠くと説明している。

具体的には、「情報伝達・取引推奨Q&A問7」は、次のように述べる。

「（問7）　会社関係者が、保有株式を売却して資金調達するため、他人に対し、未公表の重要事実を伝達した上で、インサイダー取引規制の適用除外となる、いわゆるクロクロ取引[注]を行った場合、

(1)情報伝達を受けた者は重要事実の公表により利益を得ることもあり得ますが、会社関係者がその可能性を認識しながら情報伝達した場合には、（取引要件を欠くため処罰や課徴金の対象にならないものの、）情報伝達規制の違反になるのでしょうか。

(2)当該クロクロ取引が市場価格よりも割り引いた価格で行われた場合に

は、「重要事実の公表前に売買等をさせることにより他人に利益を得させる」目的があることになるのでしょうか。
（注）金融商品取引法第166条第6項第7号
（答）情報伝達・取引推奨規制は、「重要事実の公表前に売買等をさせることにより他人に利益を得させる」等の目的があることが要件（目的要件）として必要であるとされています。

このため、

(1) 会社関係者が、資金調達を目的として未公表の重要事実を伝達した上で保有株式を売却するような場合において、情報伝達に当たり、単に、情報の受領者が当該売却に起因した利益を得る可能性があることを認識していたというだけでは、通常の場合、「他人に利益を得させる」という目的要件を満たさないと考えられるため、基本的に規制違反とはならないものと考えられます。

(2) クロクロ取引が市場価格よりも割り引いた価格で行われるような場合には、取引の相手方は取得価格と市場価格との差額の利益を得ることができる可能性があります。しかしながら、情報伝達・取引推奨規制の目的要件を満たすか否かについては、単に市場価格よりも割り引いたという事実があったか否かによってではなく、他人に対し、特に「重要事実の公表前に」売買等を行わせ、「それに起因した」利益を得させる目的があったか否かによって判断されることとなります。」

しかし、立案担当者によるかかる解釈論は、結論が妥当だとしても、ロジックには疑問がある。株式にかかるクロクロ取引を例にすれば、①売主が買主に未公表の重要事実等（株価引下げ要因とする）を伝達する、②その結果、売主・買主が同程度に未公表の重要事実等を認識している状態になる、③売主・買主間で、市場価格から乖離した価格での売買が実行される、というステップをたどる。情報伝達規制との関係で問題なのは①の情報伝達である。①の情報伝達を行う時点において、伝達者である売主は爾後に実行されるであろう③の取引を想定しており、③の取引を実行する（すなわち相手方である情報受領者をして③の取引を実行させる）目的で、情報伝達を行っている。この③の取引は、「重要事実等の公表前に」市場価格から乖離した価格で行う売買であって、

論理必然的に相手方である買主は市場価格で買うよりは安く買えるという経済的利得を取得することになる。そうすると、ロジックの問題としては、①の情報伝達を行う時点で、売主は、③の取引を相手方である買主に行わせることをまさに意欲しており（だからこそ①の情報伝達をわざわざ行う）、③の取引の実行を目的として情報伝達を行うものである以上、相手方である買主をして、「重要事実等の公表前に」市場価格から下方に乖離した価格で買付けをさせて市場価格との差額の利益を取得させる目的があることを否定できない。

情報伝達・取引推奨Q＆A問7の答え(2)は、必ずしも趣旨が明らかでない。この答え(2)については、たとえば「情報伝達者が上記③の取引の実行を意欲しているとしても、相手方による差額の利益の取得までは意欲していない」という読み方があり得るが、「③の取引＝相手方における市場価格より安い価格での取得」であるのに、取引を実行する意欲と相手方に利益取得させる意欲とを殊更に分断して目的要件にあてはめることはあまりに技巧的・便宜的にすぎ、また、事実認定の問題と捉えても無理であろう。また、答え(2)について、答え(1)と併せて読むと、買主（情報受領者）が市場価格より安く取得した株式をその後市場で転売することを意図しているかどうかを論じているようにも読めるが、相手方をして転売によって利益を得させることを前提とする取引は、通常、クロクロ取引の適用除外には該当しないから、ここで問題にする意味は乏しい。問題であるのは、クロクロ取引を可能にするための売買当事者の一方から他方に対する情報伝達が、その後のクロクロ取引の実行を目的としている場合をどのように説明するか、である。

私見としては、2とおりの解釈論があると思われる。

1つ目は、情報伝達・取引推奨規制の立法経緯・規制趣旨、WG報告書が主観的要件を必要とした理由に照らし、法167条の2における「他人に対し、重要事実の公表前に売買等をさせることにより当該他人に利益を得させ、または当該他人の損失の発生を回避させる目的」等の文言については、端的に、情報受領者・被推奨者をして「インサイダー取引規制に違反して利益を得させる」等の目的であると解してしまうという方法である。もとより、法167条の2の文言から乖離するが、これは取引推奨規制の導入に伴う立法技術上の制約であると割り切るということである。

2つ目は、クロクロ取引についていえば、上記の③の取引で買主が利益を得ることにはならないと捉える方法である。上場株式等のように市場で取引される有価証券の価格については、もともと、神様の目で見たような絶対的・客観的な正しい価格は存在しない。市場で約定された価格や相対取引で約定された価格が「正しい価格」であると扱われるにすぎない。クロクロ取引の場合、売主・買主間で、株価に影響を与えるような情報の偏在は存在しない。そのような状態にするために一方から他方に対する情報伝達がなされる。そうすると、情報の偏在が存在しない売主・買主間の協議・交渉を経て約定された金額は、たとえ市場価格から乖離しているとしても、それ自体も（市場価格と並んで）「正しい価格」であり、一方が他方から高い（安い）価格で売買するということにはならない。つまり、取引の相手方が「取得価格と市場価格との差額の利益」を得ると捉える必要はない。そうだとすれば、①の情報伝達を行う時点で、情報伝達者である売主には、③の取引を行って相手方である買主に「利益を得させる」目的はないと考えられる[36]。

　また、クロクロ取引のほか、同様に、公開買付け等に対する対抗買い（法167条5項5号）・応援買い（法167条5項4号）の適用除外についても、たとえば、発行会社の役職員が、取締役会の決定に基づく対抗買いの要請と公開買付け等の事実を、対抗買いを行う者に伝達する場合が論じられている[37]。この場合、発行会社の役職員による情報伝達行為は、公開買付け等に対抗した対抗買いの実施それ自体が目的であり、対抗買いの実施を意欲していることは否定できない。法167条5項5号の対抗買いの適用除外は、公開買付け等事実が未公表である場合に、対抗買いの要請を受けた者がインサイダー取引規制を受けて対抗買いができなくなってしまう事態を回避することを想定している。対抗

36　黒沼悦郎＝武田太老＝木目田裕＝中村慎二「座談会インサイダー取引規制の見直しと今後の課題（下）―平成24年・25年改正を中心に―」旬刊商事法務2012号（2013年）12頁〔木目田発言〕。なお、宮下9頁の「ここでいう「利益」とは、重要事実等の公表前に売買等をすることにより生じ得るあらゆる利益を意味しているのではなく、インサイダー情報を利用して取引することにより初めて得られる利益、すなわちインサイダー情報を知らない者との間の情報格差によって生じる利益のみを意味しており、そのような意味での利益を得させる目的を有している場合にのみ前述した目的の要件を充たすと考えるべきであろう」と述べるが、本文で述べた筆者の説明に近い理解かもしれない。

37　中村31頁。

買いをする者が、対抗買いの要請とともに公開買付け等事実の伝達を受けた場合に、当該公開買付け等事実（株価引上げ要因とする）の公表前に市場価格で買い付けると、「市場価格と（当該公開買付け等事実が公表済みであったとした場合の）想定価格との差額の利益」を得ることになり得るので、対抗買いを行わせてかかる差額の利益を得させる目的があるとされるのではないかが問題となる。この場合、クロクロ取引に関して述べたのと同様に、①目的要件については、情報受領者等をして「インサイダー取引規制に違反して利益を得させる」等の目的であると解する方法が考えられる。他方、②有価証券について絶対的・客観的な正しい価格は存在しないとして、この対抗買いについては市場価格も「正しい価格」の1つと考え[38]、対抗買いをする者が「市場価格と想定価格との差額の利益」を得るとは捉えないという解釈論もあり得るが、クロクロ取引の場合と異なり、強引・技巧的な立論となってしまう。また、対抗買いを行う者が将来転売したときに得られる利益についても問題となるが、発行会社の役職員としては、対抗買いを行う者が将来的に転売益を得る可能性があることを認識しているにすぎず、対抗買いを行う者をして、対抗買いをさせた上に将来に転売させて利益を得させることまで意欲したり、そのような意思があるわけではない。よって、目的要件を欠き、情報伝達規制に違反しない。公開買付者等の要請に基づいて応援買いをする場合（法167条5項4号）も同様に考えられる。以上の説明の仕方は、ほぼ金融庁の「情報伝達・取引推奨Q＆A問7」の答え(1)と同じである。取引それ自体で得る利益のことを考えず、転売益の点のみに着目するのであれば、立案担当者や金融庁による意欲や積極的意思の有無という考え方を用いることによって目的要件に該当しないことの説明は比較的容易となる[39]。

さらに、かかる対抗買いにおいて、中村弁護士が指摘する「情報受領者が当

---

[38] インサイダー取引規制は、売買等による利得獲得（市場価格より高く（安く）売買することや後日に転売益を得ること）や利得獲得の目的を規制要件として要求していない。インサイダー取引規制は、「正しい価格」が何か、市場価格と情報偏在を解消して形成された価格のいずれが「正しい価格」なのかといった問題に、直接的には関心を持っていない。

[39] ただし、転売益にのみ着目して、取引それ自体で得る利益を考えないのは、目的要件の文理解釈としては無理がある上、インサイダー取引規制それ自体で株式等を高く（安く）売買するという利益が発生し得ることを無視できないと思われる。

該伝達事実以外の未公表の重要事実を知っている場合に、その者による対抗買いは適用除外取引の要件を充たせばインサイダー取引規制に違反しないが、情報伝達者において、情報受領者がインサイダー情報により利益取得または損失回避が可能なことを認識していたときに、重要事実の公表前に売買させることにより利益取得または損失回避させる目的が併存しないと認定できるかは微妙な問題であるように思われる」[40]との事案（以下、「対抗買い変化バージョン」という）は、説明が難しい。

　というのも、この場合、対抗買いによる買付けそれ自体で対抗買いを行う者が利益を得ることになるところ、発行会社の役職員が、対抗買いを行う者をして、対抗買いを行わせることそれ自体を意欲していないとは言いにくいと思われるからである。そもそも、対抗買い変化バージョンの場合、「当該伝達事実以外の未公表の重要事実」が発行会社の役職員から伝達されたものでないのであれば、発行会社の役職員による情報伝達が情報受領者（対抗買いを行う者）の投資判断の要素となって取引が行われたものでない以上、後述する「当該他人による取引の要件」を満たさないから、情報伝達規制違反として刑事罰・課徴金の対象にならない。さらに進んで、そのような類型であれば、目的要件を満たさず、情報伝達規制違反にならないと解することが考えられる。すなわち、目的要件に関し、「情報伝達・取引推奨行為によって」情報受領者等をして重要事実等の公表前に売買等をさせることで利益を得させる等の目的がある場合であると読むこととし、（他人による取引の要件だけでなく）、目的要件の解釈としても、売買等と利益獲得等との間のみならず、情報伝達・取引推奨と売買等との間にも因果関係を読み込むことが考えられる。

　他方、もし、「当該伝達事実以外の未公表の重要事実」についても、発行会社の役職員が以前に伝達したものであった場合には、事実認定の問題として、発行会社の役職員が、対抗買いの適用除外をいわば口実にしていたにすぎず、真の意図が、情報受領者（対抗買いを行う者）をして、「当該伝達事実以外の未公表の重要事実」の公表前の売買等により利益を得させる目的があったかどうかの問題となる。

40　中村30～31頁。

以上で検討したことからも明らかなように、妥当な結果を導くための目的要件の解釈論は必ずしも1つである必要はなく（1つの解釈論では説明し切れないであろう）、実務的には問題が生じる都度、妥当な解釈論を模索していくしかないように思われる。

(6) 取引推奨規制における目的要件

　取引推奨規制とIR活動の関係に関し、情報伝達・取引推奨Q&A問3は「上場会社等では、IR活動として、投資家等との間で自社の経営状況や財務内容等に関する広報活動が一般的に行われているものと考えられます。こうした活動の一環として行う自社への投資を促すような一般的な推奨については、通常の場合、他人に対し、特に重要事実の公表前の売買等を行わせ、それに起因した利益を得させるためのものではなく、『重要事実の公表前に売買等をさせることにより他人に利益を得させる』等の目的を欠くと考えられるため、基本的に規制対象とはならないものと考えられます」と述べる。

　この点、たとえば、発行会社でIRを担当している総務部長がその職務に関し未公表の重要事実を知っている場合において、当該総務部長がIR活動として、投資家等に対して自社の株式への投資を勧めるとき、当該総務部長としては、自社の株式に投資をしてほしいと考えてIR活動を行っているわけだから、投資家等に自社株を取得してもらうことは意欲している（積極的な意思がある）ことになる。しかし、当該総務部長は、投資家等に当該重要事実の公表の前に自社株を買ってほしいとまでは考えていないのが通常である。つまり、当該総務部長としては「投資家等に自社株を買ってもらいたいが、買ってもらう時期はいつでもよく、重要事実の公表前か公表後かはどうでもよい」と考えているのが通常である。だから、通常のIR活動であれば、情報伝達・取引推奨Q&A問3が述べるとおり、「重要事実等の公表前に取引を行わせることにより当該他人に利益を得させること」を意欲しているわけなく、目的要件を欠くと考えられる。

　この場合には、適用除外問題におけるクロクロ取引について述べたような問題点はない。問題となる未公表の重要事実等が株価上昇要因である場合におけるクロクロ取引については、（当然ながら）重要事実等の公表よりも前に取引

が行われる以上、前述したように、当該クロクロ取引の実施それ自体が必然的に相手方における市場価格より安い価格での取得を意味する（比喩的に言えば取引実施と利益取得が表裏一体のような関係になる）ため、取引を実行する意欲はあるが、相手方に利益取得させる意欲はないこととさらに分断して捉えることは、あまりに技巧的・便宜的にすぎる等の問題（１つの物事を表から見れば意欲ありと言いつつ、裏から見れば意欲なしとするという問題）があった。これに対し、IR活動における取引推奨の場合には、投資家等が①重要事実公表前に自社株を買う場合と②重要事実公表後に自社株を買う場合とがあり、前述した例における総務部長が投資家等による自社株取得を意欲していたとしても、それが直ちに①だけを意欲していたことを意味することにはならない。だから、通常のIR活動が取引推奨規制に違反しないことは、情報伝達・取引推奨Q＆A問３における意欲ないし積極的意思の有無といった目的要件の解釈で説明可能である。

　他方、前述した例において、当該総務部長が、仮に、特定の投資家を儲けさせようと考え、IR活動にいわば藉口して、「○月○日（当該重要事実の公表予定日）までには、当社の株を買ったほうがよい」、「とにかく今すぐに当社の株を買ったほうがよい」などといった取得時期指定型の取引推奨を行った場合には、重要事実の公表前に売買等をさせることにより他人に利益を得させる等の目的が認められることが多いであろう。もっとも、このようなケースは、もはや通常のIR活動と言うこともできない。

　IR活動について以上述べたことは、持株会への加入や加入口数の増加の勧奨や株式の持合いの提案のような他の取引推奨行為についても同様に当てはまると思われる。

　それでは、Ｂ社から事業提携やＭ＆Ａ等の提案（株価上昇要因とする）を受けたＡ社の役職員が、友好的なＣ社に対して、上記提案の事実（ここでは、法166条２項４号のバスケット条項や法167条の公開買付け等事実に該当すると仮定する）を一切伝達することなく、Ａ社株式を市場で買い増して安定株主になってもらいたい旨を依頼するような場合（以下、「ホワイトナイト事例」という）、取引推奨規制違反になるのであろうか。このホワイトナイト事例の場合には、ちょうど適用除外取引問題におけるクロクロ取引や対抗買い等と同様

の問題があり、情報伝達・取引推奨Q&A問3における意欲ないし積極的意思の有無といった目的要件の解釈で説明することは難しいのではないかと思われる。というのも、A社役職員がC社に対して勧めているA社株式の取得は、株価上昇要因となる未公表の重要事実等が存在する状況下で行われるものである以上、かかる推奨に応じてC社がA社株式を取得すること自体が必然的に「本来在るべき正しい価格＝当該重要事実反映後の株価」よりも安い市場価格での取得を意味することになるからである。取引推奨規制の導入理由に照らせば、金融審議会も立案担当者もホワイトナイト事例まで取引推奨規制違反とするつもりはなかったはずだと思われる。そうなると、このホワイトナイト事例との関係では、適用除外取引問題について述べたのと同様に、目的要件については、文理から離れた実質解釈をする必要があることとなる。すなわち、目的要件については、被推奨者であるC社をして「インサイダー取引まがいの取引をさせて利益を得させる」等の目的であると解して、A社役職員には、かかる目的まではないから、取引推奨規制違反にならないと解する方法である。なお、取引推奨規制の場合には、被推奨者が未公表の重要事実等を知るに至ることを常に前提にするわけではないことから、目的要件につき情報伝達規制のように「インサイダー取引規制に違反して」と表現しにくいため、解釈論としては「インサイダー取引まがいの取引をさせて」と表現することになる。

5 情報伝達・取引推奨行為の相手方

　法167条の2第1項は、その職務等に関し重要事実を知った会社関係者等は、他人に対し、上記の目的をもって情報伝達・取引推奨することを禁止し、同条2項は、その職務等に関し公開買付け等事実を知った公開買付者等関係者等は、他人に対し、上記の目的をもって情報伝達・取引推奨することを禁止する。
　ここでいう「他人」には、自然人および法人が含まれる[41]。
　この「他人」の範囲については、特に限定はなく、会社関係者が同じ会社内のほかの役職員に対して重要事実等を伝達することも規制対象になり得る[42]。

41　齊藤他28頁。
42　情報伝達・取引推奨Q&A問1。

その場合、当該ほかの役職員も会社関係者であるから「その職務に関し」知った（法166条1項1号）と認められるのであれば、規制対象になり得る。もっとも、業務上必要な社内外での情報交換や情報共有は、通常、重要事実等の公表前に売買等をさせることにより他人に利益を得させる等の目的をもって行うものではなく、規制違反にならない。

　インターネット上の掲示板やいわゆるSNSなどを通じた書き込みを行った場合、その閲覧者も「他人」に該当し、行為者とは面識のない不特定多数の者に対する情報伝達・取引推奨行為も規制対象になる[43]。

　具体的な情報伝達・取引推奨行為について、その相手方である「他人」が誰であるかは、事実認定の問題であり、情報伝達・取引推奨を行う会社・公開買付者等関係者の意図、態様等から実質的に判断される[44]。会社関係者・公開買付者等関係者が他人Bを介在させてCに対し重要事実等を伝達したとき、Cに伝達する意思で伝達を行ったのであれば、あくまで、会社関係者・公開買付者等関係者からCに対して重要事実等が伝達されたものと認定されるが、情報伝達規制でも同様に考えることになる。

　この点、中村弁護士による情報伝達の相手方である「他人」の捉え方と「利益」をめぐる指摘は非常に興味深い[45]。中村弁護士の指摘を「会社関係者等であるXが運用会社のファンドマネージャーであるFMに未公表の重要事実等を伝達したが、Xとしては、日ごろから懇意にしているFMが運用会社で出世することを願って、そのFMに情報伝達した。Xとしては、同じ運用会社であっても、そのFM以外の者には情報伝達する気がなかった」という問題設定で考える。中村弁護士の指摘は、Xによる情報伝達の相手方である「他人」をFMと解すると、当該他人であるFMが担当ファンドの運用収益に連動する給与を貰っているときであれば格別、重要事実等の公表前の売買等で担当ファンドが

---

[43] 梅澤47頁。なお、同48頁脚注29は、黒沼悦郎教授のブログ「金融商品取引法」の平成25年8月16日付記事（http://blogs.yahoo.co.jp/mousikos1960/38375860.html）における、インターネットの掲示板への重要事実の書込みの場合、不特定多数の者の取引により利得相当額が莫大な金額に上る可能性があり、課徴金額の適切性につき慎重な検討が必要との記載を紹介している。

[44] 齊藤他28頁。

[45] 中村33頁。

運用益を得ても、FM自身には経済的利益がなく、FMの身分上の利益を目的要件における「利益」に含めざるを得ないのではないか、というものであると考えられる。Xにインサイダー取引の（共謀）共同正犯ないし幇助犯が成立し得る点を措いて、情報伝達規制の枠内のみで検討すると、この事案における「他人」はFM個人でなく、運用会社ないし運用会社に所属するFMであると事実認定するのが事案の実態に合致する。Xとしても、未公表の重要事実等の伝達でFMが私的に個人の売買等で利益を得ることを意図していたわけではなく、あくまでFMが担当ファンドでの売買で利益を得ることを意図していたと認められるからである。そうすると、Xとしては、運用会社（のFM）に重要事実等を伝達し、運用会社（のFM）に公表前の売買等をさせ、運用会社に運用報酬等の経済的利益を確保させる（運用報酬等の減額を回避させる）ことになるのであるから、情報伝達の相手方である他人をして重要事実等の公表前に売買等をさせることにより当該他人に利益を得させる等の目的があったとして、情報伝達規制の違反に問擬し得ることになる[46]。

6　情報伝達・取引推奨行為

(1)　概　　要

　法167条の2第1項で禁止される行為は、重要事実を伝達する行為（情報伝達行為）、または売買等をすることを勧める行為（取引推奨行為）である。

　法167条の2第2項で禁止される行為は、公開買付け等事実を伝達する行為（情報伝達行為）、または買付け等・売付け等をすることを勧める行為（取引推奨行為）である。なお、法167条の公開買付者等関係者等のインサイダー取引規制においては、公開買付け等の実施に関する事実を知った場合は株券等の買

---

[46] 「他人」についての本文のような理解は、法人の役員等ないし法人自体の認識の問題とチャイニーズ・ウォールの関係をめぐる議論（前掲・木目田427頁以下）と整合するかどうかという問題はあるが、たとえば、現在の裁判例・学説および制定法の下では、詐欺罪の主体は自然人のみだが、客体は法人もあり得るとされているように、矛盾はない。いずれにせよ、この気持ち悪さは、将来的に、制定法上の法人自体の犯罪能力に関する考え方を整理して解決するべき問題である。

付け等が禁止され、公開買付け等の中止に関する事実を知った場合は株券等の売付け等が禁止されている。これと同様に、公開買付け等の実施に関する事実を知っている場合は、買付け等を勧める行為が禁止され、公開買付け等の中止に関する事実を知っている場合は、売付け等を勧める行為が禁止されている。

(2) 情報伝達行為

　情報伝達行為は、口頭、書面等により重要事実等の内容を伝えることである。必ずしも重要事実等の内容のすべてを伝えるものである必要はなく、その一部を伝えることも含まれる。情報伝達における「伝達」の意義は、第一次情報受領者にかかる「伝達」（法166条3項、法167条3項）と同様に解されるところ[47]、法166条3項・法167条3項の「伝達」は伝達の意思と伝達行為が必要と考えられており、情報伝達・取引推奨規制における「伝達」も同様に解される。

　第一次情報受領者にかかる「伝達」（法166条3項、法167条3項）に関しては、①情報伝達の方法は問わず、伝達の認識も未必的で足る、②重要事実等の一部の伝達でもよい、③すでに重要事実等を知っている者であっても、伝達を受ければ、第一次情報受領者としてインサイダー取引の規制対象になる等と解されている[48]。

　①に関し、伝達といえるために、会社・公開買付者等関係者が重要事実等を伝達する意思で伝達行為を行えば、情報受領者が当該重要事実等を知ったことについての確定的認識までは不要と解される[49]。他方、メールの宛先にミスがあって伝達する意思もないのに情報漏洩が生じた場合などは「伝達」に当たらないと解される[50]。

　重要事実等を記載したメールを送信して情報受領者のメールサーバに届いたが、開封されなかった場合など、情報受領者側に重要事実等の受領の認識がないとき、伝達の未遂にとどまり、伝達がなされたと解することはできない。この点、第一次情報受領者のインサイダー取引の抑止に本条の情報伝達規制の趣

---

[47] 松尾27頁。
[48] 横畠122頁、三国谷24頁、前掲・木目田69頁以下。
[49] 松尾27頁。
[50] 梅澤48頁。

旨があるとして、伝達があったというには、情報受領者に「①情報提供者が会社関係者であり、その立場・職務等によって情報を知ったこと、②伝達された事実が重要事実であること、③伝達された重要事実が未公表であること」の認識が必要であるとする見解がある[51]。厳密には、法167条の２それ自体の文言上は、情報受領者に①ないし③の認識を要求していない。もっとも、法167条の２違反として課徴金・刑事罰が課されるには、後述する「当該他人による取引の要件」のため、情報受領者にインサイダー取引が成立することが必要であるから、情報受領者側に上記①ないし③の認識が必要という結論は同じになる。なお、法167条の２の文言上も、また、「当該他人による取引の要件」との関係でも、情報受領者側に、情報伝達者の目的（情報受領者をして重要事実等の公表前の売買等により利益を得させる等の目的）の認識があることは必要とされていない。

②（重要事実等の一部の伝達でもよい）であるが、たとえば、第２章で公募増資インサイダー取引事案について述べたように、銘柄名を明示しない公募増資情報の伝達であっても、情報受領者において、報道等のほかの情報と組み合わせることで具体的な銘柄を覚知できるのであれば、重要事実等の伝達となり得る。また、直近に発行登録が行われている銘柄に関し、来週の引け後に発行体を呼んでの勉強会があるといった断片的な情報の伝達であっても、情報受領者において、それだけで公募増資が現実に行われることや具体的な公募増資の公表予定日を認識できるのであれば、たとえば「今日、明日に売っておこう」などと投資判断し得ることになるから、重要事実等の伝達となり得る。

もっとも、伝達の経緯や情報伝達者、情報受領者の属性そのほかの諸事情に鑑みて、当該一部の情報の伝達だけで投資判断に重要な影響を与えるものであること[52]、あるいは当該一部に他の公知情報を組み合わせることで投資判断に重要な影響を与えるものとなることが必要である[53]。

③（すでに重要事実等を知っている者であっても、伝達を受ければ、第一次

---

51 梅澤48頁。
52 松葉知久「情報受領者によるインサイダー取引事案の諸論点」旬刊商事法務2010号（2013年）19頁は「投資判断に影響を及ぼすべき事実の内容の一部の伝達を受ければ、重要事実の伝達を受けた」、「伝達されるのは、重要事実そのものである必要はなく、情報受領者において重要事実を認識し得る内容でよい」と述べる。

情報受領者としてインサイダー取引の規制対象になる）であるが、情報伝達規制との関係でも、情報伝達前に情報受領者が重要事実等を知っていたとしても伝達に該当するとの見解がある[54]。

(3) 取引推奨行為

取引推奨行為は、明示的に売買等を勧める場合のみに限られるものではなく、売買等を勧める行為を行ったか否かは、行為者の言動等によって実質的に判断される。仮に明示的に売買等を勧めなかったとしても、他人に対し、早期の、または一定期間内の売買等を促すような言動等を行った場合には、取引推奨規制に違反する可能性があるとされる[55]。

WG報告書は、取引推奨行為の規制の必要性について、「未公表の重要事実の内容は伝えず、その存在を仄めかし、または未公表の重要事実を知り得る立場にあることを示しつつ取引を推奨する」などの情報伝達規制の潜脱的行為が行われるおそれがあると述べていたが、法167条の2の取引推奨規制では「未公表の重要事実の存在を仄めかし、または未公表の重要事実を知り得る立場にあることを示しつつ取引を推奨する」といった要件は設けられていない。

前述したとおり、取引推奨規制については立法論として疑問があり、これから述べるように、理論上も実務上も問題が多い。

まず、理論サイドとして、佐伯教授は[56]、①会社関係者等から正当な理由がないのに取引推奨されたために被推奨者としても何か未公表の重要事実があると推測できたような場合を別とすれば、推奨行為によって取引が行われるのは偶然にすぎず、市場に対する投資家の信頼が害される危険は少ないと指摘し、②強制執行妨害罪（改正前の刑法96条2項）における「強制執行ヲ免ルル目的」の判例の解釈（現実に強制執行を受けるおそれのある客観的な状況の下に

---

53 さらに、自己分析情報・加工情報との区別といった問題もある（前掲・木目田238頁以下、梅澤49頁脚注38参照）。本文で述べた③の解釈（すでに重要事実等を知っている者であっても、伝達を受ければ、第一次情報受領者としてインサイダー取引の規制対象になる）の合理性も含め、「伝達」概念はこの機会に改めて再整理・再検討する必要があるように考えている。
54 梅澤50頁。
55 齊藤他29頁。
56 佐伯15頁。

おける強制執行免脱目的）のように、重要事実等の公表前の売買等により利益を得させる等の目的要件を客観化して、客観的に取引が行われる一定程度の可能性の存在を必要とし、そのためには被推奨者において推奨者が会社関係者等であることの認識が必要であるとの限定解釈をすべきであり[57]、③（証券取引等監視委員会による）告発は、重要事実の存在をほのめかして推奨したような情報伝達に近似する事例に限定することが望ましい旨を述べる。

実務サイドとしては、証券会社等から、営業職員がたまたま顧客に売買を勧めた銘柄について未公表の重要事実等を知っていたら取引推奨規制違反に問われるとなると、顧客との間で銘柄の話もできないといった声がある。また、証券会社の役職員が、担当顧客の保有銘柄について業務提携の報道がなされたものの未公表である場合、かかる業務提携の報道が重要事実であることを職務上知っているとき、顧客に対し報道された事実すら伝達できないのはかえって不自然であり、むしろ顧客から重要事実の存在を推認されるおそれがあるとして、その報道を紹介して取引を勧めたらどうなのか、といった指摘もある[58]。

この点、「情報伝達・取引推奨Q＆A問5」は、次のとおり述べる。

「（問5）　上場会社等の未公表の重要事実を知っている証券会社の営業部門の役職員が、顧客から当該上場会社等の評価を求められた場合、明示的に取引推奨を行わなければ取引推奨規制の違反とならないのでしょうか。
（答）　一般に証券会社等については、上場会社等の法人関係情報を提供して勧誘する行為が禁じられており（金融商品取引業等に関する内閣府令第117条第1項第14号）、証券会社等においては、上場会社等の内部情報が、本来知る必要のない営業部門の役職員に伝わることのないよう適切に情報管理することが求められます。こうした情報管理態勢が適切に確立されていれば、証券会社の営業部門の役職員について、ご指摘のような場面が生じるおそれは低いものと考えられます。

証券会社等の営業部門の役職員が上場会社等の未公表の重要事実を職務

57　かかる限定解釈が問題となる典型的な場面として「匿名掲示板やブログなどにおいて匿名で売買を推奨する等、会社関係者であることを秘匿しつつ推奨する場面」が考えられる（梅澤51頁脚注45）。
58　梅澤46頁。

等に関し知っている場合でも、一般論としていえば、投資判断を示すものではない一般的な会社の評価に触れることは差し支えありません。しかしながら、取引推奨規制の違反に該当するのは明示的に取引推奨を行う場合だけに限られるものではなく、規制違反に該当するか否かは行為者の言動等によって実質的に判断されることに留意が必要です。したがって、仮に明示的に取引推奨を行わなかったとしても、顧客に対して早期の、又は一定期間内の売買を促すような言動等を行った場合には、規制違反となるおそれがあると考えられます。

いずれにしても、証券会社の営業部門の役職員は、仮に未公表の上場会社等の重要事実を職務等に関し知っている場合には、より慎重な対応を行うことが求められるため、顧客が取引推奨をされたと受け止めることのないよう、言動等に十分留意する必要があります。」

この金融庁の考え方を踏まえると、「投資判断を示すものではない一般的な会社の評価に触れることは差し支えありません」であっても推奨行為か否かの限界が微妙であるから、証券会社等としては、営業部署に適用可能な画一的・明確なルールを設けるのも容易でなく、未公表の重要事実等を取得し得る社内の部署と営業部署との間の情報隔壁（チャイニーズ・ウォール）を厳格に確保することに努めるほかはないと思われる。万が一、営業部署の役職員が偶然に重要事実等を知った場合には、当該重要事実等が公表されるまで、営業から外す等の対応をせざるを得ないように思われる。

なお、法167条の2は売買等を「することを勧めてはならない」と規定するところ、社内の法務コンプライアンス部門が未公表の重要事実等の存在を把握して、投資部門に対して当該銘柄の売買をさせないように指示する場合、取引を「することを」勧めるものでないから、取引推奨規制の違反ではない[59]。

7 | 当該他人による取引の要件（刑事罰・課徴金）

法167条の2の情報伝達・取引推奨規制に違反した場合には、インサイダー

---

[59] 松尾35頁。

取引規制違反と同水準の刑事罰（5年以下の懲役、500万円以下の罰金またはこれらの併科（法197条の2第14号、15号）。法人重課5億円以下の罰金（法207条1項2号））・課徴金（法175条の2）の対象となる。

課徴金については、

①仲介関連業務[60]に関し違反行為をした場合（法175条の2第1項1号、同条2項1号）（ただし、下記②の場合を除く）

情報受領者等から支払われる3ヵ月分の仲介関連業務の対価に相当する額[61]の全体

②募集等の売捌き業務に関し違反行為をした場合（法175条の2第1項2号、同条2項2号）

次のイおよびロの合計額

イ 情報受領者等から支払われる3ヵ月分の仲介関連業務の対価に相当する額の全体

ロ 当該募集等業務および当該募集等業務に併せて行われる引受け業務の対価に相当する額[62]の2分の1

---

60 仲介関連業務とは、具体的には、法2条8項2号若しくは3号に掲げる行為、同項4号に掲げる行為（店頭デリバティブ取引を除く）、同項10号に掲げる行為（有価証券の売買を除く）またはこれらに類するものとして政令で定める行為（現時点では政令上で該当する定めはない）に係る業務（これらに付随する業務として内閣府令で定めるものを含む）であり、金融商品取引法第六章の二の規定による課徴金に関する内閣府令（以下、「課徴金府令」という）1条の24は、この付随業務として、アナリストによる情報提供の場面における情報伝達・取引推奨規制違反の可能性を考慮して（小長谷他52頁）、有価証券に関連する情報の提供・助言をする行為（法35条1項8号）を定めている。

61 仲介関連業務の対価に相当する額について、課徴金府令1条の25第1項・3項は、違反行為が行われた日の属する月（当該月が2以上ある場合には、その最後の月）について、情報受領者等から仲介関連業務の対価として支払われ、または支払われるべき金銭その他の財産の価額の総額とする旨を定めている。仲介関連業務の報酬の算定の基礎となる期間が一月を超える場合には、月数で除すなど合理的な方法で算出することとなる（小長谷他58頁脚注7）。

62 募集等業務および募集等業務に併せて行われる引受け業務の対価に相当する額について、課徴金府令1条の25第2項1号・4項1号は、株券等の発行者から、情報伝達・取引推奨規制の違反者に対し、募集等業務及び当該募集等業務に併せて行われる引受け行為に係る業務の対価として支払われ、または支払われるべき金銭その他の財産の価額とする旨を定め、同条第2項2号・4項2号は、情報伝達・取引推奨規制の違反者が、他の者に引受け行為に係る業務をさせた場合には、当該違反者から当該他の者に対して支払われ、または支払われるべき金銭その他の財産の価額を控除する旨を定めている。

③上記①②以外の違反行為をした場合（法175条の2第1項3号、同条2項3号）

　情報受領者等が売買等によって得た利得相当額[63]の2分の1とされている。

　情報伝達・取引推奨規制違反が刑事罰・課徴金の対象になるのは、当該違反により情報伝達・取引推奨を受けた者が重要事実等の公表前に売買等をした場合に限ることとされている（当該他人による取引の要件）。

　この要件が設けられた理由について、WG報告書3頁は、

「情報伝達・取引推奨行為に対する規制は、不正な情報伝達・取引推奨によって未公表の重要事実に基づく取引を引き起こすことを防止しようとするものであり、情報伝達・取引推奨されたことが投資判断の要素となっていない場合にまで制裁等の対象とする必要性は必ずしも高くない。また、情報伝達・取引推奨が行われたのみで直ちに処罰・課徴金の対象にすると本来制裁等を課すべきでない通常の業務・活動に影響を与えてしまうおそれがあることも踏まえ、不正な情報伝達・取引推奨が投資判断の要素となって実際に取引が行われたことを要件とすることが適当である」

と述べている。

　これを受けて、法175条の2第1項および第2項は課徴金について、同法197条の2第14号および第15号は刑事罰について、それぞれ、「当該他人による取引の要件」（当該違反により情報伝達・取引推奨を受けた者が重要事実等の公表前に売買等をした旨）を規定している。

　具体的には、法175条の2第1項は、会社関係者等による情報伝達・取引推奨規制違反にかかる「当該他人による取引の要件」として、同法167条の2第1項に違反する情報伝達・取引推奨行為「により当該伝達を受けた者又は当該売買等をすることを勧められた者（以下、この項および第三項において「情報

---

[63] 利得相当額とは、情報受領者等が株券等の売付けをした場合には、当該売付総額（価格に数量を乗じたもの）と、重要事実等の公表後2週間における最低価格に当該数量を乗じた額との差額とされ、情報受領者等が株券等の買付けをした場合には、当該買付総額（価格に数量を乗じたもの）と、重要事実等の公表後2週間における最高価格に当該数量を乗じた額との差額とされている（法175条の2第3項・4項）。最低価格や最高価格がない場合や公表当日の取扱いについては、課徴金府令1条の26参照。

受領者等」という）が当該違反行為に係る第166条第１項に規定する業務等に関する重要事実について同項の公表がされたこととなる前に当該違反行為に係る特定有価証券等に係る売買等をした場合（同条第６項各号に掲げる場合に該当するときを除く）」に課徴金を賦課する旨を規定している。法175条の２第２項も、公開買付者等関係者等による情報伝達・取引推奨規制違反にかかる「当該他人による取引の要件」につき、これと同様に規定している。

また、法197条の２第14号は、会社関係者等による情報伝達・取引推奨規制違反にかかる「当該他人による取引の要件」として、法167条の２第１項の違反「により同項の伝達を受けた者又は同項の売買等をすることを勧められた者が当該違反に係る第166条第１項に規定する業務等に関する重要事実について同項の公表がされたこととなる前に当該違反に係る特定有価証券等に係る売買等をした場合（同条第６項各号に掲げる場合に該当するときを除く）」に刑事罰を科す旨を規定している。法197条の２第15号も、公開買付者等関係者等による情報伝達・取引推奨規制違反にかかる「当該他人による取引の要件」につき、これと同様に規定している。

いずれも、立案担当者によれば、法令の文言上、情報伝達・取引推奨規制の違反「により」とされているのは、情報伝達・取引推奨が情報受領者・被推奨者の投資判断の要素となって、情報受領者・被推奨者による取引が行われたことを必要とする趣旨であるとされている。もっとも、「により」要件が投資判断の要素性を意味するとはいえ、立案担当者によれば、情報伝達・取引推奨を受けたことが決め手となって情報受領者・被推奨者による取引が行われたというほどの強い関連性を必要とするものではなく、１つの考慮要素となった程度の関連性があれば満たされるものと解されている[64]。

なお、法166条６項、法167条５項は、重要事実等が公表される前の売買等であっても、証券市場の公正性・健全性に対する一般投資家の信頼を損なうおそれの低いものについてインサイダー取引規制の適用除外としている。このため、情報伝達・取引推奨を受けた者が重要事実等の公表前に売買等を行ったとしても、当該売買等がインサイダー取引規制の適用除外となるものであれば、処罰

---

[64] 齊藤他29頁。

対象・課徴金賦課対象から除外される。

前述したとおり、情報受領者・被推奨者に、法166条6項・法167条5項の適用除外となる取引をさせる意思で、情報伝達・取引推奨を行う場合、通常は、重要事実等の公表前に売買等をさせることにより他人に利益を得させる等の目的要件を満たさない。

情報伝達・取引推奨規制に違反する行為であっても、上記のような「当該他人による取引の要件」を満たさない限り、刑事罰・課徴金の対象とはならないが、金融商品取引業者等が違反行為を行えば、金商法違反を理由に行政処分の対象となり得る（法51条～52条の2）[65]。また、上場会社等の役職員や、上場会社等の契約締結者である法人の従業員がそのような行為を行った場合についても、社内規則に違反した等として社内処分の対象となることはあり得る。

「当該他人による取引の要件」について、佐伯教授が論じているとおり[66]、客観的処罰条件と解するか、それとも構成要件的結果と解するかという問題がある。伝統的には、客観的処罰条件とは政策的理由から処罰を一定の客観的事由の有無に条件付けているものをいい、行為・行為者に対する規範的評価とは関係がないため、客観的処罰条件については故意・過失が不要であり、行為と客観的処罰条件との間の因果関係も不要であるとされている。学説上は、客観的処罰条件の中にも法益侵害を基礎付ける要素になるものがあり、責任主義の観点から少なくとも過失が必要であるとの見解が有力である。佐伯教授は、「当該他人による取引の要件」について、かかる取引が行われてはじめて証券市場の公正性・健全性に対する投資家の信頼が侵害されるという点で可罰的違法性を基礎付けるのであれば、理論上は伝統的な意味での客観的処罰条件ではないとしたうえで、重要事実等の公表前の売買等により利益を得させる等の目的要件によって取引要件の認識・認容もカバーされていること、目的要件における「により」との文言から因果関係もカバーされていることから、実際上も客観的処罰条件と解する意義が乏しく、構成要件的結果であると解するのが適

65　金融商品取引業者等は「有価証券の売買その他の取引若しくは有価証券に係るデリバティブ取引又はこれらの媒介、取次ぎ若しくは代理につき、顧客に対して当該有価証券の発行者の法人関係情報を提供して勧誘する」ことが禁止されている（法38条7号、金商業等府令117条1項14号）。

66　佐伯13頁以下。

当ではないかと述べる。佐伯教授によれば、「当該他人による取引の要件」を構成要件的結果と解して故意を必要とすることで、前述した適用除外取引問題について、情報伝達等によって適用除外の取引が行われると認識していた場合には、故意を否定することで処罰範囲から除外できると述べる[67]。

8 情報伝達とインサイダー取引規制の共犯との関係

　重要事実等の情報伝達行為は、その態様によってはインサイダー取引の（共謀）共同正犯や教唆犯・幇助犯に該当する可能性がある。なお、幇助犯の刑は正犯の刑の2分の1であり、情報伝達行為につき幇助犯が成立するにとどまる事案については、情報伝達行為をインサイダー取引の正犯とは独立した違反行為とすることで、実質的には刑の引上げがなされている。

　会社・公開買付者等関係者が不正な情報伝達行為を行った場合、情報伝達規制の違反となるだけでなく、インサイダー取引の（共謀）共同正犯・教唆犯・幇助犯のいずれかの罪の構成要件をも満たすことがあり得る。

　この場合の罪数関係のうち、まず、情報伝達規制違反と、インサイダー取引の教唆犯・幇助犯について、立案担当者によれば、情報伝達の罪・インサイダー取引の罪のいずれも、証券市場の公正性・健全性に対する一般投資家の信頼という保護法益を同じくするものであるところ、情報伝達規制は、重要事実等の伝達による違反類型について特に禁止規定を設けていること等に鑑みると、インサイダー取引の教唆犯・幇助犯は、情報伝達規制違反の正犯に吸収され一罪と評価されるとする[68]。

　また、情報伝達規制違反と、インサイダー取引の（共謀）共同正犯との罪数関係についても同様に理解すれば情報伝達規制違反の一罪と評価されるのであろうと考えられる。

　立案担当者が「吸収され一罪と評価される」と述べる点が包括一罪[69]をいう趣旨であるのかどうかは問題となるが、実務上、訴追対象とすべき行為がA罪とB罪との構成要件の双方に該当し、観念的競合等に該当するとは解されてい

67　佐伯11頁。
68　齊藤他30頁。

ない場合、検察官は、その訴追裁量権（刑事訴訟法248条）により、A罪で訴追してもよく、B罪で訴追してもよいとされている。情報伝達規制違反とインサイダー取引の（共謀）共同正犯・教唆犯・幇助犯の関係についても同様と考えられ、検察官は、事案の実態や共犯者間のバランス、立証の固さの程度等の諸事情を勘案して、情報伝達規制違反の訴追を選択することもあれば、逆に、インサイダー取引の（共謀）共同正犯・教唆犯・幇助犯のいずれかの訴追を選択することになるのであろう[70]。目的要件の立証負担等を考えると、検察官がインサイダー取引の（共謀）共同正犯や幇助犯を選択することも少なくないであろうと推測する[71]。

取引推奨規制違反については、被推奨者をして重要事実等の公表前に売買等をさせることにより利益を得させる等の目的が認められるとはいえ、明示的にも黙示的にも重要事実等の伝達が行われないことを前提としているから、インサイダー取引の（共謀）共同正犯や教唆犯の構成要件をも充足する事態は考えられない。インサイダー取引の幇助犯については、いわゆる片面的幇助犯の考え方により、幇助犯の構成要件をも充足するとされる事案も理論上は考えられる。たとえば、ウィニー事件をヒントにして想定すると、未公表の重要事実を知っている会社・公開買付者等関係者が、インターネット上で、不特定多数に向けて、当該不特定多数をして重要事実等の公表前の売買等をさせることにより利益を得させる等の目的をもって、売買等を勧める事案であれば、取引推奨規制違反とともに、インサイダー取引の幇助犯の双方の構成要件を充足し得る。

---

[69] 包括一罪については、たとえば、複数の法益侵害事実が存在するが、1つの罰条の適用によりそれを包括的に評価しうる場合をいい、そのうちの1つの法益侵害事実を取り出して他は処罰せずにそれだけを処罰の対象とすることも可能であるなどと説明されている（西田典之＝山口厚＝佐伯仁志『注釈刑法第1巻総論』（有斐閣、2010年）715頁）。

[70] この点、佐伯15頁は「本罪が規定された後も、インサイダー取引罪の共犯は成立し得るが、両者は同じ法益を保護する同種の犯罪であって、1つの行為に両罪を適用することは（観念的競合になるとしても）妥当でないと思われる。したがって、両罪が成立し得る場合は、検察官は、どちらを選んで起訴しても構わないが、1つの行為を両方の罪で起訴することは許されない（そのような意味での法条競合）と解すべきである。検察官がどちらかを選択して起訴してくれば（おそらく本罪による起訴を選択するのではないかと推測される）、裁判所は、その訴因について審理を行い、判決を下すことになる」と述べる。

[71] 検察実務上、「実務に教唆なし」といわれることがある。

もっとも、このような事案で起訴価値が認められることがあったとしても、幇助犯の法定刑が取引推奨規制の法定刑の半分であることから、検察官は取引推奨規制違反で訴追するのが通常であろう。

9 氏名公表措置

　平成25年改正では、「内閣総理大臣は、公益又は投資者保護のため必要かつ適当であると認めるときは、内閣府令で定めるところにより、この法律又はこの法律に基づく命令に違反する行為（以下この条において「法令違反行為」という。）を行つた者の氏名その他法令違反行為による被害の発生若しくは拡大を防止し、又は取引の公正を確保するために必要な事項を一般に公表することができる」との規定が設けられた（法192条の2）。

　立案担当者は、氏名公表措置を設けた理由について、「不公正取引に関する課徴金事案において、繰返し違反行為を行う可能性が高いと考えられる者については、違反行為者に課徴金を課すことに加え、取引相手先となり得る証券会社や投資家等に対して注意喚起し、将来的な違反行為の未然防止等を図っていくことが重要である」と述べる[72]。

　この氏名公表措置に関し、金融庁の運用上措置の対象として想定されるのは、①情報伝達・取引推奨規制に違反する行為にかかわった証券会社等の役職員（補助的な役割を担った者を除く）、②取引上の立場を利用して未公表の重要事実を要求するなどにより、インサイダー取引を行った者、③インサイダー取引等の不公正取引を反復して行った者等である[73]。

　法192条の2の「内閣府令で定めるところにより」との委任を受けて、「金融商品取引法令に違反する行為を行った者の氏名等の公表に関する内閣府令」（以下、「氏名公表府令」という）が新設され、氏名公表措置における公表方法・手続が定められた。

　金融庁長官、証券取引等監視委員会または財務局長等が氏名公表措置を行うときは、インターネットの利用そのほかの適切な方法により行う（氏名公表府

---

[72] 齊藤他33頁。
[73] 齊藤他39頁。

令 1 条)。具体的には、金融庁、証券取引等監視委員会または財務局のウェブサイトで、違反行為者の氏名や当該違反行為の内容等を公表することが想定されている[74]。金融庁長官は、氏名公表措置を行おうとするときは、あらかじめ、違反行為者に対して意見を述べる機会を与えなければならない（氏名公表府令 2 条)。なお、裁判所の緊急差止命令の申立て等の公表とは異なり、課徴金事案にかかる氏名等の公表は、必ず金融庁長官が行う（施行令38条の 2 第 3 項)[75]。

氏名公表措置の対象は、法192条の 2 の文理上、インサイダー取引規制違反や情報伝達・取引推奨規制違反を行った者に限定されておらず、「この法律又はこの法律に基づく命令に違反する行為（以下、この条において「法令違反行為」という）を行つた者」と広く規定されている。そのため、相場操縦や風説の流布等の他の類型の不公正取引を行った者も氏名公表措置の対象になり得る。

また、氏名公表措置で公表される内容については、違反行為者の氏名だけでなく、被害の発生・拡大の防止や取引の公正確保のために必要な事項と広く規定されており、どのような運用になるか、注目しておく必要がある。

氏名公表措置について、行政処分性を有することになり、行政不服審査や差止め・取消し等の抗告訴訟（行政訴訟）の対象になるのではないかが問題となる。

立案担当者は、氏名公表措置について、「その対象者の権利義務に対して直接法効果を及ぼすものではないため、基本的に行政処分（行政行為）には該当しないものと考えられる。しかしながら、個人名等の公表は、その対象者の社会的信用等に影響を与えるものであり、特に課徴金事案にかかる違反行為者は、必ずしも法令上の参入規制に服している資格者ではないこと等から、法令上の根拠を設けることとしたものである」と解説している[76]。

この点、WG報告書は、注意喚起のための氏名公表措置を設けることを適当する理由として次のように述べている。

「仲介業者の役職員がその業務に関し違反行為を行った場合、課徴金の対象は、実際に情報伝達・取引推奨を行った役職員ではなく、当該仲介業者

---

74 小長谷他55頁。
75 小長谷他55頁。
76 齊藤他34頁。

となる。この場合、当該役職員は違反行為を繰り返すおそれもあることに鑑み、将来の取引相手となり得る証券会社や投資家等に対して注意喚起し、違反抑止を図る観点から、当該役職員（補助的な役割を担った者を除く）の氏名を明らかにすることが適当である」（WG報告書4頁）
「公募増資に関連するインサイダー取引事案においては、ヘッジファンドの運用担当者が、証券会社のブローカー評価に基づき取引発注分量等を決定することを背景に、証券会社に対する影響力を強め、証券会社に対しいわゆる「耳寄り情報」の提供を継続・反復して求めていたことが認められている。こうした行為は、インサイダー取引の予備的な行為であるものの、情報伝達を助長してインサイダー取引を積極的に行うものであるため悪質性が強く、適切な違反抑止を図る必要がある。こうした観点から、機関投資家等の運用担当者等が取引上の立場を利用して未公表の重要事実を要求するなどにより、インサイダー取引を行ったような事案については、違反行為において中心的な役割を担った者等の氏名を明らかにし、将来の取引相手となり得る証券会社や投資家等に対して注意喚起していくことが適当である。なお、上記のケース以外についても、インサイダー取引など不公正取引を反復して行った者については、違反行為を繰り返すおそれがあることに鑑み、違反抑止の観点から違反行為を行った個人名も明らかにし、将来の取引相手となり得る証券会社や投資家等に対して注意喚起していくことが適当である」（WG報告書5頁）

このうち、仲介業者の役職員にかかる記述を見ると、情報伝達・取引推奨規制違反があっても、証券会社の業務の一環として行われたので、課徴金の賦課対象は証券会社であって、証券会社の役職員個人ではないから、将来の取引相手となり得る証券会社や投資家等に対する注意喚起として当該役職員個人の氏名等の公表をするというものであると理解できる。しかし、証券会社の業務の一環として行われる違反行為を捉えた注意喚起なのであれば、違反行為を行った証券会社の名称等を周知することが注意喚起として必要であり、かつ論理的にはそれで足りるはずである。証券会社の役職員個人の氏名等の公表は、課徴金賦課対象が証券会社であって、役職員個人には課徴金を科すことができないために、役職員個人に課徴金に代わる措置を行うことで違反抑止（一般予防）を図

ることにその狙いがあると考えるのが自然であり、そのように考えれば、公表措置は役職員個人に対する制裁にその本質があるのではないかと思われる。

また、「機関投資家等の運用担当者等が取引上の立場を利用して未公表の重要事実を要求するなどにより、インサイダー取引を行ったような事案」についてのWG報告書の記述を見ると、「情報伝達を助長してインサイダー取引を積極的に行うものであるため悪質性が強く、適切な違反抑止を図る必要」があることが「注意喚起」の必要性の根拠となっている（WG報告書5頁）。これは、言葉こそ「注意喚起」であるが、その実質は、行為の悪質性に着目した制裁であることを示すものと思われる。

このように、氏名公表措置は、「注意喚起」とされつつも、その本質ないし内実は違反行為者に対する氏名等の公表による制裁を通じ、一般予防を図る制度であると考えられる。

学説上、行政庁による公表措置については、①国民への情報提供としての公表、②制裁としての公表に大別され[77]、②の制裁としての公表の例として、行政による違法建築を行った者の氏名の公表、国土利用計画法26条・容器包装にかかる分別収集及び再商品化の促進等に関する法律20条等が定める勧告不遵守事業者の公表などが挙げられている。この②の制裁としての公表の中で、実効性確保のための公表（③）を独立して分類する見解があり[78]、③の実効性確保のための制裁としては、事業者が行政指導に従わない場合に行政指導に従うことを促すために行う公表が念頭に置かれていると思われる。②の制裁としての公表（加えて、③実効性確保のための公表）については、法律の授権が必要であって行政手続法32条2項の「不利益な取扱い」に該当するとして、行政処分性を肯定して抗告訴訟（行政事件訴訟法3条1項）の対象とし、公表措置の性質に鑑み、事前の差止訴訟（同条7項）の対象とすることをも認める見解や、行政処分性を否定するとしても公表の事前差止めを認める見解などがある。

かかる行政法上の議論に照らすと、法192条の2に基づく氏名公表措置は、

---

77 塩野宏『行政法Ⅰ行政法総論〔第5版補訂版〕』（有斐閣、2013年）241頁以下、芝池義一『行政法読本〔第3版〕』（有斐閣、2013年）155頁以下、宇賀克也『行政法概説Ⅰ行政法総論〔第五版〕』（有斐閣、2013年）262頁以下、東京高判平15・5・21（判例時報1835号77頁）参照。

78 前掲・芝池156頁。

その本質ないし内実が違反行為者に対する制裁を通じ、一般予防を図る制度であると捉えれば、行政処分性を肯定するべきではないかと思われる。

行政処分性を肯定することになれば、前述したとおり、審査請求ないし異議申立て等の行政上の不服申立てや、差止め・取消しを求める抗告訴訟が可能になり、また、行政事件訴訟法に基づく仮の差止めの申立て等も可能になる。

もとより、氏名公表措置の行政処分性が否定される場合であっても、民事保全法に基づく仮処分（仮の地位を定める仮処分）を申し立てることで事前差止めを求めることは考えられるが、行政処分性が肯定された場合のほうが、行政法の研究者や裁判例が積み重ねてきた裁量統制論などを適用して氏名公表措置の実体要件を争うことも可能になり、また行政手続法による不利益処分にかかる手続保障もおよび、適正手続違反を理由として氏名公表措置の適法性を争うことも可能になると思われる。

【参考資料】

平成25年9月12日
金融庁

情報伝達・取引推奨規制に関するＱ＆Ａ
（金融商品取引法第167条の2関係）

※インサイダー取引規制には、会社関係者を対象とした規制（金融商品取引法第166条）と公開買付者等関係者を対象とした規制（同法第167条）があります。これを踏まえ、情報伝達・取引推奨規制についても、会社関係者を対象とした規制（同法第167条の2第1項）と公開買付者等関係者を対象とした規制（同条第2項）があります。本Ｑ＆Ａでは、会社関係者を対象とした情報伝達・取引推奨規制について解説をしていますが、公開買付者等関係者を対象とした情報伝達・取引推奨規制についても同様の考え方となるものと考えられます。

（問1）

未公表の重要事実を知っている上場会社等の役職員が、業務上の必要から取引先等に重要事実を伝達することは情報伝達規制の対象となるのでしょうか。また、社内で重要事実を伝達することも当該規制の対象となるのでしょうか。

(答)
　情報伝達・取引推奨規制（金融商品取引法第167条の2）の対象となる行為は、上場会社等の重要事実を職務等に関し知った会社関係者が、「他人」に対し、「重要事実の公表前に売買等をさせることにより他人に利益を得させ、又は他人の損失を回避させる目的」（目的要件）をもって情報伝達・取引推奨を行うことです。

　情報伝達の相手方となる「他人」については、特に限定はなく、会社関係者が会社内の役職員を含む他人に対して重要事実を伝達することが規制の対象となります。

　なお、会社関係者の所属する上場会社等の他の役職員も会社関係者であり、金融商品取引法第166条第1項第1号の「職務に関し」は広く解釈されるため、会社内で会社関係者から重要事実の伝達を受けた他の役職員(注)が、他人に対して重要事実を伝達することも規制の対象となり得ます。
(注) 業務上　正当な行為として伝達を受けたものでない場合も含まれ得ると考えられます。

　一方、目的要件を満たさない情報伝達は規制の対象ではなく、業務上必要な社内外での情報交換や情報共有は、通常の場合、「重要事実の公表前に売買等をさせることにより他人に利益を得させる」等の目的をもって行うものではないと考えられるため、基本的に規制対象とはならないものと考えられます。

(問2)
　未公表の重要事実を知っている上場会社等の役職員が、家族や知人に対し世間話として重要事実を話してしまった場合には、情報伝達規制の対象となるのでしょうか。

(答)

　情報伝達・取引推奨規制の対象となる行為は、上場会社等の重要事実を職務等に関し知った会社関係者が、「他人」に対し、「重要事実の公表前に売買等をさせることにより他人に利益を得させる」等の目的をもって情報伝達・取引推奨を行うことです。

　このため、「重要事実の公表前に売買等をさせることにより他人に利益を得させる」等の目的を有していなければ、日常会話の中で重要事実を話したとしても、基本的に規制対象とはならないものと考えられます。

　ただし、上場会社等の未公表の重要事実を、業務とは関係のない他人に話すことは、インサイダー取引が行われるおそれを高めるものであり、また、上場会社等の社内規則に違反するおそれもあるため、情報管理に留意する必要があると考えられます。また、日常会話の中で重要事実を聞いた家族や知人が重要事実の公表前に取引を行えば、当該家族や知人はインサイダー取引規制の違反となることにも留意する必要があります。

(問3)
　未公表の重要事実を知っている上場会社等の役職員が、IR活動を行うことは取引推奨規制の対象となるのでしょうか。
(答)
　上場会社等では、IR活動として、投資家等との間で自社の経営状況や財務内容等に関する広報活動が一般的に行われているものと考えられます。

　こうした活動の一環として行う自社への投資を促すような一般的な推奨については、通常の場合、他人に対し、特に重要事実の公表前の売買等を行わせ、それに起因した利益を得させるためのものではなく、「重要事実の公表前に売買等をさせることにより他人に利益を得させる」等の目的を欠くと考えられるため、基本的に規制対象とはならないものと考えられます。

(問4)

証券会社等において、一部の役職員が上場会社等の未公表の重要事実を知っていたとしても、チャイニーズ・ウォールにより営業部門の役職員がそれを知らなければ、当該営業部門の役職員が顧客に取引推奨することは可能でしょうか。
(答)
　証券会社等の一部の役職員が上場会社等の未公表の重要事実を知っていたとしても、取引推奨を行う営業部門の役職員がそれを知らない場合には、当該取引推奨行為は基本的に規制違反とはならないものと考えられます。

(問5)
　上場会社等の未公表の重要事実を知っている証券会社の営業部門の役職員が、顧客から当該上場会社等の評価を求められた場合、明示的に取引推奨を行わなければ取引推奨規制の違反とならないのでしょうか。
(答)
　一般に証券会社等については、上場会社等の法人関係情報を提供して勧誘する行為が禁じられており（金融商品取引業等に関する内閣府令第117条第1項第14号）、証券会社等においては、上場会社等の内部情報が、本来知る必要のない営業部門の役職員に伝わることのないよう適切に情報管理することが求められます。こうした情報管理態勢が適切に確立されていれば、証券会社の営業部門の役職員について、ご指摘のような場面が生じるおそれは低いものと考えられます。

　証券会社等の営業部門の役職員が上場会社等の未公表の重要事実を職務等に関し知っている場合でも、一般論としていえば、投資判断を示すものではない一般的な会社の評価に触れることは差し支えありません。しかしながら、取引推奨規制の違反に該当するのは明示的に取引推奨を行う場合だけに限られるものではなく、規制違反に該当するか否かは行為者の言動等によって実質的に判断されることに留意が必要です。したがって、仮に明示的に取引推奨を行わなかったとしても、顧客に対して早期の、又は一定期間内の売買を促すような言動等を行った場合には、規制違反となるお

それがあると考えられます。
　いずれにしても、証券会社の営業部門の役職員は、仮に未公表の上場会社等の重要事実を職務等に関し知っている場合には、より慎重な対応を行うことが求められるため、顧客が取引推奨をされたと受け止めることのないよう、言動等に十分留意する必要があります。

（問6）
　情報伝達や取引推奨を行った者は、情報伝達や取引推奨を受けた者がインサイダー取引等を行わなかった場合でも、情報伝達・取引推奨規制の違反になるのでしょうか。
（答）
　情報伝達・取引推奨規制に違反した者が処罰や課徴金の対象となるのは、当該違反により情報伝達・取引推奨を受けた者が、重要事実の公表前に売買等をした場合に限ることとされています(注)。
（注）なお、重要事実の公表前にした売買等がインサイダー取引規制の適用除外に当たる場合についても、処罰や課徴金の対象から除外されています（金融商品取引法第175条の2、第197条の2第14号・15号）。
　しかしながら、他人に対し「重要事実の公表前に売買等をさせることにより他人に利益を得させる」等の目的をもって情報伝達・取引推奨を行うことは、インサイダー取引等を引き起こすおそれの強い不正な行為であり、結果的に重要事実の公表前の売買等が行われなかったとしても、（処罰や課徴金の対象にならないものの、）規制違反に該当することとなります。
　このため、金融商品取引業者等がこのような行為を行った場合には、行政処分の対象となり得るほか、上場会社等の役職員がこのような行為を行った場合には、上場会社等の社内規則に違反することとなり得ます。

（問7）
　会社関係者が、保有株式を売却して資金調達するため、他人に対し、未公表の重要事実を伝達した上で、インサイダー取引規制の適用除外となる、いわゆるクロクロ取引(注)を行った場合、

(1)情報伝達を受けた者は重要事実の公表により利益を得ることもあり得ますが、会社関係者がその可能性を認識しながら情報伝達した場合には、(取引要件を欠くため処罰や課徴金の対象にならないものの、)情報伝達規制の違反になるのでしょうか。

(2)当該クロクロ取引が市場価格よりも割り引いた価格で行われた場合には、「重要事実の公表前に売買等をさせることにより他人に利益を得させる」目的があることになるのでしょうか。

(注)金融商品取引法第166条第6項第7号

(答)

　情報伝達・取引推奨規制は、「重要事実の公表前に売買等をさせることにより他人に利益を得させる」等の目的があることが要件（目的要件）として必要であるとされています。

　このため、

(1)会社関係者が、資金調達を目的として未公表の重要事実を伝達した上で保有株式を売却するような場合において、情報伝達に当たり、単に、情報の受領者が当該売却に起因した利益を得る可能性があることを認識していたというだけでは、通常の場合、「他人に利益を得させる」という目的要件を満たさないと考えられるため、基本的に規制違反とはならないものと考えられます。

(2)クロクロ取引が市場価格よりも割り引いた価格で行われるような場合には、取引の相手方は取得価格と市場価格との差額の利益を得ることができる可能性があります。しかしながら、情報伝達・取引推奨規制の目的要件を満たすか否かについては、単に市場価格よりも割り引いたという事実があったか否かによってではなく、他人に対し、特に「重要事実の公表前に」売買等を行わせ、「それに起因した」利益を得させる目的があったか否かによって判断されることとなります。

3 公開買付者等関係者のインサイダー取引規制（法167条）の改正

1 概　　要

　公開買付者等関係者のインサイダー取引規制（法167条）について、平成25年改正により、①公開買付者等関係者の範囲の拡大、②公開買付者等事実の情報受領者が行う一定の取引にかかる適用除外の新設が行われた。

2 公開買付者等関係者の範囲の拡大

　平成25年改正は、被買付企業およびその役員等を公開買付者等関係者の範囲に加えた（法167条1項5号）。
　WG報告書および立案担当者の解説によれば、改正の理由・内容は次のとおりである[79]。
　近時、公開買付け等に絡むインサイダー取引事案が増加しているところ、平成25年改正前の公開買付け等関係者のインサイダー取引規制（法167条）では、被買付企業およびその役員等を公開買付者等関係者と位置付けていなかったため、公開買付者との守秘義務契約等に基づいて被買付企業およびその役員等を公開買付者等関係者と認定せざるを得ず、一般的に常に被買付企業およびその役員等を公開買付者等関係者と認定できるとは限らない状況にあった。仮に、被買付企業やその役員等が公開買付者等関係者に該当すると認定できない場合、被買付企業の役員等は第一次受領者にすぎず、これらの者からの情報取得者が第二次受領者として法167条の規制対象から外れてしまうという問題があった。
　この点、わが国における公開買付けの大半は、あらかじめ公開買付者と被買

---

[79] 齊藤他34頁、WG報告書8頁。

付企業が合意の上で行う友好的なものであり、被買付企業は必ず公表前に公開買付者から公開買付けに関する事実を告げられている。また、敵対的な公開買付けの場合でも、その賛否を確認するために、公表前に公開買付者から被買付企業に対して公開買付けに関する事実を告知する場合が多い。買集め行為の場合についても、買集めを行う者が被買付企業の経営に影響を及ぼす目的を有していることなどから、公表前に被買付企業に対して買集めに関する事実を伝達する場合もある。これらを踏まえれば、被買付企業およびその役員等は、未公表の公開買付け等事実を公開買付者等からの伝達により知り得る特別の立場にあると考えられるため、「公開買付者等関係者」の範囲に加えることによって規制対象とすることが適当であるとされた。

そこで、平成25年改正により、法167条1項5号が設けられた。

【関連条文】

> 法167条1項5号
> 当該公開買付け等（上場株券等の第27条の22の2第1項に規定する公開買付けを除く。）に係る上場等株券等の発行者（その役員等を含む。）当該公開買付者等からの伝達により知つたとき（当該役員等にあつては、その者の職務に関し当該公開買付者等からの伝達により知つたとき。）。

このように、法167条1項5号は、被買付企業（公開買付け等に係る上場株券等の発行者）およびその役員等を「公開買付者等関係者」とした上で、被買付企業が公開買付け等事実を「公開買付者等からの伝達により知つた」とき、または、被買付企業の役員等が公開買付け等事実を「その者の職務に関し当該公開買付者等からの伝達により知つた」とき、被買付企業およびその役員等を法167条1項のインサイダー取引規制の適用対象とした。

なお、かかる伝達により公開買付け等事実を知った役員等以外の被買付企業の役員等についても、その者の職務に関し公開買付け等事実を知った場合には、法167条1項の適用対象となる（法167条1項6号）。

3 公開買付情報の伝達を受けた者の適用除外

公開買付者等関係者を対象とするインサイダー取引規制に関し、従来から指

3 公開買付者等関係者のインサイダー取引規制（法167条）の改正

摘があった「意図的なインサイダー情報の伝達」問題[80]に対応するための改正が行われた。WG報告書および立案担当者の解説によれば、改正の理由・内容は次のとおりである[81]。

公開買付け等事実の情報受領者は、公開買付者等による公表がなされるまで、対象会社の株券等を買い付けることはできない（法167条3項）。そのため、従前から、上場会社を買収しようとする者は、ライバルであるほかの潜在的な買収者に対し、自分が公開買付けを実施することについて決定したとの未公表の事実を意図的に伝達して、ライバルを情報受領者という立場にすることで、ライバルによる対抗的な買付けを妨害できてしまうという問題があった。また、公開買付けの実施を検討している者（提案者）から共同公開買付けを提案されたが、協議不調となった場合、被提案者は、提案者が公開買付け等事実の公表を行うまでの間、対象会社の株券等の買付けができなくなるという問題もあった。

こうした問題状況は、企業買収等に関する公正な競争を阻害し、有価証券取引の円滑を害することにもなり得るので、証券市場の公正性・健全性に対する投資家の信頼を損なうことのない場合には、未公表の公開買付け等事実の情報受領者であっても、被買付企業の株券等の買付けを可能とすることが適当であると考えられた。具体的には、インサイダー取引規制の趣旨に鑑みれば、①情報受領者と一般投資家との間の情報の非対称性が解消されている場合（情報受領者の一般投資家に対する有利性が相当程度解消されている場合）、②情報受領者が伝達を受けた情報が投資判断を行う上で有用性を失っている場合には、情報受領者による買付けが許容されるとした。

まず、①情報受領者と一般投資家との間の情報の非対称性が解消されている場合（取引の有利性が相当程度解消されている場合）として、未公表の公開買付け等事実の情報受領者が、自ら公開買付けを行おうとするときは、公開買付規制（法27条の3等）に基づき公開買付開始公告および公開買付届出書の提出・公衆縦覧が行われるが、これらに情報受領者が伝達を受けた情報を明示・記載すれば、一般投資家との情報の非対称性は解消されると考えられた[82]。つ

---

[80] 前掲・木目田380頁。
[81] 齊藤他36頁、WG報告書8頁。

まり、情報受領者による公開買付開始公告および公開買付届出書の提出・公衆縦覧によって、伝達を受けた公開買付け等の実施に関する事実が周知されている場合である（情報の周知化）。

また、②情報受領者が伝達を受けた情報が投資判断を行う上で有用性を失っている場合として、公開買付け等はその実施決定後、ある程度短期間の内に公表・実施されるところ、未公表の公開買付け等事実の情報受領者が伝達を受けた後、相当の期間が経過しても公開買付者等により当該事実が公表されないときには、伝達を受けた情報の価値は劣化しており、情報受領者が過去に伝達を受けた未公表の公開買付け等事実に基づいて投資判断することは想定されにくいので、情報受領者が最後に伝達を受けてから相当の期間（具体的には6ヵ月）が経過すれば、情報受領者による取引を可能とすることが適当であると考えられた[83]。つまり、他者（情報伝達者、提案者）による公開買付け等の実施に関する事実といえども、半年経っても公開買付け等の実施もなく、その旨の公表もないため、もはや投資判断情報として陳腐化しており、インサイダー情報性を失っている場合である（情報の陳腐化）[84]。

そこで、平成25年改正は、

①情報受領者（特定公開買付者等関係者[85]）が自ら公開買付けを行う際に、公開買付届出書および公開買付開始公告に、伝達を受けた情報（伝達を

---

82 情報受領者が買い集め行為を行う場合についても同様の枠組みを設けるかどうかにつき、WG報告書9頁は「公開買付開始公告や公開買付届出書と同様の媒体が考えられないかといったことを含め、後述の「知る前計画」の活用状況やこの適用除外の枠組みに基づく実務の運用状況等を見極めながら将来的には検討されるべき課題である」とするにとどまっている。

83 以上のほか、WG報告書10頁は、③現行の適用除外規定として、「現行の対抗買いに関する適用除外規定（法166条6項4号、167条5項5号）についても、実務面で利用し難いとの指摘があることを踏まえ、解釈の明確化等を図っていくことが適当である」と述べている。

84 なお、課徴金制度においては、法166条や法167条が規定するインサイダー取引の実体的な成立範囲に関わりなく、インサイダー取引として課徴金を賦課する対象を、重要事実・公開買付け等事実の公表日以前6ヵ月以内の取引に限定している。その理由については、インサイダー取引時の取引価格と公表後の価格の差異を課徴金額としており、取引時と公表日の間隔が長期になるとたとえば、マクロ経済動向等の要因で課徴金額が左右されること、インサイダー取引として告発されている事案の取引実態等を勘案したという点にあるとされている。

行った者の氏名・名称、伝達を受けた時期、伝達を受けた公開買付け等の実施に関する事実の内容として内閣府令で定める事項[86]）を記載した場合（法167条5項8号、情報の周知化）

②情報受領者（特定公開買付者等関係者）が公開買付け等の実施に関する事実を伝達によりあるいは契約締結・交渉等に関し知った日から6ヵ月が経過している場合、または、特定公開買付者等関係者から伝達を受けた者にあっては当該伝達を受けた日から6ヵ月が経過している場合（法167条5項9号、情報の陳腐化）

には、法167条の適用を除外することとした。

6ヵ月経過による情報価値の陳腐化という考え方の導入に伴い、公開買付者等の役員等以外の公開買付者等関係者も、情報受領者と同様に、公開買付け等の実施にかかる事実を知った後6ヵ月の経過で法167条の適用除外とされた（法167条5項9号）。また、元公開買付者等関係者も、公開買付け等事実を知った後6ヵ月で法167条の規制対象外とされた（法167条1項後段）。

なお、一定の期間の経過による情報価値の陳腐化という考え方は、法166条の会社関係者等によるインサイダー取引規制にも本来は当てはまると思われるが、平成25年改正では、法166条にはこの考え方は反映されていない。将来的な検討課題である。

【関連条文】

　　法167条5項8号・9号

85　この場合の情報受領者につき、法167条5項8号は、「特定公開買付者等関係者」という用語を付与し、公開買付者等関係者であって、その者の職務等に関し公開買付け等の実施に関する事実を知ったものをいうと定義している。

86　伝達を受けた公開買付け等の実施に関する事実の内容について、取引規制府令62条の2は、特定公開買付者等関係者から、(1)他社株公開買付けの実施に関する事実の伝達を受けた場合であれば、①公開買付者の氏名・名称、住所・所在地、②対象株券等の発行者の名称、株券等の種類、③買付期間、価格、買付予定数、買付予定数の下限・上限に係る条件の内容とし、(2)買い集めの実施に関する事実の伝達を受けた場合であれば、①買い集め行為を行う者の氏名・名称、住所・所在地、②対象株券等の発行者の名称、株券等の種類、③買付期間、価格、買付予定数とし、(3)自社株公開買付けの実施に関する事実の伝達を受けた場合であれば、①公開買付者の名称、所在地、②対象株券等の発行者の名称、株券等の種類、③買付期間、価格、買付予定数、買付予定数の下限・上限に係る条件の内容としている。

8　特定公開買付者等関係者（公開買付者等関係者であつて第1項各号に定めるところにより同項に規定する公開買付け等の実施に関する事実を知つたものをいう。次号において同じ。）から当該公開買付け等の実施に関する事実の伝達を受けた者（その者が法人であるときはその役員等を、その者が法人以外の者であるときはその代理人又は使用人を含む。）が株券等に係る買付け等をする場合（当該伝達を受けた者が第27条の3第1項の規定により行う公告において次に掲げる事項が明示され、かつ、これらの事項が記載された当該伝達を受けた者の提出した同条第2項の公開買付届出書が第27条の14第1項の規定により公衆の縦覧に供された場合に限る。）

イ　当該伝達を行つた者の氏名又は名称
ロ　当該伝達を受けた時期
ハ　当該伝達を受けた公開買付け等の実施に関する事実の内容として内閣府令で定める事項

9　特定公開買付者等関係者であつて第1項第1号に掲げる者以外のもの又は特定公開買付者等関係者から同項に規定する公開買付け等の実施に関する事実の伝達を受けた者（特定公開買付者等関係者を除き、その者が法人であるときはその役員等を、その者が法人以外の者であるときはその代理人又は使用人を含む。）が株券等に係る買付け等をする場合（特定公開買付者等関係者にあつては同項各号に定めるところにより同項に規定する公開買付け等の実施に関する事実を知つた日から、当該伝達を受けた者にあつては当該伝達を受けた日から6月が経過している場合に限る。）

4　会社関係者のインサイダー取引規制（法166条）の改正

　会社関係者のインサイダー取引規制（法166条）について、平成25年改正では、重要事実を知っている者同士の取引（クロクロ取引）の適用除外について、文理解釈上の疑義を解消するための改正が行われた。

　平成25年改正前には、公開買付者等関係者にかかるインサイダー取引規制の適用除外（法167条5項7号）と異なり、会社関係者にかかるインサイダー取引規制の場合、未公表の重要事実を知っている者の間で行う相対取引（クロクロ取引）にかかる適用除外（法166条6項7号）につき、「第1項又は第3項の規定に該当する者の間において」との文言から、第一次情報受領者と第二次情報受領者との間のクロクロ取引は適用除外に該当しないのではないかとの疑義があった。そこで、平成25年改正は、法166条6項7号の「第1項又は第3項の規定に該当する者の間において」との文言を「重要事実を知った者が…（中略）…重要事実を知っている者との間において」に変更し、第一次情報受領者・第二次情報受領者間のクロクロ取引が適用除外であることを明確化した。

　この点、WG報告書および立案担当者の解説は改正理由について次のように述べる[87]。法166条6項7号の適用除外に関しては、実務上、たとえば、上場会社の大株主が価格変動リスクを避けるために大口の保有株を市場外の相対で売却する際、当該大株主が第一次情報受領者として当該上場会社にかかる未公表の重要事実を知っている場合、わざわざ、当該大株主からの依頼に基づき上場会社が買い手に重要事実を伝達して、第一次情報受領者間の取引という形式を整えるなど、迂遠な手続が必要になっていた。クロクロ取引が適用除外とされた趣旨は、未公表の重要事実・公開買付け等事実を知っている者の間で市場外の相対で取引することは、証券市場の公正性・健全性に対する一般投資家の信頼を害するおそれは低いこと等による。そうであれば、会社関係者を対象と

---

[87] 齊藤他35頁、WG報告書10頁。

するインサイダー取引規制と公開買付者等関係者を対象とするインサイダー取引規制との間で、適用除外の範囲に差異を設ける合理性は乏しいと考えられるため、改正法では、「会社関係者を対象としたインサイダー取引規制について、会社関係者または第一次情報受領者に該当する者の間における取引のみならず、第一次情報受領者と第二次情報受領者との間で行う相対取引についても規制を適用除外することとされている」とのことである。

　かかるWG報告書や立案担当者の解説は、法166条6項7号のクロクロ取引について、改正前は、単なる疑義があったというレベルを超えて、むしろ、第一次情報受領者と第二次情報受領者との間の市場外相対取引は適用除外に該当しないとする考え方をとっているのではないかと思われる。

　しかし、改正前の法166条6項7号における「第1項又は第3項の規定に該当する者の間において」との文言の存在は立法技術上の制約にすぎず、改正前においても、インサイダー取引規制の立法趣旨等に鑑みれば、重要事実を知っている者の間の相対取引であれば、第一次情報受領者・第二次情報受領者間であっても、法166条6項7号の適用除外に含まれると解すべきであった[88]。

　よって、本改正については、改正前からの法166条6項7号の解釈（第一次情報受領者・第二次情報受領者間であっても、法166条6項7号の適用除外に含まれるとの解釈）を、法令の規定上も明確化したという点に意義があると解するべきである。すなわち、本改正は、創設的ではなく確認的なものと考える。

【関連条文】

　法166条6項7号

　第1項に規定する業務等に関する重要事実を知つた者が当該業務等に関する重要事実を知つている者との間において、売買等を取引所金融商品市場又は店頭売買有価証券市場によらないでする場合（当該売買等をする者の双方において、当該売買等に係る特定有価証券等について、更に同項又は第3項の規定に違反して売買等が行われることとなることを知つている場合を除く。）

---

[88] 前掲・木目田313頁以下。

5 上場投資法人等にかかる投資証券等に関するインサイダー取引規制の導入[89]

　平成25年改正前は、上場投資法人等にかかる投資証券等（以下、「REIT等」という）の取引は、運用資産の純資産価額に基づく価格形成が行われ、インサイダー取引の余地が比較的小さいと考えられ、インサイダー取引規制の対象外とされていた。しかし、実際には、スポンサー企業の変動、公募増資、大口テナントの退去等に起因して価格変動が生じるなど、投資口価格のボラティリティが存在し、インサイダー取引で利益を得る可能性も存在することや、諸外国ではインサイダー取引規制の対象とされていること等から、平成25年改正は、上場投資法人等にかかる投資証券等の取引についてもインサイダー取引規制の対象とした（法166条、167条。図表３－１参照）。

　改正内容であるが、基本的には、従前来の法166条および167条のインサイダー取引規制の枠組みにそのままREIT等があてはめられた上で、REIT等に固有の事情が、法166条１項の会社関係者等の範囲、同条２項の重要事実の範囲、同条４項の公表主体等に反映されている。

　まず、法166条および167条の規制対象である「特定有価証券等」の範囲に、上場投資法人が発行する投資証券・投資法人債券および上場外国投資法人の発行する外国投資証券・外国投資法人債券が加えられた（法163条１項等）[90]。

　会社関係者の主な範囲（法166条１項）は、①投資法人である上場会社等、その資産運用会社または特定関係法人の役員等、②投資法人である上場会社等

---

[89] REIT等に係るインサイダー取引規制の詳細については、有賀他30頁以下、中村＝尾本28頁以下、中谷衛＝御厨景子＝河原雄亮＝粕谷晋史「平成25年改正金商法政府令の解説(2)投資証券等の取引に関するインサイダー取引規制の導入等」旬刊商事法務2030号（2014年）52頁など参照。

[90] なお、金融商品取引法の平成25年改正により、法２条１項11号の「有価証券」に新投資口予約権証券も追加されている。当該改正は平成26年12月１日から施行される（http://www.fsa.go.jp/news/25/syouken/20140627-13.html）。

●図表3－1　投資証券等に対するインサイダー取引規制の導入

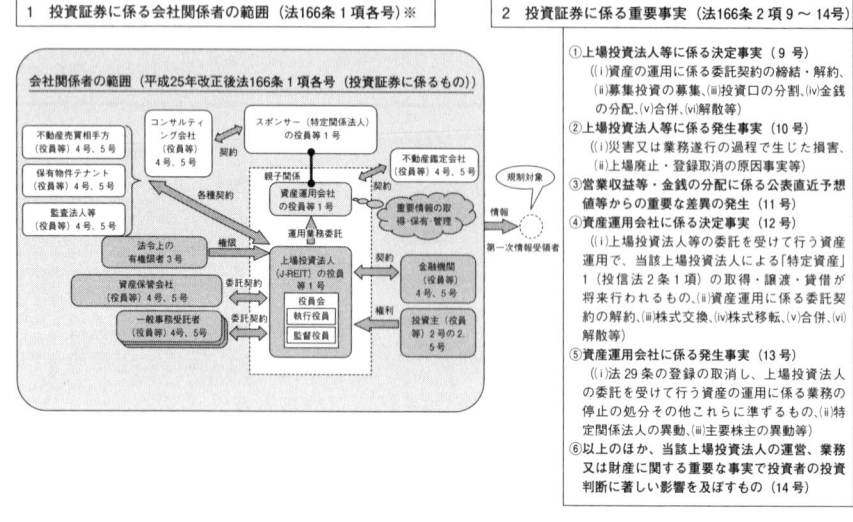

1　投資証券に係る会社関係者の範囲（法166条1項各号）※	2　投資証券に係る重要事実（法166条2項9～14号）
会社関係者の範囲（平成25年改正後法166条1項各号（投資証券に係るもの）） 不動産売買相手方（役員等）4号、5号 保有物件テナント（役員等）4号、5号 監査法人等（役員等）4号、5号 コンサルティング会社（役員等）4号、5号 スポンサー（特定関係法人）の役員等1号 不動産鑑定会社（役員等）4号、5号 資産運用会社の役員等1号 重要情報の取得・保有・管理 法令上の有権限者3号 資産保管会社（役員等）4号、5号 一般事務受託者（役員等）4号、5号 上場投資法人（J-REIT）の役員等1号 役員会／執行役員／監督役員 金融機関（役員等）4号、5号 投資主（役員等）4号の2、5号 規制対象／第一次情報受領者	①上場投資法人等に係る決定事実（9号） （(i)資産の運用に係る委託契約の締結・解約、(ii)募集投資の募集、(iii)投資口の分割、(iv)金銭の分配、(v)合併、(vi)解散等） ②上場投資法人等に係る発生事実（10号） （(i)災害又は業務遂行の過程で生じた損害、(ii)上場廃止・登録取消の原因事実等） ③営業収益等・金銭の分配に係る公表直近予想値からの重要な差異の発生（11号） ④資産運用会社に係る決定事実（12号） （(i)上場投資法人等の委託を受けて行う資産運用で、当該上場投資法人による「特定資産」1（投信法2条1項）の取得・譲渡・貸借が将来行われるもの、(ii)資産運用に係る委託契約の解約、(iii)株式交換、(iv)株式移転、(v)合併、(vi)解散等） ⑤資産運用会社に係る発生事実（13号） （(i)法29条の登録の取消し、上場投資法人の委託を受けて行う資産の運用に係る業務の停止の処分その他これらに準ずるもの、(ii)特定関係法人の異動、(iii)主要株主の異動等） ⑥以上のほか、当該上場投資法人の運営、業務又は財産に関する重要な事実で投資者の投資判断に著しい影響を及ぼすもの（14号）

※　金融庁発表資料（平成24年11月7日付け「インサイダー取引規制の導入について—金融審議会「投資信託・投資法人法制の見直しに関するワーキング・グループ」における検討状況—」6頁）に基づいて作成した。

　の投資主、または当該上場会社等の資産運用会社もしくは特定関係法人に対して会計帳簿閲覧請求権等を有する株主等、③投資法人である上場会社等、その資産運用会社または特定関係法人に対する法令に基づく権限を有する者、④投資法人である上場会社等、その資産運用会社または特定関係法人と契約を締結している者等であって、当該上場会社等の役員等以外のもの、⑤上記②④に掲げる者であって法人であるものの役員等（当該法人等の他の役員等が、法166条1項2号・2号の2または4号に定めるところにより当該上場会社等にかかる業務等に関する重要事実を知った場合におけるその者に限る）とされた。

　この会社関係者の範囲は基本的に従来の上場会社等の会社関係者の範囲と同じ建付けであるが、投信法上、REIT等については、投資法人それ自体は使用人を雇用できず、いわば「ハコ」にすぎないこと、資産運用業務は資産運用会社に委託しなければならないことから、投資法人の資産運用にかかる投資判断に重要な影響を与える事実は、基本的には資産運用会社において発生して管理

されることが想定されるため、上場投資法人等の役員等と並んで、資産運用会社の役員等も、株券等の場合の上場会社等の役員等と同じような位置付けで法166条1項1号の会社関係者とすることとされた。

同様に、REIT等の場合、人員、ノウハウ、投資対象物件の提供等の面でスポンサー企業が重要な役割を果たしており、資産運用会社との資本関係や特定資産に関する取引関係を通じた影響力を背景として、資産の運用等にかかる重要事実を容易に取得し得る特別の立場にある者が存在することを踏まえ、かかるスポンサー企業（特定関係法人[91]）の役員等も、上場投資法人等の役員等と並んで、株券等の場合の上場会社等の役員等と同じような位置付けで法166条1項1号の会社関係者とすることとされた。

このように、資産運用会社やスポンサー企業は、契約締結者や情報受領者という位置付けではなく、上場投資法人等と並んで、株券等の場合の上場会社等と同じ位置付けとされた。その結果、たとえば、資産運用会社やスポンサー企業との契約締結者も、法166条1項4号により会社関係者の範囲に含まれる。以上のように、上場投資法人等の役員等と並んで資産運用会社やスポンサー企業の役員等を法166条1項1号の会社関係者に含めたことで、166条1項2号以下の会社関係者の範囲が広くなり、そのために第一次情報受領者の範囲も広くなっている。なお、これらの会社関係者や元会社関係者は、いずれも情報伝達・取引推奨規制の規制対象にもなる。

REIT等についての重要事実は、REIT等の特性に応じて、以下のとおりとされている。

①上場投資法人等の業務執行決定機関による決定事実（法166条2項9号）
　資産運用にかかる委託契約の締結・解約、投資口の募集・分割、金銭の分配、合併・解散等
②上場投資法人等の発生事実（法166条2項10号）
　災害に起因する損害等、上場廃止の原因となる事実等

91　特定関係法人とは、①上場投資法人等の資産運用会社を支配する会社（法166条5項1号）、②上場投資法人等の資産運用会社の利害関係人等のうち、当該資産運用会社が当該上場投資法人等の委託を受けて行う運用の対象となる特定資産の価値に重大な影響を及ぼす取引を行い、または行った法人（法166条5項2号）であり、具体的には施行令29条の3第2項、3項、取引規制府令55条の7、55条の8で定めている。

③上場投資法人等の営業収益・経常利益・純利益等にかかる決算予想値の修正（法166条2項11号）
　④資産運用会社の業務執行決定機関による決定事実（法166条2項12号）
　　上場投資法人等による特定資産の取得・譲渡・賃借、資産運用委託契約の解約、株式交換、株式移転、合併、解散等
　⑤資産運用会社の発生事実（法166条2項13号）
　　金融商品取引業の登録取消し、資産運用業務の停止の処分、特定関係法人の異動、主要株主の異動等
　⑥バスケット事実（上場投資法人の運営・業務・財産に関する重要な事実であって、投資者の投資判断に著しい影響を及ぼすもの）（法166条2項14号）
　以上のREIT等にかかる重要事実に関し、重要事実の一部が施行令に委任され、内閣府令（取引規制府令）で軽微基準・重要基準が設けられるという建付けは、従来の上場会社等にかかるインサイダー取引規制と同様である。REIT等に固有なのは、発行体である上場投資法人等の決定事実・発生事実・決算予想修正だけでなく、資産運用会社の決定事実・発生事実も重要事実とされていることである。前述したように、投資法人それ自体はいわば「ハコ」にすぎず、投資法人の資産運用にかかる投資判断に重要な影響を与える事実は、基本的には資産運用会社において発生して管理されることが想定されるため、このような重要事実の構成とされた。

　他方、情報の中身から見ると、REIT等における重要事実の基本的な捉え方は、投資口の内容・条件の変化（投資口募集など）、投資法人の財産の変化（大口テナントの退去、業績予想の修正など）、投資法人の運営・業務の変化（倒産手続の申立てなど）、資産運用会社の運営・業務の変化やスポンサー企業の交代等という点にあると考えられる[92]。

　発行体である上場投資法人等の決定事実・発生事実・決算予想修正だけでなく、資産運用会社の決定事実・発生事実も重要事実とされたことに伴い、「公表」の主体も、上場投資法人等が公表する場合と資産運用会社が公表する場合とに分けられる（法166条4項）。すなわち、①上場投資法人等の決定事実・決

92　松尾70頁参照。

算予想修正はその上場投資法人等が公表主体であり、②資産運用会社の決定事実はその資産運用会社が公表主体となる。これに対し、③上場投資法人等・資産運用会社の発生事実やバスケット事実は、上場投資法人等と資産運用会社のいずれか一方が公表すれば足りる。公表の概念それ自体は、基本的に、株券等の場合の上場会社等の重要事実の公表と同様である。

その他、株券等の場合の上場会社等と同様に、REIT等についても、インサイダー取引規制の適用除外として、投資口の買取請求、対抗買い等が定められている（法166条6項）。

また、上場投資法人等の役員、資産運用会社の役員も、株券等の場合の上場会社等と同様に、短期売買規制の対象とされており、売買報告書の提出義務、短期売買利益の提供義務が課されている（法163条～165条）。なお、上場投資法人等の主要投資主、資産運用会社の主要株主、スポンサー企業の役員および主要株主は、短期売買規制の対象外とされている。

6 その他

以上のほか、平成25年改正では、次の改正が行われている。

①公募増資インサイダー取引事案において、インサイダー取引を行った資産運用業者に課された課徴金が数万円レベルという非常に低いものであって、課徴金制度の実効性を損ない抑止効果が不十分であるという問題があったことから、平成25年改正により、資産運用業者が他人の計算でインサイダー取引等に違反した場合の課徴金が引き上げられた（法173条1項4号など）。運用委託契約等に基づき資産運用業務を行う者（資産運用業者）は、インサイダー取引等の違反行為により運用成績を向上させることで自らの評価を高め、既存顧客との継続的関係の構築や潜在顧客の開拓に結びつけることにより、将来的な運用報酬の維持・増加といった利得を得ることが可能になる。そこで、改正法では、資産運用業者が顧客など他人の計算でインサイダー取引等に違反した場合の課徴金額につき、当該違反行為をした月における違反行為の効果の帰属する運用対象財産の運用の対価に相当する額の3倍（つまり、違反行為を行ったファンドの運用報酬額全額の3ヵ月分）とした。その結果、改正前に課徴金12万円だった事案を例にして改正後の課徴金算定式で計算し直すと、課徴金額が2億8,560万円となり、改正前の課徴金8万円の事案であれば改正後は課徴金額が8,868万円になると想定される[93]。

②インサイダー取引等に関する課徴金調査について、平成25年改正により、課徴金調査において、事件関係人に対し物件の提出を命じ、提出物件を留め置くことができる旨の明文の根拠規定が設けられた（法177条1項2号）。

③インサイダー取引等に関する課徴金調査について、平成25年改正により、公務所等に照会して必要な事項の報告を求めることができる旨の明文の根拠規定が設けられた（法177条2項）。

---

[93] 参議院財政金融委員会平成25年6月4日麻生金融担当大臣答弁。

なお、WG報告書は、インサイダー取引規制の適用が除外される「知る前契約」の履行または「知る前計画」の実行としての売買等につき、府令上列挙されている13類型に加えて包括的な適用除外を設けることを提言している[94]。かかる提言を踏まえた関連規定の整備は今後金融庁において行われることになると考えられる。

---

94 同報告書11頁以下は、「これまで適用除外範囲の明確性の確保等の観点から、適用除外となる類型を個別に定めてきたが、当該類型に当てはまらない取引であれば適用除外されないため、たとえば、上場会社以外の者の間での「知る前契約」に基づく売買等が適用除外されないなど、実務上の支障が生じている」としたうえで、
　「取引の円滑を確保する観点から、次の視点に基づいた基本的考え方を明確化し、より包括的な適用除外の規定を設けるとともに、必要に応じガイドライン等により法令の解釈を事前に示していくことが適当である。
　・未公表の重要事実を知る前に締結・決定された契約・計画であること
　・当該契約・計画の中で、それに従った売買等の具体的な内容が定められているなど、裁量的に売買等が行われるものでないこと
　・当該契約・計画に従った売買等であること
　上述の見直しを行うに当たっては、事後的に契約や計画が捏造されるリスクに配意する必要がある。この点については、反復継続して取引を行うことを内容とする「契約」や「計画」であれば、事後的に捏造されるおそれは類型的に低く、また、単発の取引を行うことを内容とする「契約」や「計画」であっても、未公表の重要事実を知る前に締結・決定したことが明確であるような措置（たとえば、証券会社等による確認を得るなど）がとられるならば、「契約」や「計画」が捏造されるおそれは低いところであり、これらの観点を踏まえ、適切な制度整備が図られることが必要である」
との提言を行った。

第4章

自主規制機関における
インサイダー取引防止に向けた取組み

1 金融商品取引所におけるインサイダー取引防止に向けた対応
2 日本証券業協会におけるインサイダー取引防止に向けた対応

1 金融商品取引所におけるインサイダー取引防止に向けた対応

1 はじめに

　本節では、取引所金融商品市場（以下、「金融商品市場」という）を運営する金融商品取引所[1]の立場から、自らが運営する金融商品市場における不公正取引、特にインサイダー取引[2]に係る監視および未然防止のための活動と、近年の公募増資銘柄にかかるインサイダー取引への対応について述べていく。

2 金融商品取引所の自主規制機関としての役割

　金融商品取引所は、自らが運営する金融商品市場の公正性および信頼性を確保し、幅広い投資家が安心してその市場に参加することができるよう、自主規制機関として、規則を定め、当該金融商品取引所における会員・取引参加者である証券会社等に対して法令および取引所等規則（以下、「法令諸規則」という）の遵守を求めるとともに、その遵守状況を調査し、違反に対しては制裁を課すという役割を果たしている。金融商品取引所は市場開設者として市場に最も近い立場にあることから、実効性が高く機動的かつ効率的な規制、市場監視が期待されており、金融商品取引所が行う市場監視を含む自主規制活動は、行政当局による規制・監視と共に重要な役割を担っている。
　また、金融商品取引所は、法において、金融商品市場における有価証券の売買及び市場デリバティブ取引を公正にし、並びに投資者を保護するため、自主規制業務を適切に行うことが義務付けられている（法84条1項）。この「自主

---

1 金融商品取引所グループ会社を含む。
2 「インサイダー取引」は「内部者取引」ともいうが、本節では「インサイダー取引」で統一する。

規制業務」には、新規上場を申請する会社が上場適格性を有しているか審査を行う上場審査や、上場会社が上場適格性を維持しているか審査等を行う上場管理に加えて、会員・取引参加者の資格の審査や法令諸規則の遵守状況について検査を行う考査（考査の結果等を踏まえた処分・措置等を含む）と並んで、相場操縦やインサイダー取引といった不公正取引の審査が位置付けられており、各金融商品取引所では自らが運営する金融商品市場における売買審査を行っている。これらの自主規制業務はそれぞれ相互に関連するものであり、金融商品取引所は、各担当業務部門の連携をとるだけでなく、ほかの金融商品取引所や証券取引等監視委員会、日本証券業協会等とも密接に連携しながら業務にあたっている。

　さらに、金融商品取引所は、自主規制業務について、行政当局の認可のもと、自主規制法人へ委託することができる（法85条1項）。㈱東京証券取引所と㈱大阪取引所は、㈱日本取引所グループ傘下にあり、同じグループ内にある日本取引所自主規制法人[3]（以下、「JPX-R」という）に対してそれぞれの取引所の自主規制業務を委託している。本節においては、JPX-Rでの活動・取組みを中心に述べていく。

3 インサイダー取引にかかる売買審査

　金融商品市場における不公正取引に関する売買審査は、主に相場操縦とインサイダー取引の観点から行われるが、相場操縦に関する売買審査については別の機会に譲ることにし、本項では金融商品取引所が行っているインサイダー取引に係る売買審査について具体的に述べていく。

　売買審査業務は、図表4－1に示すように、調査銘柄の抽出→調査→審査銘柄の抽出→審査→処理といった流れで行う。

　はじめに、TDnet（適時開示情報伝達システム）を通じて上場会社から公表される開示内容のうち、インサイダー取引規制上の重要事実が公表された銘柄を抽出して、当該抽出銘柄における公表前後の株価変動等を勘案して調査を

---

[3] 平成26年4月1日付で東京証券取引所自主規制法人から日本取引所自主規制法人に法人名を変更している。

●図表4−1　インサイダー取引にかかる売買審査のフロー

調査銘柄の抽出	・法令上の重要事実が公表された銘柄の抽出

⬇

調　　査	・株価、売買高の推移状況の分析 ・証券会社ごとの売買シェアの偏向性の有無の調査 ・証券会社に売買委託者データ（売買を行った顧客情報等の提出を依頼、内容を分析） ・証券会社から売買審査結果の受領 ・上場会社への重要事実の公表に至る経緯等の照会

⬇

審査銘柄の抽出	・重要事実の公表からみて、タイミングの良い取引の有無を調査 ・会社関係者等の取引の有無を調査

⬇

審　　査	・証券会社に注文の受託、執行の経緯や顧客売買等の詳細な内容等について照会、分析

⬇

処　　理	・証券取引等監視委員会へ報告 ・（必要に応じ）上場会社、証券会社への注意の喚起を実施

（出所）日本取引所自主規制法人作成

行っていく（調査銘柄の抽出）。

　調査対象として抽出した銘柄については、株価・売買高の推移状況を分析するとともに、証券会社ごとの売買シェアの偏向性について確認していく。また、株価や売買高、売買シェアの変動がみられた期間の売買委託者を把握するため証券会社へ売買委託者データ（売買を行った顧客情報等）を照会するとともに、

証券会社が行った売買審査結果も取り寄せて確認している。さらに、上場会社に対しても、重要事実の公表に至る経緯等を照会し、こうした情報も併せて調査を進めていく（調査）。

調査の結果、より詳細な分析が必要と判断した銘柄については、売買注文の受託・執行に関する経緯や、重要事実の公表からみてタイミングのよい取引を行っている売買委託者の詳細な情報（職業、口座開設日、取引内容、発行会社との関係等）を証券会社に確認するなどして、インサイダー取引またはそのおそれのある取引がないか、よりくわしい分析を行っていく（審査銘柄の抽出・審査）。

なお、平成26年4月1日から施行されている改正法では、インサイダー取引規制の対象となる「特定有価証券」の範囲にREIT（資産の過半を不動産等に投資する上場投資法人にかかる投資証券）が加わっている。JPX-Rでは、REITについても同様のプロセスによりインサイダー取引に係る売買審査を行っている。

売買審査の結果については、すべて証券取引等監視委員会に報告しており、こうした連携によって、証券取引等監視委員会によるインサイダー取引の摘発等の市場監視活動をサポートしている。さらに、審査の結果、受託証券会社に法令諸規則に違反する行為が認められた場合には、処分や注意喚起等の措置を行っており、その内容は、違反行為等の意図性や過失の程度、組織性、金融商品市場等への影響、期間および頻度等を総合的に勘案して決定している。また、上場会社に法令に対する違反行為またはそのおそれのある行為が認められた場合や、インサイダー取引の未然防止のための社内管理体制が不十分であると認めた場合には、上場会社に対しても注意喚起等を行っている（処理）。

なお、参考として、最近1年間のJPX-Rにおけるインサイダー取引に係る売買審査の状況について、図表4－2にまとめておく。調査件数は1,853件、審査件数は140件となっているが、これらの件数は、上場会社がTDnetを通じて公表した重要事実の開示件数や、株式相場の動向によっても変動するもので、調査件数や審査件数が、インサイダー取引またはその疑いのある取引件数とイコールということではない。また、構成比率をみると、調査の段階では開示件数の多い「配当異動」（19.5％）や業績予想の修正等の「決算に係る情報」

●図表4－2　最近1年間のJPX-Rにおけるインサイダー取引に係る売買審査の状況

重要事実区分	調査件数	審査件数
増　　資	124	50
減　　資	4	1
自己株式取得	92	5
株式分割	137	8
配当異動	362	14
合　　併	5	－
業務提携	91	6
業務遂行の過程で生じた損害	80	3
主要株主の異動	16	－
決算に関する情報	686	20
その他重要事実	256	33
合　　計	1,853	140

※　TSEと旧OSEの現物市場が統合した平成25年7月16日～平成26年7月15日の間に調査・審査が終了した数。
※　「その他重要事実」とは、「営業の譲渡」、「公開買付け」等の数を集計。
※　審査した案件については審査件数としてカウントし、調査件数としてはカウントしていない。

1　金融商品取引所におけるインサイダー取引防止に向けた対応

<調査状況の構成比率>

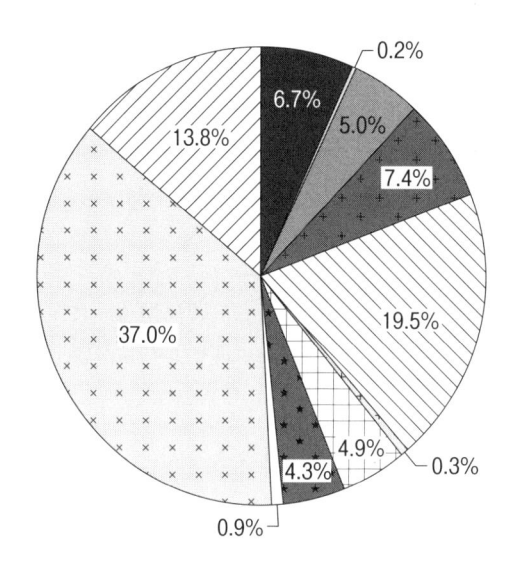

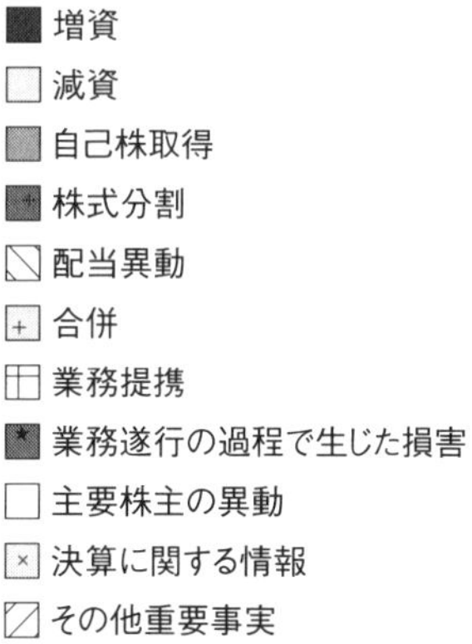

- 6.7%
- 0.2%
- 5.0%
- 7.4%
- 19.5%
- 0.3%
- 4.9%
- 4.3%
- 0.9%
- 37.0%
- 13.8%

凡例：
- ■ 増資
- □ 減資
- ▨ 自己株取得
- ▦ 株式分割
- ◩ 配当異動
- ＋ 合併
- ⊞ 業務提携
- ★ 業務遂行の過程で生じた損害
- □ 主要株主の異動
- × 決算に関する情報
- ╱ その他重要事実

<審査状況の構成比率>

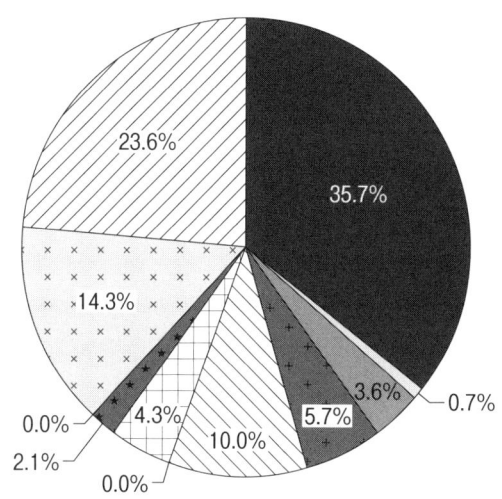

- 35.7%
- 23.6%
- 14.3%
- 2.1%
- 0.0%
- 0.0%
- 4.3%
- 10.0%
- 5.7%
- 3.6%
- 0.7%

（出所）日本取引所自主規制法人作成

第4章

199

(37.0%) に関する件数が多いが、審査の段階では「増資」(35.7%) や公開買付け等が含まれる「その他の重要事実」(23.6%) など、重要事実に接触している会社関係者が比較的多い項目に関する件数が多くなる傾向にある。

4 証券会社の法人関係情報の管理態勢に係る考査

　証券会社は、自社が業務上取得した上場会社等の運営、業務または財産に関する重要な情報であって投資判断に影響を及ぼすと認められるものや公開買付けの実施または中止の決定等にかかる未公表の情報（法人関係情報）に関する管理について、不公正取引の防止を図るために必要かつ適切な措置を講じることが求められている。

　JPX-Rでは、取引参加者である証券会社に対して考査を行っている。具体的には、主に本店・支店に赴き、帳簿書類等の調査やヒアリングにより法令諸規則の遵守の状況が適切であるかを検査しており、その一環として法人関係情報の管理態勢の整備状況を確認している。情報管理態勢に不備が認められる場合においては、当該証券会社に対して注意喚起や改善の要請等を行っている。

5 インサイダー取引の未然防止のための各種啓発活動等

　JPX-Rでは、インサイダー取引摘発に資する売買審査業務のみならず、インサイダー取引を未然に防止するために、上場会社、証券会社、さらには一般投資者に向けた各種啓発活動等にも力を入れている。

(1) **COMLEC（コンプライアンス研修センター）**

　コンプライアンス研修センター（以下、「COMLEC」という）[4]は、金融商品取引に係る法令等に関する知識習得の機会を提供することにより、証券会社および上場会社のコンプライアンス支援を図り、もって金融商品市場の公正性確

---

4 コムレックと読み、Compliance Learning Centerの略称。設立当初は「東証コンプライアンス研修センター（東証COMLEC)」の名称で活動していたが、平成26年4月1日付でJPX-Rに法人名を変更したことに伴い、同日より現在の名称で活動している。

保に貢献することを目的として、平成20年6月20日に設立した組織である。COMLECでは、金融商品取引に関連する各種コンプライアンスセミナーの開催、上場会社や証券会社への研修講師派遣およびeラーニング等研修ツールの提供等を行っている。以降、COMLECの活動についてもう少し具体的に述べていく。

(i) コンプライアンス関連セミナーの開催

COMLECでは、主に上場会社や証券会社の役職員を対象として、金融商品取引に関連する各種コンプライアンスセミナーを開催している。これらのセミナーは、JPX-Rが日頃の自主規制業務を通じて得た事例や、上場会社や証券会社の実務に直結した最新のコンプライアンス関連トピックをわかりやすく解説する内容となっている。

たとえば、主に上場会社の役職員を対象にインサイダー取引規制への理解をサポートすることを目的に、「企業担当者のためのインサイダー取引規制セミナー」を毎月開催しているほか、同様のセミナーを全国主要都市でも開催している。

また、証券会社のコンプライアンス担当者を対象に、「考査実務者セミナー」を開催し、法令諸規則の理解向上を目的に、JPX-Rにおける最新の考査結果等からみたその時々の法令諸規則の留意点等を説明・解説している。

そのほか、主に上場会社の内部管理責任者を対象として、上場会社のコンプライアンス体制の向上を支援する目的で「上場会社コンプライアンス・フォーラム」を全国の金融商品取引所と共催で、東京、大阪、名古屋、福岡、札幌で毎年開催している。

(ii) 社内研修への講師派遣

COMLECでは、法令諸規則遵守の徹底を図る観点から、上場会社や証券会社等からの依頼を受けて、コンプライアンスに関する社内研修の講師としてJPX-Rの社員を派遣している。

インサイダー取引規制関連の社内研修では、上場会社や証券会社のニーズに合わせて制度面の内容に加えて、実際の判例やインサイダー取引を未然に防止するにあたっての留意点等も交えて解説しており、毎年、延べ500回以上講師を派遣している。

(ⅲ) e ラーニングサービスの提供・刊行物の発刊

　COMLECでは、上場会社や証券会社の役職員、その他投資者等の市場利用者を対象とした証券教育活動の一環として、インターネットを利用した「COMLEC-e ラーニング・コンプライアンス研修サービス」を提供しており、主に上場会社等の役職員を対象としたインサイダー取引規制に関連するものをコンテンツのひとつとして提供している。

　そのほか、上場会社や証券会社等の役職員向けの刊行物も発刊しており、インサイダー取引規制に関連するものとしては、直近の改正法の内容を踏まえたインサイダー取引規制の基本的内容をQ&A形式で取りまとめた小冊子を発刊している。また、上場会社におけるインサイダー取引の未然防止に係る対応についてアンケート調査した結果をまとめた報告書や、上場会社のインサイダー取引防止のための社内規程の事例集も発刊している。

(2)　上場会社・証券会社等からの相談受付

　JPX-Rでは、一般投資者や上場会社等から不公正取引に関する規制内容等についての相談を受け付けているほか、証券会社から証券取引に係る法令諸規則についての相談を受け付けている。毎年1,000件を超える相談のうち、特にインサイダー取引等に関する相談が最も多く、全体の相談の6～7割程度を占めている。

(3)　J-IRISS登録促進活動

　上場会社等の役員等の情報を登録し証券会社における内部者登録の実効性をより確実なものとするために日本証券業協会が運営する「J-IRISS」（ジェイ・アイリス：Japan-Insider Registration & Identification Support System）について、JPX-Rでは、日本証券業協会と連携しながら未登録上場会社に対する登録を促進する活動を実施している。「J-IRISS」の詳細については、次の「日本証券業協会におけるインサイダー取引未然防止への対応」をご参照いただきたい。

6 近年の公募増資銘柄にかかるインサイダー取引を踏まえた対応

　JPX-Rでは、インサイダー取引防止の徹底に向けて、かねてから不公正取引に係る売買審査や取引参加者への考査を行い、積極的に金融庁・証券取引等監視委員会と連携を行ってきたところであるが、平成23年度末から平成24年度にかけて公募増資に係る一連のインサイダー取引事案が発覚したことを踏まえ、各種対応[5]を実施してきているところである。

(1) インサイダー取引調査機能の一層の充実

(i) 公募増資審査室の新設

　公募増資銘柄に特化した不公正取引調査を行うための専門部署として、JPX-R売買審査部内に「公募増資審査室」を平成24年7月20日付で新設した。これまでも、通常の売買審査において公募増資に係る適時開示がなされた上場銘柄については調査銘柄として抽出し、インサイダー取引に該当するような取引がないかを確認していたが、同室を設置することで、これまで以上に、公募増資銘柄に係る不公正取引がないかを集中的かつ効率的に調査、確認する体制をとっている。

(ii) 引受証券会社に対するヒアリングの実施

　公募増資に係る一連のインサイダー取引は、公募増資に係る未公表重要事実が証券会社の従業員から伝達されたことに起因していたことから、従来のインサイダー取引の売買審査プロセスに加えて、公募増資銘柄の元引受業務を行う証券会社の引受部門と接触した関係者や情報取得経緯等の情報伝達フローを細部まで把握するための照会・調査を実施し、一層深度のある売買審査を行っている。

---

[5] 平成24年7月13日付で通知を発出。くわしくは㈱東京証券取引所ホームページ（http://www.tse.or.jp/news/31/120713_a.html）参照。

(2) 法人関係情報管理態勢検証のさらなる強化

(i)特務考査チームの編成

　JPX-R考査部において、JPXグループの上場部門担当や売買審査業務の経験者等、インサイダー取引規制や証券会社が法人関係情報を取得した際に求められる管理等に精通した者を集め、法人関係情報管理態勢を専門的に検証する特務考査チームを編成し考査を実施している。

(ii)考査先選定方針の変更

　日本証券業協会および証券取引等監視委員会等の関係機関とも調整の上、法人関係情報を取得する可能性の高い証券会社、公募増資の引受実績があるいわゆる幹事証券会社を優先的に考査先として選定し、法人関係情報管理態勢の検証に重点を置いた考査を行っている。

(iii)考査手法の改善(「法人関係情報管理態勢考査のあり方検証チーム」の立上げ)

　「法人関係情報管理態勢考査のあり方検証チーム」を立ち上げて、法人関係情報管理態勢に係る考査手法に係る検討を行い、考査時に調査する銘柄数の増加、公募増資銘柄の売買または取次が多いディーラーや外務員へのヒアリングの強化、売買審査部の保有するインサイダー取引調査に関する情報の考査業務への活用等、考査手法の改善を図り、順次実施している。

(3) インサイダー取引防止にかかる啓蒙活動の更なる推進

　公募増資に係る一連のインサイダー取引事案を受け、証券会社において検査業務や売買管理業務に携わる役職員を対象に、インサイダー取引規制や法人関係情報の管理態勢整備に係るポイントについて解説するセミナーを開催したほか、証券会社にも積極的に出向いて同様のセミナーを開催するなど、インサイダー取引防止に向けて、積極的に啓蒙活動を実施している。

(4) 情報伝達・取引推奨行為に対する規制の導入に伴う対応

　平成25年改正法(平成26年4月1日施行)で「情報伝達・取引推奨行為に対する規制」が導入されたことを踏まえた対応について紹介する。

　平成24年12月に公表された金融審議会インサイダー取引規制に関するワーキ

1 金融商品取引所におけるインサイダー取引防止に向けた対応

●図表4−3　上場会社の役職員によるインサイダー取引規制違反に係る規則改正

> 『近年の違反事案及び金融・企業実務を踏まえたインサイダー取引規制をめぐる制度整備について』
> （平成24年12月25日：インサイダー取引規制に関するワーキング・グループ報告書抜粋）
>
> 　金融商品取引所においては、不正な情報伝達を行った者の所属する上場会社に対し、情報管理に関する先進的な取組み事例等の情報提供や注意喚起を行うなどの取組みを行うことによって、市場の公正性を確保し、適正な取引環境を整備していくことが求められる。（以下、省略）

⬇

上場会社への点検要請等【自主規制機関における規制改正】

〈行政庁による措置がなされた場合〉 （例：証券取引等監視委員会による課徴金納付命令勧告）	〈行政庁による措置がなされなかった場合〉
▶上場会社の役職員がインサイダー取引、不正な情報伝達行為・取引推奨行為を行ったとして行政庁により課徴金納付勧告命令等の措置がなされた場合、必要があると認めたときは、上場会社の社内体制について再点検を実施するよう求めるものとする。 ▶この点検要請とともに、再点検の結果、当該上場会社において社内体制に 　①問題がないと判断した場合にはその旨及び理由を 　②問題があると判断した場合には改善措置等を記載した書面を提出することを求めるものとする。	▶自主規制法人の売買審査の結果、上場会社の役職員にインサイダー取引規制違反のおそれが認められた場合であって、行政庁による措置に至らなかったときに必要があると認めた場合には、上場会社の社内体制について再点検を実施するよう求めるものとする。

※上場会社の役職員が、会社関係者としてではなく情報受領者の地位に基づきインサイダー取引を行ったと認められた場合は、通常は当該上場会社の社内体制の問題とは考えられないため、点検要請等の対象とはしない。

ング・グループによる報告書「近年の違反事案及び金融・企業実務を踏まえたインサイダー取引規制をめぐる制度整備について」[6]の中で、「金融商品取引所においては、不正な情報伝達を行った者の所属する上場会社に対し、情報管理に関する先進的な取組み事例等の情報提供や注意喚起を行うなどの取組みを行うことによって、市場の公正性を確保し、適正な取引環境を整備していくことが求められる。（以下略）」と金融商品取引所としても対応が求められた。そこで、上場会社等の役職員[7]の行為がインサイダー取引に該当するとして課徴金納付命令等の行政庁による措置がなされた場合等において、当該上場会社等に対し、社内体制の再点検等[8]を求めることとし、平成26年4月1日から実施し

6　金融庁ホームページ（http://www.fsa.go.jp/singi/singi_kinyu/tosin/20121225-1/01.pdf）参照。

た。本件対応は、上場会社へのペナルティの意味合いで行うものではなく、改めてインサイダー取引の未然防止に向けた社内体制を再点検していただくという趣旨である。

また、再点検の結果、社内研修を検討される場合には、前述のCOMLECにおけるコンプライアンス関連セミナー、社内研修への講師派遣および提供しているeラーニングサービス・刊行物も活用していたければ幸いである。

7 おわりに

ここでは、金融商品取引所におけるインサイダー取引防止に向けた対応について述べてきた。金融商品取引所へのご理解を賜るとともに、市場関係者各位の業務に少しでも参考となれば幸いである。

金融商品取引所は、市場開設者として、金融商品市場の公正性および信頼性を確保し、健全な市場を提供するという社会的使命を担っており、かかる観点からインサイダー取引の防止に積極的に努めている。これら金融商品取引所の活動は、市場関係者の皆様のご協力なくしては成し得ないものであり、日頃の金融商品取引所の活動へのご理解とご協力に感謝申し上げるとともに、今後、益々のご支援を賜れれば幸甚である。

---

7 上場有価証券の発行者である上場会社(その子会社を含む)における役員、代理人、使用人その他の従業者を含む。REITにおいては、上場不動産投資信託証券の発行者である投資法人(資産運用会社を含む)における役員、代理人、使用人その他の従業者を含む。

8 行政庁による措置がなされた結果として再点検の要請を行った場合は、当該上場有価証券の発行者に対し、再点検の結果、社内体制に問題がないと判断したときにはその旨及びその理由について、問題があると判断したときには改善措置等について、文書による報告を求めるものとしている。

2 日本証券業協会におけるインサイダー取引防止に向けた対応

1 はじめに

　法令に内部者取引規制[9]が導入された際、米国の規制とは異なりその法規制の予見可能性を確保するために、わが国では詳細なルールベースの規定として法制化され、未然防止、事前抑止が明確化された。そのため、有価証券関連業務を行う第一種金融商品取引業者（以下、「証券会社」という）に対し、証券市場におけるゲートキーパーとして内部者取引の未然防止のための対応を図る役割が強く求められてきた。

　この役割を的確に果たすため、日本証券業協会[10]（以下、「日証協」という）は法令の求めに加え、各種自主規制規則を制定し、会員である証券会社にその遵守を求めてきたところである。

　現在、日証協における内部者取引関係の自主規制は、内部者登録制度、法人関係情報管理制度、引受業務における規制、プレ・ヒアリング規制、売買管理体制、その他と多岐に渡っており、証券会社では、これらの自主規制に基づき社内体制の整備が行われるとともに、ゲートキーパーとしての役割を果たす努力が行われている。

　以下、日証協における内部者取引規制に関連する各種自主規制規則の制定の

---

[9] 本節の標題は「インサイダー取引」と表記しているが、日本証券業協会の自主規制においては「内部者取引」との記載が主であることから、混乱を避けるため、本節においては「内部者取引」で統一することとする。

[10] 日証協は、1973年7月に全国の証券会社を構成員とする社団法人として設立された団体であり、現在では、金融商品取引法（67条の2第2項）の規定により内閣総理大臣の認可を受けた認可金融商品取引業協会である。会員（有価証券関連業を営む第一種金融商品取引業者（証券会社））、特別会員（法2条11項に規定する登録金融機関）および店頭デリバティブ取引会員（特定店頭デリバティブ取引等および店頭金融先物取引等のみを行う金融商品取引業者）をもって組織されている。

経緯、制度内容等について概説することとする。

2 内部者登録制度

(1) 制度導入の経緯

　内部者登録制度は、内部者取引規制の適用を受ける内部者等を、あらかじめ証券会社が把握し、内部者登録カードを備え置き、顧客から自社株式の注文を受けた際に、当該者が内部者取引を行うものでないかどうかを確認、注意喚起する仕組みである。

　もともと内部者登録制度は、昭和62年5月頃、証券取引の国際化進展に伴い、米国・英国との協議において、わが国における内部者取引規制の強化が要請される状況となってきたことに鑑み、法規制の強化に加え、自主規制機関における対応が必要であるとされ、当時証券行政を担っていた大蔵省証券局から①発行会社（上場企業に対しては証券取引所から、店頭登録会社・店頭管理会社に対しては日証協から）に対する注意喚起のための文書の配付、②証券会社における管理態勢の充実の強化の対応策について、証券会社に対して通知し、周知徹底を図ってほしい旨の要請を受けたことを契機に制定された。

　制度制定の検討の際には、特に、証券会社における管理態勢の充実強化の具体的な対応策として、①証券会社における役員・大株主等に係る自社株式の売買のチェック（営業員服務規程の改正による）、②証券会社の職員が知り得た内部者情報の一元化（法人関係社員服務規程の改正による）、③罰則規定の適用などについて中心に検討が行われた。

　その結果、昭和62年6月17日付で「協会員の投資勧誘、顧客管理等に関する規則」[11]を一部改正し、「上場会社等の役員、主要株主等がその職務又は地位により知り得た情報を不当に利用して、当該会社の特定有価証券等の売買取引を行うこと等の内部者取引の未然防止に努めるものとする」（第8条）旨の規定を新設し、同年9月1日に施行した。

11　日証協ウエブサイト（http://www.jsda.or.jp/shiryo/web-handbook/101_kanri/index.html）参照。

また、それに併せて、証券会社において内部者取引の未然防止の具体的方策を実施可能とするために、「顧客管理に関する規程（社内規則モデル）」、「営業員服務規程（社内規則モデル）」および「法人関係社員服務規則（社内規則モデル）」を制定し、内部者登録制度の概要を示すこととした。これらの社内規則モデルでは、「当社は、顧客が発行会社の役員、主要株主または発行会社の内部情報に接近できる者として次の号に定めるに該当するか否かの把握に努めるとともに、顧客が発行会社の役員等に該当するときは、氏名、役職名等当社が定める事項を記載した内部者登録カードを備え付ける」こととし、内部者として登録すべき者を以下のとおり具体的に列挙した。

①発行会社の役員の配偶者および二親等内の血族
②発行会社の大株主
③発行会社の関係者
④発行会社の幹部職員

さらに、登録すべき内部者の把握は証券会社の営業員にも要請し、「顧客が発行会社の役員等に該当するときは、内部者登録カードに所定の事項を記載するものとする」とした。

その後、昭和62年9月にタテホ化学工業の内部者取引事件が発生したことを契機に、昭和63年2月の証券取引審議会報告「内部者取引の規制の在り方について」が取りまとめられ、昭和63年5月に証券取引法が改正・公布された。内部者取引制度が法的に整備されたことを受け、日証協においても「協会員の投資勧誘、顧客管理等に関する規則」に「内部者取引管理規則の整備」の規定を新設し、同年6月1日に施行した。この改正では、すでに証券会社各社に対応を要請していた具体的な内部者取引管理態勢の整備を「協会員は、内部者取引の未然防止を図るため、役員および従業員がその業務に関して取得した発行会社に係る未公表の情報の管理、顧客管理および売買管理等に関する社内規則を制定する等、内部者取引に関する管理態勢の整備に努めるものとする」と明確化し、その旨を規則に置き強制力をもたせるものであった。

なお、それに併せ、「顧客管理に関する規程（社内規則モデル）」の内部者登録制度に係る記載を廃止し、新たに「内部者取引管理規則（社内規則モデル）」を制定し、昭和63年7月1日に施行した。

その後、内部者登録制度を円滑ならしめるために、発行会社の協力を得て上場会社等の役員等に係る情報を蓄積するJ-IRISS（後述する）を構築するにあたって「協会員の投資勧誘、顧客管理等に関する規則」を改正し、内部者登録カードの対象とする上場会社等の役員等の範囲を拡大し、それまで「内部者取引管理規則（社内規則モデル）」に規定していた「内部者登録カードの整備等」の規程を規則本体に新設し、平成19年7月1日に施行した。

　さらに、平成26年2月には、金融商品取引法（以下、「法」という）に上場不動産投資法人（J-REIT）に係る内部者取引の規定が置かれたことから、「協会員の投資勧誘、顧客管理等に関する規則」を一部改正し、内部者登録カードに登録すべき内部者の範囲を拡大し、現在に至っている。

(2)　内部者登録制度の概要

　現在の内部者登録制度は、内部者取引を防止する観点から、顧客が証券会社と取引を行う際に、当該顧客が「上場会社等の役員等」、「上場不動産投資法人等の役員等」に該当する場合は、証券会社に備え置いた内部者登録カードに必要事項を記載し、当該顧客が内部者となる自社の株式を売買するつど、内部者情報の保有の有無の確認、内部者取引に該当する可能性がある旨の注意喚起を行う制度である。その概要は以下のとおりである。

(i)　**内部者登録カードの整備等**

　日証協の定める「協会員の投資勧誘、顧客管理等に関する規則」15条（内部者登録カードの整備等）1項において、まず、「協会員は、金商法第166条に規定する上場会社等の特定有価証券等に係る売買等を初めて行う顧客から、上場会社等の役員等に該当するか否かにつき届出を求めるとともに、当該届出に基づき、上場会社等の役員等に該当する者については、上場会社等の特定有価証券等に係る売買等が行われるまでに内部者登録カードを備え付けなければならない」と規定している。

　これは制度の根幹をなす内部者登録カードの備え置きを義務付けた規定である。証券会社が内部者取引を未然に防止するためには、どの顧客が内部者に該当するかを確認・把握する必要があるが、その管理を「内部者登録カード」の整備で求めたものである。

証券会社においては、新規口座開設の際に、顧客が上場会社等の内部者かどうかを必ず表明してもらい、内部者に該当する場合には「内部者登録カード」を作成・整備することとしている。

(ii)上場会社等の役員等の範囲

内部者登録カードに記載する対象者となる上場会社等の役員等の範囲は、以下のとおりである。

①次に掲げる者
　・上場会社等の取締役、会計参与、監査役または執行役（以下、「役員」という）
　・上場投資法人等（上場会社等のうち、投資信託及び投資法人に関する法律（以下、「投信法」という）2条12項に規定する投資法人をいう。以下同じ）の執行役員又は監督役員
　・上場投資法人等の資産運用会社（投信法2条19項に規定する資産運用会社をいう。以下同じ）の役員

②次に掲げる者
　・上場会社等の親会社又は主な子会社の役員
　・主な特定関係法人（上場投資法人等の資産運用会社の特定関係法人（金商法166条5項に規定する特定関係法人をいう。）のうち主なものをいう。以下同じ）の役員

③①又は②に掲げる者でなくなった後1年以内の者

④①に掲げる者の配偶者および同居者

⑤上場会社等または上場投資法人等の資産運用会社の使用人その他の従業者のうち執行役員（上場投資法人等の執行役員を除く）その他役員に準ずる役職にある者

⑥上場会社等または上場投資法人等の資産運用会社の使用人その他の従業者のうち法166条に規定する上場会社等に係る業務等に関する重要事実（以下、「重要事実」という）を知り得る可能性の高い部署に所属する者（前号を除く）（たとえば、経理部、財務部、経営企画部、社長室（これに類似する業務を行う部署として顧客から届出があったもの）に所属する者であるが、すべての者を登録する必要はない）

⑦上場会社等の親会社（金融商品取引所（以下、「取引所」という）が定める「上場有価証券の発行者の会社情報の適時開示等に関する規則」等において、各取引所が開示の対象としている上場会社の非上場会社の親会社とする）もしくは主な子会社（各証券取引所に上場している純粋持株会社（株式（社員の持分を含む）を所有することにより、国内の会社の事業活動を支配することを主たる事業とする会社をいう）の中核子会社とし、協会の独自調査により選定した会社1社）又は主な特定関係法人の使用人その他の従業者のうち執行役員その他役員に準ずる役職にある者

⑧上場会社等の親会社もしくは主な子会社または主な特定関係法人の使用人その他の従業者のうち重要事実を知り得る可能性の高い部署に所属する者（前号を除く）

⑨上場会社等の親会社もしくは主な子会社または主な特定関係法人

⑩上場会社等の大株主（直近の有価証券報告書、半期報告書または四半期報告書に記載されている大株主をいう）

　上記④で配偶者および同居者まで内部者登録カードの登録対象者としたのは、当該対象者が役員から内部者情報を入手できる蓋然性が高い立場にあり、なおかつ役員の情報から比較的容易にその所在を確認できるためである。なお、同居者の確認には、住所情報が重要なキーとなっている。

(iii) **内部者登録カードの記載事項**

　内部者登録カードに記載すべき具体的な事項は、次のとおりである。

①氏名または名称

②住所または所在地及び連絡先

③生年月日（顧客が自然人の場合に限る）

④会社名、役職名及び所属部署

⑤上場会社等の役員等に該当することとなる上場会社等の名称及び銘柄コード

(iv) **変更の届出等**

　内部者登録カードは、最新の情報であることが重要であることから、規則では顧客に対し上場会社等の役員等の状況に変更があったときは、遅滞なく

変更内容について届け出ることを約させることとしており、また、証券会社が変更の届出を受けたときは、遅滞なく、内部者登録カードを変更しなければならない旨を規定している。

　上場会社等の役員等の状況を確認するためには、顧客による申告が最重要となるため、証券会社では新規顧客に対して、証券会社各社が作成する内部者登録制度に関する説明文等を配布・閲覧し、顧客に対し変更があった場合の届出を要請した上で、証券取引約款等で、当該届出を顧客に対して義務付けている。また、顧客から届出があった場合は、従業員に対し遅滞なく内部者登録カードの変更手続を行うよう社内規則において義務付けている[12]。

　しかし、新規登録の際にはその属性が把握できた顧客について、その後顧客が自主的に属性の変更を届け出る例は少なく、また、証券会社から顧客に対し郵送等によりその属性を確認依頼したとしても、その状況を確認することが難しいケースも多い。そのため、多くの証券会社においては、外部情報ベンダーから役員情報を購入するなどして、内部者登録カードの整備を行ってきた[13]。しかし、平成17年に個人情報保護法が施行されると、外部情報ベンダーにおける情報においても住所情報が欠落するなど、内部者登録カードの整備状況が思わしくなく、証券取引等監視委員会から指摘を受ける証券会社が複数出たため、平成21年5月から日証協では上場会社および各取引所等（東京金融取引所を除く。以下、本節において同じ）の協力を得て、役員情報を蓄積し内部者登録カードの整備を円滑に行えるJ-IRISSを稼働している。

(v)**内部者登録カードのシステム化等**

　内部者登録カードについては、近年証券会社各社においてシステム的に管理されている実態に鑑み、日証協の規則においては電磁的方法により作成お

---

12 「従業員服務規程（モデル）」においては、従業員が遵守すべき行為として、内部者登録カードの整備が規定されている。この規程をもとに、証券会社各社は社内規則を整備している。

13 金融庁の「金融商品取引業者等向けの総合的な監督指針」においては、「Ⅳ-3-2-3　投資者に対するチェック機能の発揮(1)顧客の不公正取引防止のための売買管理体制に係る留意事項　顧客の売買動向の的確な把握及び管理の徹底」において、「内部者登録の正確性を確保する観点から、定期的に一斉点検を実施し顧客に登録内容の有無等について確認する、あるいは登録内容を外部情報ベンダーの情報等と照合するなど、内部者登録カードの整備に努めているか」としており、定期的な点検等を求めている。

よび保存すること、一定の条件を満たせば、顧客カードと内部者登録カードを兼ねることが可能であること等の取扱いに関する細目を規定している。

　多くの証券会社においては、内部者登録カードを社内の管理システムに取り込み、総合的に管理を行っており、顧客から注文を受けた場合、営業員が端末で確認を行える体制を構築している。顧客から注文を受けた際に内部者等であることを確認した場合は、システムの指示に基づき、注文を受託した理由を聴取し、内部者取引でないかどうか確認を行うこととしている。その際、注文書等に内部者取引等に関する確認を行った旨の記録を残す場合が多い。

　インターネット取引の場合は、顧客から注文がシステムに入力されると、当該注文を行った顧客が当該銘柄の内部者等に該当するかどうか、システムに組み込まれた内部者登録カードのデータに自動的に突合され、該当した場合は、ネット上の注文画面に内部者取引に関する留意事項とともに内部者情報の保有の有無を確認する表示が現われ、顧客が内部者情報をもっていると返信した場合は、当該取引を制限する措置が講じられている場合が多い。

(vi) 社内規則等の整備

　日証協の規則において、証券会社は内部者取引の未然防止に関する事項を定めた社内規則を制定する等、内部者取引に関する管理体制を整備することが義務付けられている。この規定は、内部者登録制度の履行を実務的に行うことを確保するための規定である。

　そこで日証協では、証券会社が社内規則を制定する場合の参考に資するため、「内部者取引管理規程（社内規則モデル）」[14]を作成し、規則に規定すべき内容を示している。

　具体的には、①当該規則が内部者取引の未然防止等を図るため、顧客管理、役職員の服務等について必要な基本的事項を定め、当社の営業活動の適正化に資することを目的とする旨の規定、②当該規則で使用される用語の定義（たとえば、上場会社等、上場会社の特定有価証券等の売買等などの定義を金商法の規定をもとに規定する）、③金商法等証券関係法令および日証協、

14　日証協ウェブサイト（http://www.jsda.or.jp/shiryo/content/naibusyakitei140401.pdf）参照。

取引所等の諸規則、社内規則を遵守し、誠実に業務を遂行する旨の規定を置いた上で、④内部者取引を管理するための規定を置いている。

内部者取引管理の規定としては、①日証協規則に基づく内部者登録カードを備え置き、②その記載内容、顧客への届出の義務付け、③内部者登録カードの変更および管理方法、④J-IRISSによる点検、⑤内部者登録カードに登録されている顧客から当該上場会社等の特定有価証券等の売買等の注文を受託するにあたって、あらかじめ当該顧客から未公表の重要事実の保有の有無について確認しなければならないことなどを規定している。

(vii)注文の確認および取引の停止等

さらに社内規則には、市場における売買の注文の受託に際して市場における公正な価格形成、円滑化を旨とした一般原則、さらに、法令の規定[15]を遵守するため、内部者登録の確認を行った際に、顧客の注文が未公表の重要事実に基づくものと明らかに認められる場合、受託を禁止する等の対応を図るための規定を置いている。

なお、内部者登録制度は、内部者取引を事前に防止する効果に加えて、顧客の取引について内閣総理大臣に対する「役員又は主要株主の売買報告書」による報告義務を履行するためにも利用されている[16]。さらに、内部者登録カードに登録されている顧客による注文が、買付け後6ヵ月以内の売付注文または売付け後6ヵ月以内の買付注文であり、利益を得ることが明らかな場合は、原則として当該売付または買付注文を受託してはならないとする証券会社が多く、内部者取引の適切な管理が行われている。

(viii)J-IRISSへの照合義務

「協会員の投資勧誘、顧客管理等に関する規則」第15条の2には、J-IRISSによる照合の規定が置かれており、上場会社等の役員等の状況について、

---

15 「金商業等府令」117条では、13項で「顧客の有価証券の売買その他の取引等が法第百六十六条第一項 若しくは第三項 又は法第百六十七条第一項 若しくは第三項 の規定に違反すること又は違反するおそれのあることを知りながら、当該有価証券の売買その他の取引等の受託等をする行為」を禁止している。

16 法163条において、役員（取締役・監査役・執行役等）または実質的に10％以上の議決権を持つ株主（主要株主）による自社株取引が行われた場合、その者は翌月15日までに売買報告書を内閣総理大臣（金融庁長官）に提出することが義務付けられているが、当該行為を役員等に代わり、証券会社が代行して報告を行うこととしている。

J-IRISSを利用して年一回以上照合することを義務付けている。証券会社では、J-IRISSを利用することで適正かつ円滑に内部者登録カードの整備を図る体制を構築している。

(3) J-IRISSについて

J-IRISSとは、Japan-Insider Registration & Identification Support Systemの略であり、上場会社等に自社の役員等に関する情報を登録してもらうシステムである[17]。日証協が事業主となり、東京証券取引所（以下、「東証」という）にシステム構築を依頼し、平成21年5月に、その運用を同社に委託する形でJ-IRISSが稼動した。

(i) J-IRISS構築の経緯

内部者登録カードの整備にあたって、口座開設時に顧客カードの作成等において得た情報に基づき必要項目を登録することとしているため、その内容の更新については顧客本人の申告をベースとせざるを得ない状況にあった。しかし、その後に顧客からの申告はほとんど行われず、もともと正確な情報把握が困難であるほか、人事異動などがあった場合に顧客の登録内容に変更が生じると、その内容を把握することは一層困難となっている。さらに、平成17年4月、個人情報保護法の施行後、外部情報ベンダーを通じて入手可能であった上場会社等の役員等の情報、とりわけ住所情報の入手が、きわめて困難となったことがJ-IRISS構築に大きく影響している。

上場会社等の役員等の住所情報が証券会社で入手できなくなったため、内部者登録カードの整備が行えない状況が発生し、複数の証券会社において、内部者登録制度の整備状況の不備が発生し、平成18年以降、証券取引監視委員会による一部の証券会社における内部者登録の社内管理態勢不備に係る勧告・行政処分の事例が数件指摘された。

そこで、平成18年3月に設置された金融庁監督局長の諮問会議である「証券会社の市場仲介機能等に関する懇談会」[18]において、一部委員から取引所

---

17 J-IRISSについては、日証協ウェブサイト（http://www.jsda.or.jp/katsudou/j-iriss/）も参照されたい。
18 金融庁ウェブサイト（http://www.fsa.go.jp/singi/mdth_kon/）参照。

の上場会社から役職員に関する基本データの届出を義務付け、これをデータベース化した上で、各証券会社が利用できる制度を構築すべきではないかとの意見が出された。これに関して、他の委員からは、証券会社に口座を持たない役員の情報も含まれることになることから、不公正取引の防止という利用目的から逸脱することのないようアクセス方法について特に配慮すべきとの意見、届出の対象となる役職員の範囲を限定するなど、上場会社に過重な負担にならないよう配慮する必要があるとの意見、上場企業にとっての意義が不明確であるとの意見、まずは証券会社等で可能な取組みを行った上で、どうしても対応できない部分について上場会社の協力を求めるべきであるとの意見が出された。

その結果、当該懇談会では、平成18年6月に「証券会社の市場仲介機能等に関する懇談会　論点整理」を取りまとめ、本件について「懇談会としては、内部者取引を防止することは、市場の公正性の維持のみならず、上場企業自身の市場における評判・信頼を維持する観点からも意義があるとの認識に基づき、証券業協会、証券取引所、上場企業の代表者を交えた場に、必要に応じ当局も加えて、引き続きどのような取組みが可能か検討することが適当であると考える」との一定の結論が出された。

日証協では、この報告を踏まえ、平成18年4月に「内部者取引の未然防止に関する検討ワーキング」を設置し、データベースのあり方等について検討した結果、平成19年3月に報告書を取りまとめ、①取引所から上場会社に対して役員情報をシステムに登録するよう依頼すること、②証券会社は当該システムに自社の顧客情報を定期的に照合し、上場会社の役員が自社顧客に存在するか否かについて確認すること、③当該システムは主たる取引所において構築すること等を決定した。

当初は、日証協と取引所の共同による情報システムセンターを構築し、データーベースシステムの運営を行うことが検討されたものの、取引所からは、システム構築の主たる目的が証券会社における内部者取引の未然防止であることから、取引所の自主規制業務にはなじまないとの意見が出されたため、システム運営も含め日証協が事業主体となり、東証にそのシステム構築、運用を委託し、平成21年5月にJ-IRISSが稼働した。

(ii)J-IRISSの仕組み

　上場会社等が役員等の情報（「氏名」「生年月日」「住所」「役職」等）をJ-IRISSの画面から入力すると、東証の運営するTDnetと同レベルのセキュリティが設定されたネットワークを通じて、東証に設置されたデータベースに蓄積される。一方、証券会社は、上場会社等の特定有価証券等に係る売買等を行う顧客（法人は除く）について顧客カードに記載されている顧客の氏名、生年月日および住所について、年1回以上、J-IRISSに照合することとされている。J-IRISSは氏名、生年月日、住所などの情報が合致した顧客について、照合結果としてどの上場会社のどのような役職であるかという情報をほぼリアルタイムでフィードバックする。証券会社はその情報をもとに、当該顧客が上場会社等の役員等に該当するか否かにつき確認し、遅滞なく、内部者登録カードを整備しなければならない。これにより、内部者登録カードの適正性が担保されることになる。

　J-IRISS構築当初、上場会社の関係者からは、証券会社に口座を持たない役員等の情報までJ-IRISSに入力しなければならないことが、情報の目的外利用につながるとの懸念が出されたが、本システムは、証券会社側から照合される顧客データと突合して合致した顧客の付加情報（役職員であるか、どのような役責にあるかという情報）のみが、配信されることから、必要な個人情報の保護は図られることとなっている。

　ⓐ **上場会社等での作業**

　　上場会社等による役員等の情報の登録は、現在法令その他の規則において義務化されているわけではなく、任意にJ-IRISS利用規程に同意する方法により行われている。利用規程に同意する上場会社等は、日証協にJ-IRISS利用申請書を提出し、J-IRISS利用会社として登録が行われる。手続の完了後、役員等情報をJ-IRISSに登録することとなる。

　　なお、役員等情報をJ-IRISSに登録することは、個人情報の第三者提供（第三者たる日証協への提供）に該当するため、個人情報保護法により、あらかじめ、登録する役員等から個人情報の第三者提供の同意を得る必要がある。

　　J-IRISSの利用にあたってはユーザIDおよびパスワードが上場会社に交

2 日本証券業協会におけるインサイダー取引防止に向けた対応

●図表 4 − 4　J-IRISSの仕組み

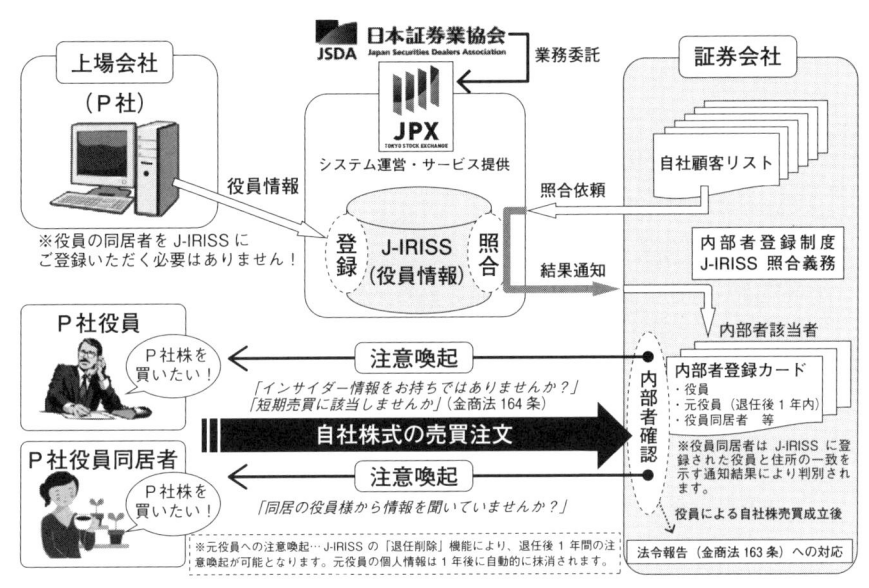

(出所)　日本証券業協会資料より

　付され、上場会社の登録された担当者は、東証の提供するTargetにログインし、J-IRISSのユーザIDおよびパスワードを入力しシステムにログイン後、役員等の情報の登録を行う。

　なお、J-IRISSに登録されている役員等の情報は、常に最新に保たれていることが不可欠である。役員等の情報が更新されないと、新任の役員等およびその役員等の同居者が証券会社で自社株式の売買を行う際に内部者取引に関する注意喚起がなされない、または、役員を退任してから1年以上経過した者に対して、いつまでも内部者取引に関する注意喚起がなされてしまう可能性がある。そこで、上場会社には、J-IRISSに役員等の情報を登録した後も、役員の退任・就任、住所等の変更があった場合、手順に従い役員等の情報の更新を要請しているところである。

　なお、上場会社等が登録する役員等の範囲は、当初極力上場会社等への負担を軽くする目的で、社外取締役も含めた役員（非居住者を除く）とし

219

ている。もちろん、第三者提供の同意が得られない役員等の情報は登録できないため、可能な範囲の役員等から登録をお願いしている。その一方で、J-IRISSの趣旨をご理解いただき、積極的に協力いただいている上場会社では、役員に留まらず、内部者情報の管理が必要な主要社員も登録を頂いているところである。

ⓑ証券会社側での作業

証券会社は、日証協の規則により、自社の顧客リストを年に一回以上J-IRISSに照合することが義務付けられている。そのため、証券会社においては、自社のシステムに蓄積された顧客リストのうち、J-IRISS用に生成した顧客の氏名、生年月日、住所などの情報をシステムにアップロードする。J-IRISSから照合結果の通知が配信されると、それに基づき社内の内部者登録カードを整備することになる。

平成26年3月末には、J-IRISSに登録されている約42,000人分のデータにより照合が行われているが、残念ながら登録のない上場会社の情報は、証券会社各社において顧客に確認するか、あるいは外部情報ベンダーから購入した情報をもとに、住所情報の無い状態で自社システムに登録されている内部者登録カードの修正を行っている。しかし、このデータ更新方法では不確実であるため、内部者登録カードを整備するために早期にJ-IRISSへの登録が100％となることが不可欠である。

(iii) J-IRISSの効果

J-IRISSのメリットは、以下のとおりである。

ⓐ上場会社等におけるコンプライアンス意識の向上

上場会社等の役職員をJ-IRISSに登録することで、内部者情報を持ちながらうっかり取引してしまうリスクを防止できるなど、内部者取引防止のための社内管理態勢の向上、いわばコンプライアンス意識の向上に寄与している。なお、上場会社等の役員には、自社株式等の売買を行った場合、法163条に従い、証券会社を通じて、売買報告書を財務局に提出する義務が課されているが、証券会社において顧客が上場会社の役員であることを正しく把握できていれば、当該手続を証券会社が行うことができるため、提出漏れによる法令違反を未然に防止できるという効果もある。

● 図表 4 − 5　J-IRISS参加上場会社数の推移（四半期ごと）

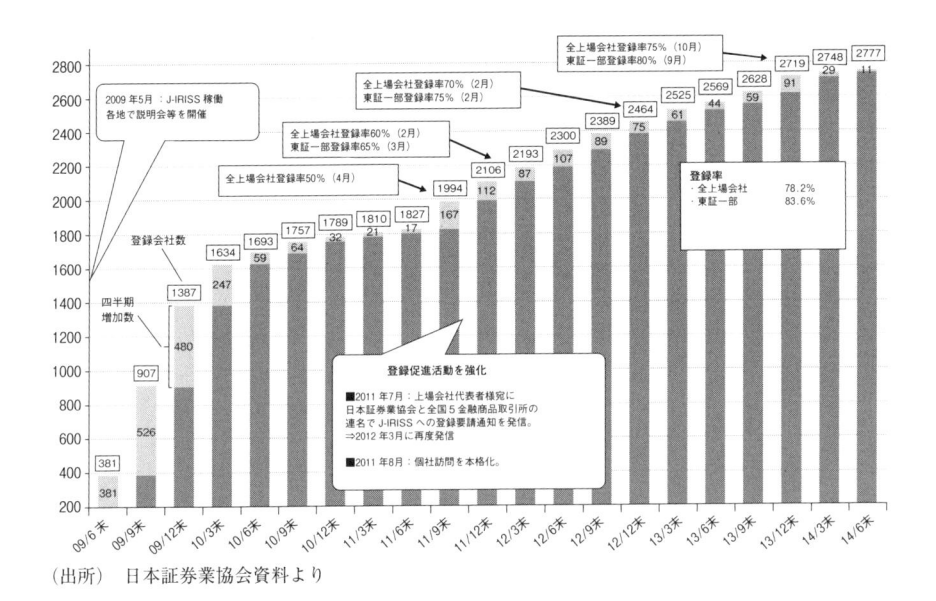

（出所）　日本証券業協会資料より

ⓑ 業界として、証券市場に対する信頼性向上に寄与

　取引所等と連携したJ-IRISSの登録促進の取組みにより、上場会社および投資家に対して、証券会社が内部者取引防止のための取組みを積極的に行っていることをアピールすることに寄与している。

ⓒ 内部者取引の未然防止機能の発揮

　証券会社が上場会社役員またはその同居者である顧客から自社株式の売買注文を受けた際、「内部者情報を持っていないか」を確認することにより、内部者取引を抑止、未然防止している。この内部者登録制度を円滑ならしめるための仕組みとして、J-IRISSは機能している。

　その結果、証券会社18社（東証１部上場銘柄の売買代金の約40％以上を占める）で、月間で50,679件（年換算で約61万件）の注意喚起がなされ、実際に取引を中止したケースも相当複数あり、相当の抑止効果が発揮されている。

ⓓ内部者登録カードの整備状況の向上

　最も重要なメリットは、日証協の規則において証券会社に年１回以上のJ-IRISSへの照合を義務付け、証券会社が自社で確認することが難しい役員の住所情報の把握により、役員の同居者の把握も可能となったことである。これにより内部者登録カードの不備で指摘される証券会社はなくなった。なお、上記18社にヒアリングを行ったところ、J-IRISS稼働後47,565件の内部者登録カードの更新が実施されている。

(ⅳ)J-IRISSの現状

　ⓐ上場会社登録状況

　平成23年12月の登録率は50.4％であったのに対し、その後、登録促進活動などを積極的に展開したため、平成26年６月末には全上場会社数3,553社のうち2,777社、登録率は78.16％まで、上昇している。金融商品取引所の市場別にみると、単独上場銘柄ベースで最も登録率が高いのは札幌証券取引所の100％、次いで、福岡証券取引所（84.8％）、東京証券取引所１部（83.6％）、名古屋証券取引所１部（83.3％）の順となっている。日本取引所自主規制法人（以下、「JPX-R」という）の強い協力があったことから、上場会社数が多い東証１部において相当登録会社数が増加しているが、引き続きJASDAQやマザーズなどの新興企業向け市場の登録率向上が望まれる。

　ⓑ役員等の登録状況

　東洋経済新報社の調べ（役員四季報2014年度版）によると、全上場会社の役員数は約39,000人とのことである。全上場会社におけるJ-IRISSの登録率がまだ77.66％であることから、その登録されている役員数は、それより小さい数値となっていることが想定されるが、すでにJ-IRISSに登録されている役員等の数は約42,000人となっている。日証協では、上場会社に対してまずは役員の登録をお願いしているところであるが、J-IRISSに前向きに理解を示している上場会社が、内部者情報に関わることの多い幹部社員まで登録しているためである。昨今は役員より社員や契約締結者からの伝達を受けた者による内部者取引が多くなっている事態を勘案し、J-IRISSに社員の情報を登録することで、自社株式取引の「アラートシス

テム」として活用しようとするコンプライアンス意識の高い上場会社が増加している状況がうかがえる。

(v)**上場会社への登録促進活動**

　平成21年5月にJ-IRISSが稼働してから、日証協、JPX-Rおよび各取引所において、上場会社に対してJ-IRISSへの登録を要請してきたものの、平成22年12月には登録率が50％に満たない状況であった。そこで、日証協においては、平成23年1月にJPX-R、各取引所、金融庁および証券取引等監視委員会の協力を得て、「内部者取引未然防止に関するワーキングチーム」を設置し、登録会社数の増加のための施策について検討を行った。その結果、同年6月に報告書を取りまとめ、7月以降、日証協、JPX-Rおよび各取引所において、J-IRISS未登録の上場会社に対して、個別訪問、個別勧誘の実施や、登録要請文書等の発出のほか、JPX-Rや取引所開催のセミナーでの周知等、様々な機会を通じて登録促進策を継続的に実施している。特に日証協およびJPX-Rでは、それぞれの役員が各上場会社を訪問し、登録を要請しているところである。

　また、金融庁および証券取引等監視委員会においても、日証協および取引所に対して各局長名でJ-IRISSへの登録促進をさらに進める必要がある旨の要請が行われ、その通知を未登録の上場会社宛ての登録要請文書へ添付するなど、上場会社に対しJ-IRISS登録の必要性を訴えてきたところである。その結果、平成23年7月以降の登録促進活動による努力が実り、50％に満たない登録率は78.2％（平成26年6月末現在）に達したところである。

(vi)**J-IRISSの問題点**

　J-IRISSを運営するにあたり、以下のようないくつかの問題点が指摘されている。

　ⓐ**登録率が100％ではないこと**

　　現在の登録率はほぼ8割に達しているものの、上場会社にJ-IRISSへの登録が法令諸規則により義務付けられておらず、日証協やJPX-Rなどからの要請ベースで登録が促進されていることから、登録に理解が得られないケースもあり、また、登録促進活動を強化しているにも関わらず、J-IRISSの重要性を認識いただけていない上場会社もまだ2割程度残って

いる。そのため、法令で禁止されている「必要かつ適切な措置を講じていないと認められる状況」[19]を生じさせないために設けられた内部者登録制度は完全な履行には至っていない。市場別にみると、新興市場における登録率が依然として低い状態[20]であるが、一部の上場会社では、自社株式の役員による取引を社内規則で禁止しているため、J-IRISSに登録する必要はないという会社もある。平成25年12月に公表された金融庁による「金融・資本市場活性化有識者会合」の「金融・資本市場活性化に向けての提言」[21]では、「また、投資に資金を振り向ける余力とリテラシーがありながら、インサイダー取引規制との関連で、上場会社の役職員等が持株保有に過度に慎重になっているとの指摘もみられる。社内ルールの見直しの働きかけや、インサイダー取引規制の見直し等が必要と考えられる。インサイダー取引規制の対象にならない投資信託等商品の一層の普及が進むことも有効と考えられる」との考え方が示されており、この提言の具体化のためにも、上場会社の自社株取引のアラートシステムとなるJ-IRISSの活用による効果が期待できることから、残り2割の上場会社等に御理解いただけるよう、様々な方策を実施し、登録率の向上を図ることが重要である。

ⓑ J-IRISSの維持コストが高いこと

J-IRISSは稼働から5年間で相当なシステムコストを費やしてきた。J-IRISSのメリットが、内部者取引の未然防止にあるにも拘わらず、証券会社のゲートキーパーとしての役割を果たすために必要とされるコストがJ-IRISSの持つ効果に見合っているのかどうか、今一つ見えにくいために、証券会社からは、当該コストが高いとの声が依然として強く出されている。しかし、内部者登録制度を維持するためには、上場会社等の役員情報等の情報把握は必須であり、そのためには、現状においてJ-IRISSを利用する

---

[19] 金商業等府令123条1項5号には、証券会社が「その取り扱う法人関係情報に関する管理又は顧客の有価証券の売買その他の取引等に関する管理について法人関係情報に係る不公正な取引の防止を図るために必要かつ適切な措置を講じていないと認められる状況」を放置することを禁止している。

[20] 平成26年6月現在、各市場における登録率は、名証2部65.7％、JASDAQ (S) 70.4％、マザーズ73.6％、東証2部74.6％、セントレックス76.4％、JASDAQ (G) 79.2％となっている。

[21] 金融庁ウエブサイト (http://www.fsa.go.jp/singi/kasseika/20131213.html) 参照。

しかないため、引き続き東証の協力を得た上で、システム運用の合理化等を図るとともに証券会社各社に対しては必要なコンプライアンスコストであるとの理解を深めて行く必要があると考える。

3 法人関係情報管理制度

　証券会社においては、常に上場会社等に係る法人関係情報に触れる可能性があることから、これらの未公表の法人関係情報について適切に管理を行うことが求められている。

　法人関係情報とは、上場会社等の運営、業務または財産に関する公表されていない重要な情報であって顧客の投資判断に影響を及ぼすと認められるもののこととされている[22]。法令においては、内部者取引の未然防止のために法人関係情報に基づく自己売買や法人関係情報を提供した勧誘を禁止しているが、それに加えて、日証協の自主規制規則においては、証券会社における法人関係情報の管理態勢等の整備を図ることを求めている。

(1) 法人関係に関する自主規制規則制定の経緯

　法人関係情報の管理に関する検討が最初に行われたのは、証券取引法第50条3項に基づく「証券会社の健全性の準則等に関する省令」（以下、「健全性省令」という）の禁止行為に「証券会社の役員（役員が法人であるときは、その職務を行うべき社員を含む）または使用人が、自己の職務上の地位を利用して、顧客の有価証券の売買その他の取引等に係る注文の動向その他職務上知り得た特別の情報に基づいて、または専ら投機的利益の追求を目的として有価証券の売買その他の取引等をする行為」が規定されたことを契機にしている。

　日証協ではこの規定をもとに、昭和48年12月に証券会社の役職員が遵守すべき情報管理のための社内規定モデルを策定し、総合証券会社に社内規則の制定を要請した。「法人関係社員服務規則（社内モデル）」である。このモデルには、

---

[22] 金商業等府令1条4項14号に法人関係情報について定義が置かれている。日証協における自主規制規則もこの定義に準じているが、一定の情報の範囲を「法人関係情報管理規定」の別表で明示している。

法人関係情報の範囲（発行会社の公表されていない増資情報等、管理すべき情報の具体的事象が列挙された）を規定するとともに、それらの情報管理を行う旨を規定した。

具体的な内容としては、法人関係情報の定義および法人関係情報を取得した役職員の報告義務を社内規則に定めることを、提案するものであった。当時は、「法人関係情報の定義を発行会社に関する事項のうち、当該情報が公表されたのち、直接その株価に著しい変動をもたらすことが明らかに予想されるもの」としていたものの、具体的に規定した事項は、①新株式（無償を含む）または転換社債の発行、②合併または減資、③粉飾決算、④企業買収、⑤企業買収、⑥増・減配、株式配当、⑦新商品、新技術の開発、新資源の発見だけであった。

その後、昭和62年6月に内部者取引規制の考え方が自主規制規則化されたために、当該条項に修正が加えられ、①ワラント債の発行または株式分割、②業務提携、③倒産のおそれ、④主要株主の異動を追加した。

昭和63年6月に内部者取引規制が日証協規則に正式に手当された際に、一連の社内規則モデルを改正し、「法人関係社員服務規則（社内規則モデル）」は、その内容を「内部者取引管理規則（社内規則モデル）」に移管して廃止することとなった。この際、法人関係情報の範囲にいくつかの項目が追加されるとともに、法人関係情報の管理に関する条項を新設し、①発行会社に対して必要な場合は法人関係情報の公表を要請すること、②法人関係情報に係る書類等について、他の部門から物理的に隔離する等の管理手法、③社内に投資情報を配付する場合、売買管理部も含めた法人関係情報の有無の審査を行うこと等を規定し、証券会社各社において社内規定を作成することを求めた。さらに、法人関係情報を利用した証券会社における自己売買の禁止、法人関係情報のブローカー業務における利用の禁止、法人関係役職員の自己売買の禁止、法人関係情報を他人に伝達する行為の禁止売買管理部門からの売買中止銘柄について、これを材料とした顧客への勧誘の禁止、法人関係情報に基づく注文の受託の制限といった項目を規定した。これにより、証券会社内におけるチャイニーズ・ウォール体制が確立されることとなった

法人関係情報に関する当該社内規定は、証券会社の役職員が内部者取引を行わないよう、その情報を管理することを目的としていたが、昭和63年9月には、

健全性省令の一部が改正され、「証券会社が取得した法人関係情報の管理又は顧客の有価証券の売買その他の取引に関する管理状況が法人関係情報に係る不公正な取引の防止上十分でないと認められる場合」という規定が投資者保護のため証券会社の業務または財産の状況につき是正を加えることが必要な場合として追加された[23]ため、単に証券会社の役職員が法人関係情報を利用して売買することを管理するのみならず、情報の不正利用や漏洩についても管理が求められることとなり、証券会社における管理もより厳格なものとなった。

また、その後証券会社およびその役職員に対し、法人関係情報を提供して勧誘する行為または法人関係情報に基づいて自己の計算において売買をする行為が禁止された（法38条6号、金商業等府令117条14号、16号）ため、日証協においては、これら法令等に対応するため、「協会員の投資勧誘、顧客管理等に関する規則」に25条等を新設し、社内規則を定めるなど、証券会社における内部管理態勢のより一層の整備・拡充を求めているところである。

平成20年4月に大手証券会社の元従業員が、社内の未公表の重要事実に基づいてほかの第三者と共謀の上、内部者取引を行ったとして逮捕された事案が発生したことを受け、同月自主規制会議の下部機関として「内部者取引防止に関する内部管理態勢等検討ワーキング」を設置し、内部者取引等不公正取引防止のための検討を行い、①協会員における法人関係情報の管理態勢について、②協会員の役職員による株式取引のあり方について、③内部者取引防止のための売買管理・内部管理態勢の整備について、④協会員の役職員の倫理意識の向上について、⑤違反者に対する処分の厳格化等について取りまとめを行った。

その結果、平成22年4月20日付で「協会員における法人関係情報の管理態勢の整備に関する規則」[24]を制定するとともに、従来「内部者取引管理規則（社内規則モデル）」に規定していた内容を見直すとともに、当該部分を切りだし、

---

23 現在は、「金商業等府令」に規定されている「業務運営の状況が、公益・投資家保護に支障が生じることのないよう、その取り扱う法人関係情報に関する管理又は顧客の有価証券の売買その他の取引等に関する管理について、法人関係情報に係る不公正な取引の防止を図るために必要かつ適切な措置を講じること」とされている（法40条2項、金商業等府令123条5号）。

24 日証協ウエブサイト（http://www.jsda.or.jp/shiryo/web-handbook/101_kanri/index.html）参照。

当該規則に規定された証券会社における社内規則のモデルとして「法人関係情報管理規程」(社内規程モデル)を新たに制定した。

さらに、平成23年に表面化した公募増資インサイダー事件を受け、本規則の運用についてさらなる検討が行われ、平成25年4月16日付で「協会員における法人関係情報の管理態勢の整備に関する規則」の一部を改正するとともに、「『協会員における法人関係情報の管理態勢の整備に関する規則』に関する考え方」(ガイドライン)を制定した。

(2) 法人関係情報の管理体制の整備に関する規則の概要

証券会社は、上記のとおり、過去から上場会社等に関する外部に公表されていない各種情報について、各社で定める基準等により、「法人関係情報」として管理してきた。この法人関係情報には、内部者取引の対象となる未公表の重要事実が含まれており、当該法人関係情報の管理が適切に行われていることが不正行為を未然防止するための体制として重要であることから、従来の手法について検討を行い見直すとともに、証券会社各社に要請してきた社内規則の制定を「協会員における法人関係情報の管理態勢の整備に関する規則」において義務付けることとした。

証券会社は、法人関係情報の管理に関し、社内規則等を制定するとともに、内部管理態勢の整備を行っているところではあるが、具体的な内容については、各社が実情に応じて整備することになっている。これについては、社内規則として必要な基本となる事項を定めることにより、各証券会社において同レベルで態勢の整備が行われるよう規則化を図ったのである。

(i) **法人関係情報等に係る定義**

「協会員における法人関係情報の管理態勢の整備に関する規則」における法人関係情報の定義は、「金商業等府令」1条4項14号に規定する法人情報[25]であると規定している。また、証券会社において法人関係情報を管理すべき部門の職員が内部者取引を行った過去の事件を受けて、法人関係情報を入手する部門から当該情報が外に漏洩しないようにするための管理に焦点をあてて検討が行われた結果、情報を管理する側の規定に重きを置き、法人関係情報を統括して管理する部門、あるいは法人関係情報を業務上取得する可

能性が高い部門について定義を置いた。

(ⅱ)**法人関係情報の管理部門の明確化**

　各証券会社において法人関係情報を管理するために、当該情報を管理するための部門を定めることを求めた。法人関係情報を管理するためには、その管理の要となって行動する部署が必要であることから、「管理部門を定めなければならない」と規定している。各部署において法人関係情報を取得した場合、当該情報を管理部門に集約し、そこで管理ができるような態勢を整備する必要がある。一般的には、証券会社各社においては売買管理部門あるいは業務管理部門といった特定の部門を管理部門と定め、情報を集約することとしている。売買管理部を管理部門と定める証券会社が多いのは、売買管理部では、常に法人関係情報の有無などをもとに顧客の取引動向を審査しており、適正な管理をするのに最適な部門だからである。

(ⅲ)**社内規則の制定**

　従来どおり、証券会社における法人関係情報については、各社の実情に応じ実施することが望ましいことから、まずは各社において社内規則の制定を義務付けた。その際、規則に制定すべき事項を具体的に示すことにより、一定の目線を合わせた業界全体での法人関係情報管理が図られるよう工夫を行った。

　具体的には、法人関係情報の管理に関し、その情報を利用した不公正取引が行われないよう、次の各号に掲げる事項について社内規則で定めなければならないこととした。

①法人関係情報を取得した際の手続に関する事項
②法人関係情報を取得した者等における情報管理手続に関する事項
③管理部門の明確化及びその情報管理手続に関する事項

---

25 「法第百六十三条第一項に規定する上場会社等の運営、業務又は財産に関する公表されていない重要な情報であって顧客の投資判断に影響を及ぼすと認められるもの並びに法第二十七条の二第一項 に規定する公開買付け（同項 本文の規定の適用を受ける場合に限る。）、これに準ずる株券等（同項 に規定する株券等をいう。）の買集め及び法第二十七条の二十二の二第一項 に規定する公開買付け（同項 本文の規定の適用を受ける場合に限る。）の実施又は中止の決定（法第百六十七条第二項 ただし書に規定する基準に該当するものを除く。）に係る公表されていない情報をいう」とされている。

④法人関係情報の伝達手続に関する事項
　⑤法人関係情報の消滅又は抹消手続に関する事項
　⑥禁止行為に関する事項
　⑦その他協会員が必要と認める事項
　各証券会社においては、これらの項目につき、具体的な事項を社内規則に定めることとしている。

(iv)法人関係情報の管理

　さらに、証券会社では、法人関係部門について、他の部門から物理的に隔離する等、当該法人関係情報が業務上不必要な部門に伝わらないよう管理しなければならないこととしている。これはいわゆる「チャイニーズ・ウォール」と呼ばれる情報隔壁であり、法人関係情報を取得・管理する部門（通常「イン部門」などと呼ばれる）と当該情報を取得しない部門（「アウト部門」などと呼ばれる）を明確に区分し、法人関係情報がイン部門からアウト部門にむやみに伝達されない仕組みを構築することを求めたものであった。

　また、その際、法人関係情報は口頭のみならず各種の法人関係情報が記載された書類および法人関係情報になり得るような情報を記載した書類（電子ファイルを含む）によって伝達される恐れがあることから、書類等の管理もほかの部門から物理的に隔離して管理する等、法人関係情報が業務上不必要な部門に伝わらないよう管理しなければならないこととした。

　多くの証券会社においては、従業員が法人関係情報を取得した場合、速やかに「法人関係情報管理システム」に必要事項を登録することとしており、登録された情報をもとに部店長が確認を行い、登録した従業員へ法人関係情報の管理を指示することとなる。当該システムに登録された情報は、一部の法人関係情報の管理を行う部門の職員しかアクセスができず、厳格に管理・情報隔離が行われることとなっており、システム上の情報が外部に漏洩出来ない仕組みとなっている。さらに、この登録された内容は、法人関係情報の管理部門の責任者（売買管理部長等）の許可なく顧客はもちろんのこと、社内の同僚、上司を含む他者に伝達することが社内規則で一切禁じられる。したがって、法人関係情報システムに登録された情報は、法人関係情報となっていない高蓋然性情報も含め、ブローカー業務等に利用することや自己の資

金で取引することも一切禁止される。このようにして、情報を知る立場にあるイン部門の者とアウト部門の者には適切なチャイニーズ・ウォールが敷かれているのが現状である。

(ⅴ)**管理態勢の充実**

　社内規則を制定し、内部管理体制を整備しても、そのような態勢については、きちんと履行されているかどうかチェックが必要である。そのため規則においては、適切にモニタリングを行う旨の規定を置いて、その社内規則の実効性を確保するための方策を求めている。

(ⅵ)**社内規則モデルの提示**

　当該規則の具体化を図るために日証協においては、「法人関係情報管理規程」（社内規程モデル）において証券会社各社が定めるべき具体的な内容を社内規則の標準モデルとしてより詳細に示すこととした。また、各社が管理すべき法人関係情報の範囲をより詳細に規定し、証券会社における情報管理の適正性を促している。

(3)　公募増資に係る内部者取引事件を受けての対応

　日証協では、公募増資に係る内部者取引事件に絡んだ証券会社における法人関係情報の管理態勢の問題の発生に鑑み、発生した個別事案等を検証・確認するとともに、これらの個別事案を踏まえた証券会社各社の課題や取組みおよび国内外の内部者取引規制等に関する幅広い関係者等からの意見を踏まえ、平成24年10月16日付で「インサイダー取引防止及び法人関係情報管理の徹底に向けた対応方針について」[26]を取りまとめた。

　また、本対応方針を受けた「内部者取引防止に関する内部管理態勢等検討ワーキング・グループ」[27]（以下、「ワーキング」という）における検討状況等を踏まえ、平成24年12月18日付で「法人関係情報の管理態勢に係る対応要綱について」[28]を取りまとめ、さらに詳細な対応についてワーキングで検討を進めた。

26　日証協協会員通知「インサイダー取引防止及び法人関係情報管理の徹底に向けた対応方針について」（平成24年10月16日、日証協（自）24第79号）。
27　日証協ウェブサイト（http://www.jsda.or.jp/katsudou/kaigi/jisyukisei/gijigaiyou/kaigiwg05.html）参照。

本対応要綱に基づくワーキングにおける検討結果等を踏まえ、証券会社における内部者取引防止および法人関係情報の管理の徹底を図るため、「協会員における法人関係情報の管理態勢の整備に関する規則」の一部改正を行うとともに、「『協会員における法人関係情報の管理態勢の整備に関する規則』に関する考え方」[29]を制定した。

(i) 自主規制規則の見直しの経緯と論点整理

(2)で述べたとおり、すでに自主規制規則において法人関係情報を適正に管理するよう態勢の整備を求めてきたが、平成23年に発覚した公募増資に係る内部者取引事件を受けて、従来の法人関係情報の管理のあり方について抜本的に見直す必要があるとの指摘を受け、平成24年以降日証協において対応を行ったが、その詳細は以下のとおりである。

まず、法人関係情報の規則等について見直しを行う場合の論点の洗い出しを行った。平成24年7月3日に金融庁が大手を中心とした証券会社12社に対して法人関係情報の管理態勢について自主点検を要請した[30]結果、各社において点検が行われるとともに、現行の法人関係情報の管理に加えて、今後対応する必要があると思われる課題が提示されたが、このうち重要な6つの項目を検討すべき論点として取り上げることとした。

法人関係情報の取扱いの厳格化については、今回の事件を受けて、従来、法令上で規定されている法人関係情報の範囲で問題は無いのか、他にも管理を必要とする情報があるかという論点があった。また、従来の規定は、社内の法人関係情報を管理する法人関係部門からそれ以外の部門に流出しないようにするための管理という観点で規定を策定したが、今回の事件では、いわゆる営業部門から法人関係部門に対して情報を取りに行く行為があったことを勘案し、法人関係部門とそれ以外の部門との関係もきちんと整理をしてお

---

[28] 日証協協会員通知「法人関係情報の管理態勢に係る対応要綱について」（平成24年12月18日、日証協（自）24第103号）。

[29] 日証協ウエブサイト（http://www.jsda.or.jp/shiryo/content/houjinkankeikisokukangaekata140401.pdf）参照。

[30] 日証協でも、JPX-Rと共同で、8月24日付で、大手12社以外の引受証券会社58社に対して同様の調査を行った。その結果、大手12社とほぼ同じような内容の論点が提示された。

く必要があるとの論点が掲げられた。

　また、本来であれば管理されるべき情報が法人関係部門から社内のほかの部門に万が一漏れてしまった場合においても、最終的に証券会社の中で情報をとどめ置く必要があることから、法人関係情報を本来取得しない営業部門等での情報管理をどのように行うべきかとの論点も検討の対象となった。

　さらに、営業部門と顧客との関係の見直しといった点も論点となった。力関係で考えると、顧客である機関投資家のプレッシャーは相当強かったが、そのような圧力に屈しない体制整備が必要であると考えられた。あわせて、アナリストが公募増資の直前にアナリスト・レポートの公表を止めることで、法人関係情報の存在が事前に外部へ知れてしまう、いわゆる「ブラックアウト」と呼ばれる問題への対応も必要とされた。

　なお、さらに、情報漏洩があった場合、そのまま公募増資の引受けを続行することについて問題はないのか、公募増資日程の再検討が必要ではないかという指摘が行われたことから、併せて引受けのあり方についても検討の対象とされたが、本件の内容については、本節「4　株式等の引受業務における内部者取引等の再発防止対応」で述べることとする。

(ii) 自主規制規則の見直しの方向性

　日証協では、すでに述べたとおり、平成24年12月18日に、検討を行うに当たって論点を取りまとめた「法人関係情報の管理態勢に係る対応要綱」を公表した。

　この要綱において、法人関係情報の取扱いの厳格化については、従来の法人関係情報の定義に加えて、たとえば、法人関係情報であることを示唆する情報（示唆情報）、あるいは、ほかの情報と相まって法人関係情報となり得る情報の伝達・利用についても、法人関係情報の管理の運営に生かしていく必要があるとの整理の下、検討を行うこととした。また、営業部門と法人関係部門の関係の見直しについては、営業部門から法人関係部門に対する不正な追及、詮索などについてどのように管理するのかといった観点で考え方を取りまとめる必要があるとの結論に至った。さらに、営業部門における内部管理態勢の強化という論点については、万が一漏れるべきではない情報が営業部門に漏れた場合の管理の手法について検討を行うこととした。営業部門

と顧客の関係の見直しについては、今回の事案では運用会社側からのプレッシャーで情報を提供してしまった事実が指摘されていることを受け、顧客から不当な情報要求があった場合の取扱いについて検討を行うこととした。

(ⅲ)**自主規制規則の見直しの具体的な内容**

上記のとおり各種の論点整理を経て、法人関係情報規則自体を見直す必要があるのかどうか検討を行ったが、すでに法人関係情報規則においては一定の有効な枠組みを規定しており、むしろ問題だったのは、法人関係情報規則をどのような形で運用していくのかという点であろうという結論に至った。そこで、「『協会員における法人関係情報の管理態勢の整備に関する規則』に関する考え方」（以下、「法人関係情報規則の考え方」という）というガイドラインとして規定することとした。これは、課題として掲げられた論点について、解説の形で具体的に取りまとめたものである。

ⓐ「法人関係情報規則の考え方」の取扱い

「法人関係情報の考え方」は、規則の運用等に当たっての留意事項や具体例を示すものに留めており、証券会社各社の業態、社内組織、規模等に応じて、それぞれの考え方に基づいて、管理する旨を記載している。

ⓑ法人関係情報等の定義

今回の見直しで最も議論となったのは、「法人関係情報」の範囲である。規則上の法人関係情報の定義は、金商業等府令の規定に基づいて明確化されているが、証券会社が法人関係情報等という形で管理する情報としては、今回一連の問題の反省を踏まえ、「法人関係情報の漏洩や不正利用を防止するために、現時点では法人関係情報ではないが、将来法人関係情報になる蓋然性が高いと考えられる情報」（以下、「高蓋然性情報」という）についても管理する必要があることを明示した。

さらに、「法人関係情報を取得している協会員は、（中略）それ自体は法人関係情報に該当するわけではないが、他の情報と相まって法人関係情報となり得る情報（以下「示唆情報等」という。）に関しても、業務上必要な場合を除き、伝達を制限することが考えられる」として、ここでは考え方を2つ示している。

1つは「示唆情報等」である。法人関係情報を取得していることを示唆

する情報の伝達行為、たとえば、いわゆる主幹事を獲得しているというようなことを示唆する行為、アナリスト・レポートの公表を制限する旨を伝達する行為、さらにブロック取引の事前確認に対して法人関係情報の存在を理由に取引不可とされる旨を伝達するような行為も含まれる。なお、この場合、市場における噂や新聞記事それ自体のみを伝達する際、伝達者が当該噂や新聞記事に係る情報に関する法人関係情報または示唆情報等を取得していない場合は、当該情報は示唆情報等に含まれないと考えられる。ただし、その場合も情報の出所等を明確にする実務が確立される必要があると考えられる。

　もう1つがノンネーム情報である。具体的な銘柄名は伝達しないものの、業種、増資の時期、増資の規模等の一部または全部について伝達することにより法人関係情報の存在を推知し得る場合における情報も示唆情報となり得る。このようなものも含めて、証券会社各社は法人関係情報の管理を行う必要があるとの考え方を示しているものである。

　なお、現時点では法人関係情報ではないが、将来法人関係情報になる蓋然性が高いと考えられる高蓋然性情報と示唆情報等をあわせて「関連情報」と整理した。関連情報については、「規則の考え方」においては、「たとえば、「法人関係情報等」として一括して管理することを妨げるものではない」としている。この点については、公募増資インサイダー事件の経緯等を勘案すると、これら情報が法人関係情報とされる蓋然性が高いため、実務上一括して管理されるべきであるとの意見があることにも留意が必要である[31]。

　今回の整理においては、従来法人関係部門から情報が漏れないように、法人関係部門における管理を中心に態勢が整備されていたが、今回の事件を受け、法人関係部門以外の態勢整備も必要であると考えられたことから、法人関係部門以外の他の部門を定義し、当該他の部門の業務等に応じて必要な取扱いを定めることが考えられることを示した。なお、その場合の他の部門としては、たとえば、①営業部門（業務のうち、有価証券の売買そ

31　松尾直彦『最新インサイダー取引規制：平成25年改正金商法のポイント』（金融財政事情研究会、2013年）125頁参照。

の他の取引等の勧誘やその取引の媒介・取次ぎ・代理を行う部門)、②トレーディング部門(業務のうち、主として自己取引または委託取引の執行を行う部門)、③調査部門(「アナリスト・レポートの取扱い等に関する規則」2条4号に規定する調査部門(アナリスト・レポートの作成を行う協会員における部門)などを例示した。もちろん、自社の業態、社内組織、規模等に応じて、管理部門および法人関係部門以外の部門は共通の規定で足りると判断する場合は、ほかの部門を定義し、取扱いについて規定する必要はないと考えられる。

ⓒ **社内規則を制定する場合の必要事項**

社内規則において規定すべき事項のうち、「法人関係情報を取得した際の手続に関する事項」の規定にあたっては、法人関係情報を取得した際の手続として、証券会社各社の業態、社内組織、規模等に応じて、たとえば、①取得者(役員・職員の場合それぞれ)が報告する事項(取得した情報の内容、取得日時、情報の提供元等)、②取得者が報告すべき相手(管理部門の長、部店長等)、③取得者が報告する方法(社内システム、報告文書等)、④報告を受けた者が行うべき行動(さらなる上位者への報告、取得者への指示等)などを具体的に決定し、具体的に規定することを例示している。

また、「法人関係情報を取得した者等における情報管理手続に関する事項」については、法人関係部門をほかの部門から物理的に隔離する等、当該法人関係情報が業務上不必要な部門に伝わらないよう管理することが重要であることから、具体的な隔離方法等を規定することを示した。法人関係部門について、自社の社内組織や法人関係情報の取得の頻度等を勘案し、たとえば、証券会社各社の業態、社内組織、規模、立地、システム環境等に応じて、法人関係部門の設置場所、レイアウト、施錠管理等を考慮し具体的に規定することが考えられる。このとき、法人関係部門における管理、管理部門における管理または他の部門における管理の手続や方法が異なる場合は、必要に応じて、それぞれについて明確に規定することが考えられる旨を例示した。

「管理部門の明確化及びその情報管理手続に関する事項」については、

「管理部門を明確化する」とは、証券会社各社において法人関係情報の管理を誰が責任をもって行っているかを周知、徹底することを示すこととした。できる限り具体的に担当部署または役職者を指定することが考えられる。たとえば、内部管理全般を管理する部署（例、コンプライアンス部）のうち、特定のセクション（例、法人関係情報管理課）がその任に当たる場合は、その部署または役職者（例、法人関係情報管理課長）を指定することなどが考えられる。また、管理部門における情報の管理手続とは、上記の情報取得者と同様の管理方法などを規定することを例示した。

さらに「法人関係情報の伝達手続に関する事項」としては、不公正取引を防止する観点から、業務上必要な場合において所定の手続（例、管理部門の承認等）に則るときを除き、法人関係情報の伝達を行ってはならないものと考えられる旨を例示した。

上記の事項につき、それぞれの点に留意して、法人関係情報の伝達手続について、適切に社内規則等を定めることが望ましいこととした。

ⓓ **法人関係情報の消滅または抹消手続**

法人関係情報の消滅または抹消手続については、どのような状況になれば法人関係情報として管理する必要がなくなるのかという点が重要な論点であった。

法令上の法人関係情報そのものについては、上場会社等が開示書類等で公表した場合あるいは中止の決定を行い、証券会社がその旨の連絡を受けた場合は、明確に法人関係情報としての抹消が可能である。それ以外の場合は、当該情報は引き続き法人関係情報として管理しなければならない。ただし、相当の時間が経過した際は、上場会社等にその情報の状況等について確認を行うなど、実務的にフォローアップ等が行われることが望ましい。

あわせて、高蓋然性情報についても、法人関係情報と同様に情報管理を行うこととしたため、その消滅・抹消手続について新たに考え方を示した。

高蓋然性情報の場合は、法人関係情報そのものではないため、次の2つの点を考慮する必要がある。まず、高蓋然性情報が法人関係情報に該当することになった場合は法人関係情報として管理が必要となり、その消滅・

抹消手続も法人関係情報として行われる。一方、蓋然性が高いという状況が、たとえば、相当期間経過したにもかかわらず当該情報に係る案件について法人関係情報となるような具体的な進展が見受けられず、かつ合理的に判断した結果、投資判断に影響を及ぼすことがないと認められる場合については抹消することが可能であるとの考え方を示した。

なお、その場合、これらの情報がどのような状況にあるのかを把握することは重要である。そこで、上場会社等から法人関係情報または将来法人関係情報となる蓋然性が高い情報を取得した者および管理部門は、管理している情報が公表されていないか、または当該案件が中止されていないか等、当該情報の管理を解除する状態にあるかを定期的に確認する必要があると考えられる。

法人関係情報や高蓋然性情報の消滅または抹消手続としては、たとえば、①当該情報の消滅を知った場合の報告方法（社内システム、報告文書等）、②管理部門における当該情報の抹消方法、③当該情報の登録内容の適宜の見直し（一部抹消等）などの方法が考えられる。

ⓔ 禁止行為

重要な論点のもう1つが禁止行為である。禁止行為としては、従来から法人関係情報をもとにした自己売買（ディーリング）や役職員の取引の禁止や情報伝達の禁止を規定してきたが、今回新たに考え方を示した「示唆情報」、「高蓋然性情報」についても同様の取扱いをするとともに、「管理部門又は関係部門以外の者から管理部門又は法人関係部門に対して、法人関係情報及び関連情報について不正な情報追求や詮索を行ってはならない旨」、「当該情報追求や当該詮索に対し回答してはならない旨」等を新たに禁止行為として明示した。この場合、法人関係情報等を市場における噂や新聞記事として伝達する場合も含まれることに留意が必要である。

もちろん、「業務上必要な場合」には情報伝達が許容されるものの、その際においても、伝達に必要な所定の手続については、適切に規定する必要があり、業態、社内組織、規模等に応じて、たとえば、法人関係部門内での情報伝達の場合や引受業務やM＆A業務における社外の関係者（公認会計士、弁護士、印刷会社等）への情報伝達の場合等についてあらかじめ

規定することが考えられる旨を例示した。

あわせて、同様に「アナリストに対して、法人関係情報及び関連情報の有無を詮索する行為を行ってはならず、かつ、回答してはならない」との項目を規定した。これは一連の事件において、アナリストから情報が漏洩する状況が確認されたことを受けて規定したものである。特にアナリストから意図がある無しに関わらず、アナリスト・レポートの公表が中止されたという事実そのものが、法人関係情報（示唆情報を含む）の漏洩をもたらす蓋然性が高いこと（ブラックアウト問題）を考慮して規定した。アナリスト・レポートの公表を制限する旨を伝達する場合の当該情報等が、示唆情報等になり得ると考えられることから、証券会社各社の業態や、社内組織、規模等に応じて、どういう場合に公表の制限を行うのかを決定するとともに、制限を行うことを伝達した場合の当該情報および伝達を受けた者（アナリスト）に対する管理について、社内規則等で規定する必要がある。

なお、当該「ブラックアウト問題」については、金融庁総務企画局開示課によって「企業内容等の開示に関する留意事項について（企業内容等開示ガイドライン）」の一部が改正され、金融商品取引業者等により通常の業務の過程において行われる上場企業である発行者に係るアナリスト・レポートの配付または公表は、有価証券の取得勧誘または売付け勧誘等には該当しないこととされたことを受け、日証協では、アナリスト・レポートを発出する場合において、証券会社各社において、極力ブラックアウトが発生しないようにするための工夫を行うなど、その在り方について検討が行われ、「アナリスト・レポートの取扱い等に関する規則」および当該規則に関する考え方の改正を行うこととしている。

また、今回の事件を受け、顧客への情報提供に基づく勧誘行為および取引推奨行為についても法令で規制されたことを受け、「顧客に対して法人関係情報又は関連情報を提供して勧誘を行ってはならない旨」および「法人関係情報又は関連情報を知った場合は、当該法人関係情報について公表がされたこととなる前に売買等をさせることにより顧客に利益を得させ、又は当該顧客の損失の発生を回避させる目的をもって、当該顧客に対して

当該売買等をすることを勧めて勧誘を行ってはならない旨」を禁止行為として例示した。

ⓕその他証券会社各社が必要と認める事項

その他の事項としては、証券会社各社の業態、社内組織、規模等に応じて、①調査部門（またはアナリスト）に対する営業部門からの照会および回答に関する手続、②顧客から不当な情報提供要求があった場合の対応について規定することを明示した。

①は、アナリストに対する営業部門からの照会および回答について、適切な手続を設け実施されることが望ましいために規定した事項である。本来であれば、法人関係情報を入手したアナリストは、法人関係部門（イン部門）に登録されることになり、当該アナリストが執筆したアナリスト・レポートは公表できなくなる。そのような情報を含め、アナリストの動向を詮索することで、法人関係情報等が営業部門に漏洩することがないように管理する必要があるが、場合によっては、市場動向の把握など、引受業務の参考とするため、アナリストに法人関係情報を伝達する必要性が認められるものもある。そのような場合の手続が適切に決められなければならないことを明示したものである。

また、今回の事件のように、取引の継続等「力関係」を背景に機関投資家等から不当な情報提供要求があった場合でも、本来法人関係情報等を伝達する行為は行ってはならないことであり、相手の要求を明確に拒否するなどの適切な手続を社内規則の中に定めておく必要がある。そのために、②のような規定を明示した。

ⓖ定期的な検査等のモニタリング

証券会社は、法人関係情報の管理に関し、社内規則に基づき適切に行われているか否かについて、定期的な検査等のモニタリングを行わなければならないこととされている。この場合の「定期的な検査等のモニタリング」とは、証券会社各社の業態、社内組織、規模等に応じて、たとえば、①検査等を担当する部署が行う定期的なまたは随時の検査等、②法人関係部門またはその管理を行う部門等が行う定期的なまたは随時の点検（いわゆる「自店検査」等）、③法人関係部門またはその管理を行う部門等が行

う日常的な点検などが含まれることを明示した。

また、検査等を担当する部署が行う定期的な検査等のサイクルは、証券会社各社の業態、社内組織、規模等に応じて、設定することが考えられるが、たとえば、検査等のサイクルが一定期間以上（証券会社各社の規模等に応じ、たとえば1年超）の間隔となる場合には、自店検査や日常的な点検等をあわせて行うことにより、モニタリング態勢を構築することも考えられることも明示した。

さらに、管理部門および法人関係部門以外において法人関係情報の管理が必要となる場合は、管理責任者を設けた上で上記法人関係部門等におけるモニタリングの考え方に準じた対応を行うことが考えられる旨を明示した。

なお、その場合、自店検査や日常的な点検としては、たとえば、法人関係部門の管理者等が、法人関係情報の管理が「規則の考え方」に沿った適切なものとなっているかについて、業態、規模、社内組織、システム環境等を勘案し、書類の保管、アクセス権限の設定、通話録音および電子メール等について、随時サンプル調査を行うこと等が考えられる旨を明示した。

4 株式等の引受業務における内部者取引等の再発防止対応

日証協では、従来から、証券会社が公募増資等の引受けを行う際の各種の手続を明確化するために、「有価証券の引受け等に関する規則」[32]（以下、「引受規則」という）を制定してきたところである。

この引受規則では、過去の事件の反省を踏まえ、再発防止等を行うために、内部者取引等が行われたことが判明した場合の引受けのあり方について規定しているところである。

(1) 引受規則における内部者取引再発防止対応の経緯

従来、主幹事証券会社は、上場会社等のエクイティ・ファイナンスの引受け

---

[32] 日証協ウエブサイト（http://www.jsda.or.jp/shiryo/web-handbook/105_kabushiki/files/140401_hikiuke.pdf）参照。

●図表 4 − 6　増資インサイダー事例の構造

公募増資に関するインサイダー取引が行われた銘柄の株価

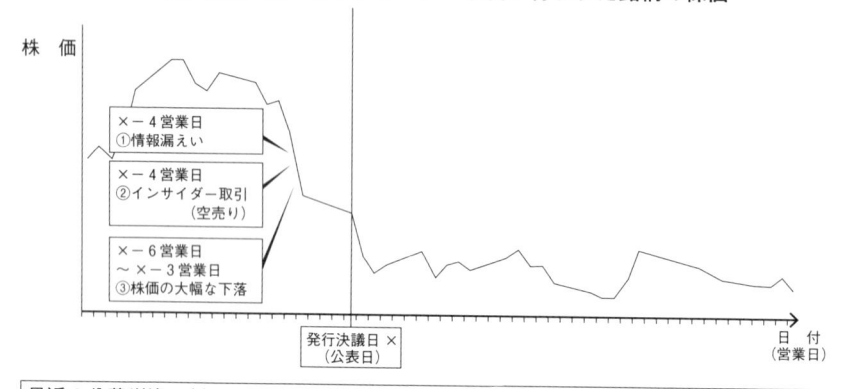

株価

×−4営業日
①情報漏えい

×−4営業日
②インサイダー取引
（空売り）

×−6営業日
〜×−3営業日
③株価の大幅な下落

発行決議日 ×
（公表日）

日　付
（営業日）

```
最近の公募増資に係るインサイダー取引事例については、そのほとんどのケースにおいて
　①主幹事会員の役職による情報漏えい
　②情報受領者によるインサイダー取引（空売り）
　③株価の大幅な下落
が公募増資の公表前に起こっていたことが明らかとなっている。
```

を行う際に、当該上場会社等の会社関係者が未公表の重要事実を知りながら自社株等の取引を行っている事実を発見した場合は、各社の判断によってエクイティ・ファイナンスの引受けを中止し、一定期間経過後に引受けの再検討を行うこととされてきたところである。平成20年に発生した、上場会社の役員が、公募増資実施直前に自社株式を売却したことが判明したため、いったん当該公募増資を中止して一定期間経過後に再度公募増資を実施した案件も、このルールに基づき対応したものであった。しかし、本件は、同社が株式の発行を行うことを決定した事実を当該役員がその職務に関し知り、この事実が公表される日以前に自社株を売り付けた行為が内部者取引違反と認定され、さらに課徴金を徴収されたことから、従来主幹事会員の判断により行われてきた内部者取引の有無の確認およびエクイティ・ファイナンスの再開の取扱いについて、一定のガイドラインを策定すべきではないかとの指摘を受け、平成21年4月に「引受規則」等の一部を行った。

　さらに、公募増資に係る内部者取引事件に絡んだ証券会社における法人関係

情報の管理態勢の問題の発生に鑑み、発生した個別事案等を確認するとともに、これらの個別事案を踏まえた証券会社各社の課題や取組みおよび国内外の内部者取引規制等に関する幅広い関係者等からの意見を踏まえ、前述のとおり、平成24年10月16日付で「インサイダー取引防止及び法人関係情報管理の徹底に向けた対応方針について」を取りまとめ、また、本対応方針を受けた各ワーキング・グループにおける検討状況等を踏まえ、平成24年12月18日付で「法人関係情報の管理態勢に係る対応要綱について」を取りまとめた。

　公募増資にかかる内部者取引の複数の事案において、公募増資公表前に大量の空売りが実行され、その結果、株価が大幅に下落しており、この時点で何らかの情報漏洩があったのではないかとの疑義が持たれたことから、上場会社による募集または売出しの公表前において、引受証券会社の役職員による当該募集または売出しに関する情報の漏洩が判明した場合における当該引受証券会社の取るべき対応、および、当該募集または売出しに係る情報を利用した内部者取引が判明した場合または当該上場会社の株価に大幅な下落が認められた場合に主幹事証券会社の取るべき対応について、平成25年4月16日付で「引受規則」の一部を改正した。

(2) **引受規則における具体的な内部者取引等の取扱い規定の概要**

(i) **上場会社等の役員による内部者取引が判明した場合の取扱い**[33]

　　主幹事証券会社は、上場会社等の役員（法21条1項1号に規定する役員をいう）が、当該上場会社等が発行する株券等の募集または売出しを行うことを知りながら、それが公表される前に当該上場会社等が発行した株券等の取引（法166条6項各号に該当する場合を除く）を行ったことが判明した場合には、当該株券等の募集または売出しの引受けを行ってはならないものとされた。この規定は、上場会社等の役員が、当該公募増資等の法人関係情報をもとに内部者取引を行った場合は、他の顧客との不公平感を払拭するため、公募増資自体を中止させ、そもそもの法人関係情報を解消させ、当該取引を無効化することも目的としている。

---

[33] ここでいう「判明した場合」とは、規則上明確な定義はないものの、「相当程度確からしい状況にある場合」を想定している。

また、同規則には、役員による内部者取引の有無を確認するため、当該公募増資等の準備期間中において、当該役員の自社の株式等に係る取引が判明した場合には、そのつど、当該上場会社等から、当該役員が未公表である当該上場会社等が発行した株券等の募集または売出しを行うことを知りながら行った取引ではない旨、書面により確認することとされた。公募増資等の準備期間においては、すべての役員が新株発行に係る法人関係情報を認識しているわけではないことから、不正行為と正当行為を峻別するために、このような手続を行うこととされた。

　さらにこれらの規定の実効性を確保するために、主幹事証券会社は、上場会社が指名を予定していた主幹事証券会社の交代が行われたことが判明した場合、公募増資等を上場会社等の業務執行を決定する機関が決定する日（公表がなされるものに限る。）前6ヵ月の間において、当該上場発行者等による株券等の募集または売出しを行う計画が内部者取引を理由に取り止められたものでない旨、書面により確認しなければならないこととした。

　また、役員による内部者取引が判明して引受けが中止された場合、当該上場会社等の再度の公募増資等は、当該内部者取引が行われた日から6ヵ月を経過した後に再度の公募増資等を上場会社等の業務執行を決定する機関が決定するものでなければ、証券会社は引き受けてはならないこととされている。

(ii) **上場会社の役員以外の内部者取引が判明した場合の取扱い**

　主幹事証券会社は、募集または売出しの公表前に、当該募集または売出しが行われることを知った者による取引（上場会社等の役員による取引を除く）が行われたことが判明した場合、当該募集または売出しの日程について、当該上場会社等と協議[34]を行うこととされている。

　この規定は、上場会社等の職員または外部者による内部者取引が発生した場合の取扱いであり、上場会社等の役員による内部者取引よりも当該上場会社等による直接的な責任が発生しない場合の取扱いであるが、何らかの形で

---

[34] ここでいう「協議」とは、主幹事証券会社が事実関係および分析結果等を当該上場会社に報告を行った上で、当初予定されていた増資（売出しを含む）の実施や日程の変更について上場会社の判断を仰ぐことを意味しており、当該増資の延期・中止を前提とした協議を求めているものではないことに留意が必要である。

情報漏洩があったことを示唆する行為でもあるために、その内容を主幹事証券会社が上場会社等と十分に協議を行い、その日程を延期するなどの対応を図ることも視野に入れて、その後の取扱いの決定を求めるものである。

(iii) **大幅な株価の下落があった場合の取扱い**

　主幹事証券会社が、募集または売出しの公表前に、当該募集または売出しに係る上場会社の株価等に大幅な下落[35]が認められた場合には、当該募集または売出しの日程について、当該上場会社等と協議を行うこととされている。最近の大型公募増資等の事例を見ると、既存株主の利益を棄損し、理論的にも1株当たり利益が希釈化するため、株価が下がる状況が散見される。事前に新聞報道等で公募増資等の情報を知ったものは、空売り等を行うことで公募増資公表に伴う株価下落をヘッジする行動をとることが多いといわれる。そのため、仮に公募増資等が公表される前に、法人関係情報を知った者が同様の行動を取ると考えるならば大量に空売りを行い、その結果、大幅な株価の下落が見られるはずである。

　もちろん、情報漏洩だけが株価下落要因ではなく、新聞でリークされたような場合もあるし、内部者取引が行われているかその段階では明確ではない事例も多々あると思われる。したがって、その段階で引受けを禁止することは難しい。一方、要因はわからないものの、発行決議の前に何らかのシグナルとしての大幅な株価下落があった場合については、引受証券会社の責務として、当該要因を極力分析した上で、発行会社に対して、計画どおりの日程で増資を進めることがよいのかどうかにつき協議する必要がある。したがって、公募増資等の公表前に株価が下落していた事実等を勘案し、(ii)と同様、上場会社と事前にどのような措置を講じるか、日程の見直しも視野に入れ検討を行うよう上場会社に要請する旨を規則に明示した。

(iv) **情報漏洩が判明した場合の取扱い**

　引受証券会社は、その役職員により上場会社等の公募増資等にかかる法人

---

[35]「株価の大幅な下落」については、一定の基準が示されるべきとの意見もあったが、市況等を勘案すると、一定の水準を定めることは必ずしも望ましいことではないことから、市場その他の状況を総合的に判断し、個別案件ごとに実態に即し判断されるべきものと考えられることとした。

●図表 4 − 7　株価の大幅な下落が認められた場合の対応

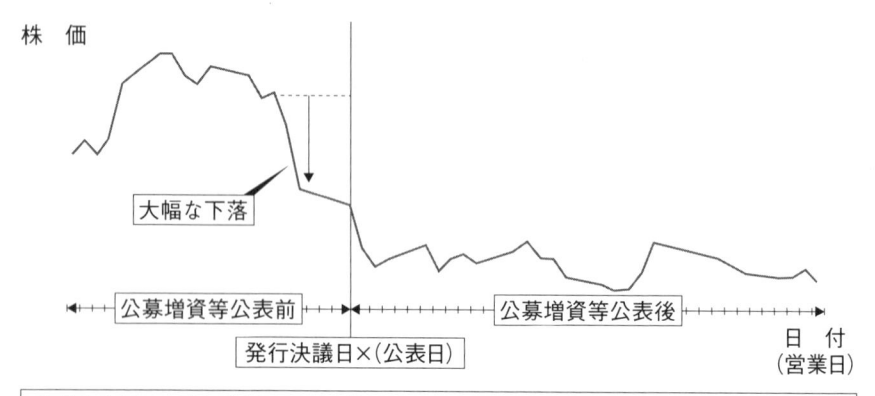

| 主幹事会員は、発行会社によって株券等の募集または売出しに係る情報が公表される前に、発行会社の株価に大幅な下落が認められた場合には、発行会社との間で、募集または売出しの日程について協議を行うものとする。 |

　関係情報の外部への漏洩（業務上必要な場合において所定の手続に則る場合を除く）が行われたことが、公募増資等の公表前に判明した場合には、当該公募増資等の引受けを行ってはならないこととされた。上記(i)～(ⅲ)の規定は、主幹事証券会社への義務規定であるのに対し、この規定は当該案件に関わった引受証券会社全社に求められる禁止規定である。

　ただし、引受証券会社が漏洩について上場会社に報告を行った上で、上場会社がそれでも引受証券会社に対して引受けを行うことを要請した場合は、その旨を主幹事証券会社に報告することで、引受けを行うことができることとされた。この規定は、当該引受証券会社が引受けに参加しないことで、公募増資等が実施できずに大きな影響を及ぼすような事態が発生することを配慮して規定された事項である。もちろん、法令では、情報提供者にも罰則が適用されるよう内部者取引規制の見直しが行われたところであるが、法令上の罰則の適用の有無とは関係なく、公募増資を実施しようとする上場会社の事情を優先させた規定であるため、引受けが行われた場合でも、別途法令上の罰則が適用される場合もあることから、引受証券会社や上場会社等は、公募増資等を実施する場合は、慎重な対応が求められるとともに、相応の説明

責任を果たさなければならないこととした。

5 プレ・ヒアリング

プレ・ヒアリングは、上場会社が株式や新株予約権付社債を発行しようとする際、主幹事証券会社またはその関連会社が、発行体による当該株式等の発行に係る情報の公表前に、国内外の機関投資家に対して当該株式等に係る事前の需要調査を行うことである。

当該行為を行う際に、未公表の重要事実を相手方に提供するため、内部者取引を誘発する危険性があることから、プレ・ヒアリングを実施する際に、法令および日証協の規則において証券会社は適正な体制を整備し、内部者取引を未然に防止することが求められている。さらに、国内におけるプレ・ヒアリングについては、届出書前勧誘の禁止の規定を受け、日証協の自主規制において禁止しているところである。

この自主規制も、内部者取引の未然防止に効果を発揮している規制の1つである。

(1) プレ・ヒアリングに係る自主規制の制定の経緯

平成18年、新株式の発行に係るプレ・ヒアリングの過程で、発行情報を入手した海外の投資家が発行情報の公表前に、当該株式等の発行体に係る上場普通株式を売り付けている事例が認められた。

プレ・ヒアリングに関しては、発行情報を外部に伝達する際に、その対象者に対し、伝達される発行情報が公表前の重要事実に該当することを伝達するなどの適切な注意喚起を行っていないことに起因して、内部者取引が誘発されてしまう。

この事件も、プレ・ヒアリングが行われる際に、その過程で発行情報を外部に伝達することに関して手続規程を整備されていない状況が見受けられたほか、プレ・ヒアリングをいつ、誰に対して、どのような方法で実施し、その過程でどのような発行情報を外部の者に伝達したかについて記録を残していない会社があることが認められた。

これを受け、平成18年4月14日に証券取引等監視委員会から金融庁長官に対して、「プレ・ヒアリング（事前需要調査）に係る情報管理体制の整備について」[36]と題する金融庁設置法21条の規定に基づく建議が行われた。

　具体的には、「証券会社がプレ・ヒアリング等において公表前の発行情報等を外部に伝達する行為により内部者取引が誘発されることを防止し、もって証券取引の公正を確保するため適切な措置を講じる必要がある」とされた。これを受け、金融庁は、内閣府令（注、現「金商業等府令」）を改正し、証券会社におけるプレ・ヒアリングの体制整備を求める規定を置いた。

　その後、平成18年6月の「証券会社の市場仲介機能等に関する懇談会　論点整理」において、「内閣府令における所要の規定の整備を受けて、証券業協会の自主規制規則において具体的な基準を設けることが考えられる」との指摘を受け、日証協では、平成18年12月に「協会員におけるプレ・ヒアリングの適正な取扱いについて」（理事会決議）[37]を制定し、プレ・ヒアリングを行う際の手続きについて規定するとともに、国内におけるプレ・ヒアリングを禁止している（平成19年1月4日施行）。

(2)　プレ・ヒアリングに関する自主規制の概要

　当該「協会員におけるプレ・ヒアリングの適正な取扱いについて」（理事会決議）は、協会員が募集について、当該募集に係る有価証券に対する投資者の需要の見込みに関する調査を行う場合において、その適正化を図るため必要な事項を定め、内部者取引が誘発されることを防止する規定を置いている。以下でその内容について概観する。

(i) 対象となるプレ・ヒアリング

　まず、この規則で対象とされるプレ・ヒアリングは、法人関係情報（上場会社等の運営、業務または財産に関する公表されていない重要な顧客の投資判断に影響を及ぼすと認められる、募集に係る情報）を提供した上で行う、

36　証券取引等監視委員会ウエブサイト（http://www.fsa.go.jp/sesc/actions/kengi180414.htm）参照。

37　当初は、「協会員におけるプレ・ヒアリングの適正な取扱いについて」（理事会決議）として制定されたが、平成19年9月30日に「協会員におけるプレ・ヒアリングの適正な取扱いに関する規則」と改題された。

当該募集に係る有価証券に対する投資者の需要の見込みに関する調査（第三者が当該証券会社から委託若しくは法人関係情報の提供を受けて行う当該調査を含む）としている。ただし、証券会社が、需要見込み以外の確認（たとえば、外部弁護士や会計士、企業統治の観点からの関連会社への連絡など業務遂行のために必要な外部との確認）を行おうとする際に、当該募集に係る法人関係情報を提供することや、証券会社等以外の者が募集に係る需要調査を行う場合（たとえば、一般事業会社が第三者割当増資を行う際に自ら割当先を探してくる行為等）に、当該募集に係る法人関係情報を提供することは、対象としていない。

(ii)**プレ・ヒアリングに係る法令遵守管理部門における承認**

　内閣府令では、証券会社がプレ・ヒアリングを行う場合には、あらかじめ法令遵守管理部門（コンプライアンス部門）から①調査（プレ・ヒアリング）を行うこと、②調査対象者、提供される法人関係情報の内容、提供の時期と方法が適切であることについて、事前承認を得ていることを求めているが、日証協の規則では、さらにその詳細を規定している。具体的には、①当該プレ・ヒアリングが必要かつ妥当なものであること、②第三者に委託してプレ・ヒアリングを行わせる場合には、海外関連会社に属する個人を委託先として選定していること（ただし、実態に応じて、合理的な理由がある場合に限り、海外関連会社に属していない個人を選定することができる）、③対象者は、証券会社が社内規則で定める合理的な範囲で選定されていること、④対象者に提供する法人関係情報の内容は、社内規則で定める合理的な範囲とされていること、⑤対象者に法人関係情報を提供する時期および方法が適切であることといった事項についても、あらかじめ法令遵守管理部門の承認を受けなければならないこととした。

(iii)**調査対象者等との契約**

　さらに、内閣府令では、調査対象者に、①法人関係情報または募集を行うことが公表される等のときまで、内部者取引の対象となる特定有価証券等の売買を行わないこと、②法人関係情報を調査対象者以外の者に提供しないことを約させることを求めているが、日証協の規則では、証券会社に対して対象者に対し、①法人関係情報を共有するすべての者の取引制限に関する事項、

②法人関係情報を共有するすべての者の守秘義務に関する事項、③プレ・ヒアリングは、需要の見込みに関する調査が目的であり、勧誘が目的ではないこと等を説明し理解を得た上で、これらの内容を規定した契約の締結を義務付けている。

　また、この契約はプレ・ヒアリングのつど、それぞれあらかじめ書面（書面による契約が困難な場合は、それ以外の方法で契約した上で、追って書面による契約とするなど、柔軟な対応は可能。また、あらかじめ書面により電磁的な方法を利用する旨の契約を締結した場合は、電磁的な方法による契約も可能）により締結することも義務付けている。ただし、プレ・ヒアリングを行うつど、当該契約内容を当該調査対象者等に確認することを条件として、包括的に契約することができることとしている。

(iv)海外関連会社等の内部管理体制に関する措置

　証券会社は、海外関連会社に属する者にプレ・ヒアリングを委託する場合には、以下に掲げる措置を講じていなければならないこととしている。

①証券会社は、当該海外関連会社に属する者との間で、次に掲げる内容を含む契約を同様に締結しなければならない。

- 当該海外関連会社に属する者は、プレ・ヒアリング対象者との間で、取引制限および守秘義務を遵守することを含む契約を締結することを含む契約を締結すること
- 当該海外関連会社に属する者は、プレ・ヒアリングに係る事務の責任ある担当者および当該事務を実際に担当した者の氏名、プレ・ヒアリング対象者の氏名および住所並びにプレ・ヒアリング対象者に提供した法人関係情報の内容並びにその提供の日時および方法について記録を作成し、その作成の後5年間これを保存すること
- プレ・ヒアリング対象者は、合理的な範囲で選定すること
- プレ・ヒアリング対象者に提供する法人関係情報の内容は、合理的な範囲とすること
- プレ・ヒアリング対象者に法人関係情報を提供する時期および方法が適切であること

②証券会社は当該海外関連会社において、これらの措置を講じるよう社内規

則を作成する等適切な内部管理体制が整備されていることを確認すること。なお、海外関連会社に属していない者を委託先に選定する場合には、証券会社の社内規則に定めるところにより、当該者に対し同様の措置を講ずることとしている。

(v)**通知または記録の保存等**

　証券会社は、上場会社等からプレ・ヒアリングを実施することについて了解を得なければプレ・ヒアリングを行うことが出来ないこととされている。了解を得たらその記録を保存しなければならない。

　また、証券会社の海外関連会社に属する者が調査対象者等と契約を締結した場合、この写しを海外関連会社に属する者から受けるとともに、これを保存しなければならない。さらに、証券会社がプレ・ヒアリング実施後、当該募集が行われないことについて、当該上場会社等から報告を受ける等の方法により確認した場合は、これを調査対象者等に通知し、その記録を保存することとしている。

(vi)**違反調査対象者等への対応**

　証券会社は、調査対象者等が締結する契約に規定した内容に違反した事実を知った場合には、当該調査対象者等に対して、当該事実を知った日から2年間プレ・ヒアリングを行ってはならないことを定めている。

　また、海外関連会社に属する者または海外関連会社に属していない者が、海外関連会社等の内部管理体制に関する措置を講じていない事実を知った場合には、当該事実を知った日から2年間、プレ・ヒアリングを委託先に委託しまたは法人関係情報を提供してプレ・ヒアリングを行わせてはならないこととしている。

　さらに、日証協は、証券会社が調査対象者等が締結する契約に規定した内容に違反した事実を知った場合は、その内容（当該調査対象者等の属する法人名、役職、氏名および住所等）について報告を受け、金融庁、証券取引等監視委員会、取引所、外国金融商品市場の監督当局および当該監督当局の認可を受けた自主規制機関に通知することとしている。また、証券会社が保存を義務付けられた書面等について、証券会社に対して提出を求めることとしている。

(vii)国内募集に係るプレ・ヒアリングの禁止

証券会社は、引受けを伴う国内における募集に係るプレ・ヒアリングは行わないこととしている。これは、有価証券届出書提出前にヒアリングが行われると、当該ヒアリング対象者には通常公募増資等の配分を行い、結果としてはヒアリング対象者が当該公募増資等の取得を行うことが多いため、プレ・ヒアリング自体が届出書提出前の勧誘に該当することになる蓋然性が高いためである。たとえば、米国の状況を見ると、日本と同様にガン・ジャンピング[38]の問題があるものの、多くの公募増資が発行登録制度を利用して行われることで、プレ・ヒアリングを当初の発行登録が行われたのちの勧誘可能期間に実施することができることとしている。しかし、日本においては、公募増資で発行登録制度が利用されることは少なく、明確なセーフハーバールールがない中で届出前勧誘の禁止という法的規制を逸脱するのは大きなリスクがあると判断されたため、国内で行われるプレ・ヒアリング自体を禁止することとなった。

(viii)社内規則の整備等

プレ・ヒアリングを行う証券会社は、プレ・ヒアリングに係る法令および本規則を踏まえ、法令遵守管理部門における承認手続、調査対象者等の選定基準、取引制限および守秘義務の遵守等に係る契約、海外関連会社等の内部管理体制に関する措置、記録の保存および留意事項等の内部管理に関する社内規則をあらかじめ制定し、これを役職員に遵守させる体制を整備するものとする。

(3) プレ・ヒアリング規制の見直し

プレ・ヒアリングにかかる法規制は、適正な情報管理手続等が実施されることで内部者取引を事前に未然防止する目的で制定されたものであり、届出前勧誘規制の違反を回避するためのセーフ・ハーバーを定めることを目的としたものではない。平成16年当時金融庁が発出したパブリック・コメントへの回答[39]中で、プレ・ヒアリングにおける個別の行為が当時の証券取引法上の「勧誘」

---

38 米国においてはSEC規則で日本と同様、届出書提出前に投資家と対話することを禁止している。

に該当するか否かは、従前どおり、個別具体的な事実に基づいて判断を行う必要があるとされている。そこで、少しでも届出前勧誘規制の違反を回避するためには、そもそも勧誘行為とみなされかねないプレ・ヒアリングを禁止する必要があると考えられ、日証協において、国内におけるプレ・ヒアリングを禁止する自主規制規則が制定されたのは前述したとおりである。

しかし、その後、公募増資にかかる内部者取引事件等の発生により、プレ・ヒアリングの国内での禁止が公募増資の消化予想を曖昧にし、その結果、事前に機関投資家に対し法人関係情報を漏洩することに繋がったとの指摘[40]や、届出前勧誘における勧誘の範囲が不明確であり、公募増資を円滑に実施するためには市場のニーズの調査等を行いにくいとの指摘があり、有価証券の募集または売出しを検討している企業および証券会社が、届出前に行うことができる行為を具体的に明らかにすることができないかといった意見が提示されていた。また、コミットメント型ライツ・オファリング[41]のより使い勝手のよい制度整備の検討での指摘や海外では米国のJOBS法において新規IPOにおけるプレ・ヒアリングの解禁が提案されるなど[42]、プレ・ヒアリングのあり方に対して見直しを求める声が大きくなった。

---

39 「証券会社の行為規制等に関する内閣府令等の一部を改正する内閣府令（案）」に対するパブリック・コメントの結果について（平成18年10月4日付）、「「勧誘」との違いを明らかにするため、「需要の見込みに関する調査」に係る具体的な行為の範囲を明らかにする必要はない」こと、また、「「需要の見込みに関する調査」における個別の行為が「勧誘」に該当するかどうかについては、個々の具体的な事例に即して判断を行う必要があるものと考えられます。本規定を設けた後もこの点については変更ない」旨の見解が示されている。

40 「増資インサイダー抑止に効く特効薬」『日本経済新聞社』平成24年8月15日（証券部川崎健）参照。

41 株主全員に保有する株式数に応じて新株予約権を無償で割り当てることによる増資手法（権利行使の際に資金が払い込まれ、公募増資と同様の効果が得られる）をライツ・オファリングというが、そのうち、権利行使されなかった新株予約権を引受証券会社が引受け行使するもの。行使を約束（引き受ける）という意味で、「コミットメント型」と呼ばれる。既存株主の権利を棄損しにくいことから、公募増資に代わる増資手法として注目を浴びているものの、各種制約からまだ発行が数例あるのみである。

42 米国においては、ガン・ジャンピング規制のため、通常の届出書制度のもとではプレ・ヒアリングが行えないが、ユニバーサルシェルフが広く活用されているため、実際にはプレ・ヒアリングが実施可能な状況にあった。一定のIPOに関しては、これを解禁することがJOBS法に盛り込まれた。

そこで、平成25年12月に公表された金融審議会「新規・成長企業へのリスクマネーの供給のあり方等に関するワーキング・グループ」報告書において、「一般的に届出前勧誘の禁止措置が講じられている趣旨は、勧誘による販売圧力によって、投資者が不確実・不十分な情報に基づく投資判断を強いられる事態の防止にあるとされており、こうした趣旨に照らすと、次に掲げるような行為については、届出前勧誘の禁止措置の対象とする必要はないものと考えられる。このため、できるだけ速やかに、その旨を明確化することが適当である」とし、その１つにプレ・ヒアリングを掲げている。今般、「企業内容等の開示に関する留意事項について（企業内容等開示ガイドライン）」の一部が改正され、適格機関投資家、特定投資家または大株主を対象とし、かつ有価証券届出書の提出前に当該情報が対象者以外に伝達されないための適切な措置を講じている場合のプレ・ヒアリングの実施が有価証券の取得勧誘または売付け勧誘等には該当しないこととされた。

そこで、日証協においては、自主規制会議における常設委員会のエクイティ分科会に設置されている「引受けに関するワーキング・グループ」において、プレ・ヒアリングのあり方について、国内で行うプレ・ヒアリングについては一定の条件下で解禁する方向で検討を進めている。

ただし、国内におけるプレ・ヒアリングが解禁されたとしても、主に利用される場面としてはコミットメント型のライツ・オファリングであることが想定されており、従来の公募増資については、機関投資家からプレ・ヒアリングの対象先とされてしまうことで、有価証券の運用に支障がでることも予想されることから、プレ・ヒアリングを望まない声も上がっているため、今後国内における公募増資でプレ・ヒアリングが根付くかどうかは未知数である。

6 証券会社における売買管理体制

証券会社においては、日々の売買に関し、過去からその状況を監視把握し、不公正取引を防止する努力を行ってきた。その後、証券会社における売買管理により内部者取引等の不公正取引を早期に発見することで、証券市場を公正ならしめるとともに、将来の不公正取引の再発を未然防止することを目的とする

自主規制規則の制定が行われ、適切な売買管理が実施されている。

(1) 売買管理規則導入の経緯

　日証協においては、従来顧客の売買管理に関して「顧客管理に関する規程（社内規則モデル）」を制定し、「顧客の有価証券の売買その他の取引の状況および営業員の営業活動の状況を的確に把握するものとする」と規定した上で、昭和62年6月には、新たに同規程に「内部者取引の売買管理」と題する一条項を新設し、内部者登録制度の手続に加え、①法人関係社員から発行会社にかかる法人関係情報の報告を受けた時は、その株式の最近の売買動向について異常の有無を審査するとともに、当該情報が公表されるまでの間、引き続き売買動向について監視すること、②部店長から発行会社の役員等が当該発行会社の株式の売買を行った旨の報告を受けた時は、必要に応じ法人関係情報の有無を調査することといった規定を定めるよう求めており、これに基づき各社において内部者取引に係る売買管理が実施されていた。

　また、昭和63年6月には法令改正を受け、内部者取引の未然防止体制の充実・強化を図るため「協会員の投資勧誘、顧客管理等に関する規則」を一部改正、内部者取引管理体制の整備に関する条項を新設し、内部者取引の未然防止を図るための売買管理等に関する社内規則を定めることも求め、その詳細は「顧客管理規程（社内モデル）」から新たに作成された「内部者取引管理規程（社内規則モデル）」に移管・規定し、従来の定めに加え、顧客の売買注文について、数量、価格、信用取引等の取引状況から見て異常と認める場合は、注文の理由等を顧客から聴取する旨の規定を追加した。

　さらに、日証協において、当該事項を含む独立した売買管理に関する自主規制規則が制定されたのは、平成17年5月にインターネット取引等の非対面取引の比重が増してきている状況などを踏まえ、証券会社における顧客による不公正取引防止のための売買管理体制の整備等について「売買管理等に関するワーキング・グループ」を設置し検討を行ったのが契機であった。

　それまで、各社のそれぞれのやり方で行われてきた売買管理について、一定の基準を策定することで、より充実した売買管理体制を整備され、今まで以上に証券市場の公正性、透明性を図られることになるため、体制整備にあたり必

要となる事項を取りまとめ、「不公正取引の防止のための売買管理体制の整備に関する規則」[43]を平成17年11月21日に制定し、一定の各社における準備期間を経たのち、平成18年6月1日に施行した。これに伴い「内部者取引管理規程（社内規則モデル）」から、内部者取引に係る売買審査項目を削除した。

その後、平成21年には、大手証券会社の内部者取引事件を受け、より的確に内部者取引を抽出するために、規則の一部を改正している。

(2) 内部者取引に係る売買管理

(i)委託取引に係る社内規則の制定

売買管理規則においては、まず各証券会社に対して、顧客による上場株券等および外国証券信託受益証券の売買に対する管理に関する、一定の手続を社内規則として定めることを義務付けている。そこで規定した手続は、①売買管理の業務を担当する部門ならびにその権限および責任に関する事項、②顧客の売買動向および売買動機等の的確な把握に関する事項、③売買管理を行うにあたり参考とすべき情報に関する事項、④売買審査の対象となる顧客の抽出に関する事項、⑤顧客に対して行う売買審査に関する事項、⑥売買審査の結果に基づく措置に関する事項などである。これらの手続きを定めることによって、各証券会社における最低限の売買管理業務を共通化し、より市場の動向把握を可能としようとした。具体的な規定は、各条項においてよりくわしく規定している。

(ii)顧客の売買動向および売買動機等の的確な把握

社内規則に定められた顧客の売買動向および売買動機等の的確な把握を行うために、本規則においては、適時、モニタリング（顧客の売買商品、取引手法、取引形態、投資意向および投資経験等に関する調査をいう）を行い、顧客の売買動向および売買動機等の的確な把握に努めなければならないことを義務付けている。

(iii)売買審査

証券会社は、本規則で策定することを求められている社内規則に基づき、

---

43 日証協ウエブサイト（http://www.jsda.or.jp/shiryo/web-handbook/101_kanri/files/fukouseitorihiki.pdf）参照。

適切に売買審査を実施することを義務付けられている。その際の売買審査の対象となる顧客の抽出は、規則の別表「売買審査の対象となる顧客の抽出に関する表」に掲げる銘柄および顧客について、行うこととされている。

別表では内部者取引に関しては、当該取引参加者が重要事実等の公表前に売買を行った銘柄について、重要事実等の公表前に売買を行った顧客のうち、売買状況等から内部者取引を行った疑いのある顧客を抽出することとしている。また、抽出された顧客や取引については、さらに日証協が別に定める分析に係る項目その他の項目のうち必要なものについて売買審査を行わなければならないこととされており、各社において内部者取引の発生の有無を適切に把握することとしている。

見せ玉[44]等の売買審査に関しては、不公正取引につながるおそれがあると認識した場合に、当該取引を行った顧客に対し注意喚起を行い、その後も改善が見られない場合には、当該顧客に対して注文の受託の停止その他の適切な措置を講じなければならないことも義務付けられているが、内部者取引の場合は、売買審査を行った結果、当該顧客に係る取引が内部者取引のおそれがあると認識した場合には、日証協、JPX-R、各取引所[45]、および証券取引等監視委員会に対し、その売買審査結果を、また顧客に対して措置を講じた場合においては、当該措置の内容等を報告しなければならないこととしており、さらに取引所、証券取引等監視委員会で調査が実施されることとなっている。

(iv)社内記録等の保存等

証券会社は、売買審査の結果および顧客に対して行った措置等の内容に関する事項について社内記録を作成し、5年間保存しなければならないこととしており、事後でも検証が行えるよう備えている。

---

44 ある特定の株式につき、自身の売付（買付）注文を約定させようとして、売買を成立させる意思がない大量の売買注文の発注・取消・訂正を頻繁に繰り返し、ほかの投資家に対して売買が頻繁に行われているように装い、取引の状況を誤認させ、取引を誘引しようとする取引のことを指す。
45 取引所においても、日証協の規則制定を受け、同様の内容の規則を制定しており、取引所における不公正取引に関しては、取引所への報告を義務付けている。

(v) 社内規則の見直し等

　証券会社は、この規則に基づき策定した社内規則について、役職員に周知徹底を図るとともに、証券市場の情勢や実態等に応じて見直す必要があることから、売買管理の業務を担当する部門に見直しを行わせること等により、売買管理業務の実効性を確保しなければならないこととされている。

7　その他の内部者取引規制にかかる自主規制規則

　内部者取引の未然防止に関する日証協の主たる自主規制規則は以上のとおりだが、そのほかにも、証券会社の役職員が内部者取引に加担し、または自ら内部者取引を行うことを禁止する規定がいくつか存在する。これらの規則も、証券会社が遵守することにより、内部者取引を未然防止するのに役立つ重要な規則である。

(1)　秘密の漏洩の禁止

　法人関係情報の管理については、すでに見たが、この規定以外にも、情報の漏洩を禁止する規定が日証協の自主規制規則に規定されている。これは、従業員の行為を制限する規定であり、「協会員の従業員に関する規則」[46]に禁止行為の1つとして定められているものである。具体的には、証券会社は「その従業員が金商法及び関係法令において金融商品取引業者の使用人の禁止行為として規定されている行為（登録金融機関の使用人に準用されているものを含む）のほか、次の各号に掲げる行為を行うことのないようにしなければならない」とした上で、「職務上知り得た秘密（店頭デリバティブ取引会員にあっては特定店頭デリバティブ取引等に係るものに、特別会員にあっては登録金融機関業務に係るものに限る）を漏洩すること」を禁止している。

　この規定はさらに、証券会社各社が従業員に係る規則として社内規則を置くこととされていることを受け、「従業員服務規程」（社内規程モデル）[47]においても、規定されている。具体的には、「従業員は、金商法及び関係法令におい

46　日証協ウェブサイト（http://www.jsda.or.jp/shiryo/content/jyugyoinkisoku140401.pdf）参照。

て金融商品取引業者の使用人の禁止行為として規定されている行為のほか次に掲げる行為をしてはならない」として、「職務上知り得た秘密を漏洩すること」を禁止している。

　法人関係情報の範囲に含まれない情報であっても、証券会社には、顧客情報等、様々な重要情報が滞留しており、内部者取引を誘因する行為に繋がる情報もある可能性があることから、広く、業務上知り得た情報を漏洩してはならない旨の規定が置かれているわけである。

(2)　地場受け、地場出しの禁止

　証券会社の役職員が、自ら株式等の取引を行うことは、様々な不公正取引に繋がる蓋然性が高いことから、十分な留意が必要である。たとえば、リテール取引を行っている証券会社の役職員が、他社で自由に口座を開設し取引を行える環境が存在すると、自社で入手した情報等をもとに、発覚しないように他社で取引するかもしれない。株券の電子化前の状況であれば、自社で横領した株券を他社に持ち込んで売却したかもしれない。さらに、顧客から預かった預り金を元手に、他社で取引を行うかもしれない。そのような不公正取引を規制するために、「協会員の従業員に関する規則」（注255参照）において、証券会社の役職員が他社で取引を行うことを原則禁止している。

　具体的には、「証券会社はいかなる名義を用いているかを問わず、他の証券会社の従業員から、当該従業員が当該他の協会員の従業員であることをあらかじめ知らされている場合において、当該従業員若しくは当該従業員の取次ぎに係る有価証券の売買その他の取引等（他の協会員が店頭デリバティブ取引会員である場合は、当該店頭デリバティブ取引会員の特定店頭デリバティブ取引等に、他の協会員が特別会員である場合は当該特別会員の登録金融機関業務に係る取引に限る。以下同じ）の注文を受けてはならない」と規定[48]している。

　この規定は、他社の証券会社の役職員からの注文の受託を禁止してはならないとする規定であることから「地場受けの禁止」と呼ばれる。もちろん、リ

47　日証協ウエブサイト（http://www.jsda.or.jp/shiryo/content/131217_fukumukitei.pdf）参照。
48　「従業員に関する規則」第7条第1項。

テール業務を行っていない証券会社もあることから、証券会社の書面による承諾を受けた場合は適用除外としている。

一方、他の証券会社で注文を行おうとする従業員は、あらかじめ、自分の所属する証券会社の書面による承諾を受けなければならないこととしている[49]。これは自らが他社に注文することを規制する規定であることから「地場出しの禁止」と呼ばれる。

地場受けの禁止規定に関しては、証券会社の行為として規制するのに対して、地場出しの規定は、従業員の行為を直接規制するものであり、罰則も従業員個人に対して課されることとなっている。

これらの規定に基づき、証券会社は自社で定める「従業員服務規程」等にこれらの規定を制定することとされており、その参考とするために「従業員服務規定(社内規則モデル)」が定められている。

(3) 証券会社等の役職員による有価証券の売買に関する規則

平成20年の大手証券会社の元従業員による内部者取引事件が発生したことを受け、証券会社の役職員の有価証券の売買に関し、その取扱いを定める自主規制規則を制定した。

もともと、証券会社の役職員による株式取引については、一般投資家同様に内部者取引が禁止されているほか、法令等により、法人関係情報に基づく自己売買、職務上知り得た情報を基に行う取引が禁止されている。さらに、専ら投機的利益の追求を目的として行う取引等についても禁止されている[50]。また、日証協の自主規制規則においても、証券会社等の役職員による信用取引が禁止されているほか、地場出し・地場受け規制等により、証券会社等による役職員の有価証券取引の管理が求められている。証券会社等においては、これら法令等に対応するため、社内規則を定めるなど、一般投資家に対する取引規制以上に厳格に管理するため内部管理態勢の整備に努めてきた。

そこで、従来各社ごとに定められた役職員の投資に関する社内規則等を、各社の目線を合わせ、適切に管理するために、役職員に関する投資ルールを有す

---

[49] 「従業員に関する規則」7条3項4号。
[50] 法166条、167条、金商業等府令117条1項12号、14号、16号。

ることおよびその管理態勢を整備することを内容とした「協会員の従業員における上場会社等の特定有価証券等に係る売買等に関する規則」[51]を平成20年10月14日に制定した。

この規則において従業員として規則の対象の範囲としたのは、証券会社等の使用人（出向により受け入れた者を含む）で国内に所在する本店その他の営業所または事務所に勤務する者に加え、派遣労働者で外務員の登録を受けている者を含むこととしている。また、証券会社の役員についても、この規則を準用することとし、適正な売買が行われるよう規制している。

これらの従業員が上場会社等の特定有価証券等に係る売買等を行う際に、当該投資は、自己の健全な資産形成を図る観点から行うものであることに鑑み、法令、諸規則を遵守し、内部者取引、投機的利益を目的とした取引その他の不公正取引を行っているとの疑念を抱かれることのないよう努めなければならないこととした上で、証券会社は従業員における上場会社等の特定有価証券等に係る売買等に関し、次に掲げる事項について規定した社内規則を定めることを義務付けている。

①従業員の範囲に関する事項
②口座開設手続に関する事項
③売買等の手続に関する事項
④法令諸規則に規定される内部者取引、職務上知り得た特別の情報に基づく取引及び専ら投機的利益の追求を目的とした取引等の禁止行為に関する事項
⑤その他協会員が必要と認める事項

また、証券会社は、法人関係部門に所属する従業員について、原則として自己が担当する上場会社等の特定有価証券等に係る売買等を自己のために行わないよう社内規則に定めなければならないこととした。法人関係情報を取得する可能性が高い部門においては、売買等を行った場合、内部者取引に該当してしまう場合があることや、さらに、法人関係情報を持つことで、内部者取引を行うインセンティブが増すことから、売買そのものを制限する必要があると判断

---

51 日証協ウェブサイト（http://www.jsda.or.jp/shiryo/content/tokuteiyuukasyokenkisoku_131217.pdf）参照。

した。

　さらに、証券会社は、従業員における上場会社等の特定有価証券等に係る売買等が社内規則に基づき適切に行われているか否かについて、定期的に検査を行わなければならないこととした。これにより、規則の実効性が確保され、証券会社の役職員において適切な有価証券の売買が行われているのである。

第 5 章

インサイダー取引防止に向けた課題

1　取締当局・立法当局側の課題
2　企業側の課題

※本章は、担当筆者（木目田 裕）が所属する西村あさひ法律事務所の平尾覚弁護士と共同執筆した。加えて、同事務所の同僚である今井政介弁護士および高林勇斗弁護士の協力を得た。

1 取締当局・立法当局側の課題[1]

1 課徴金の裁量型行政制裁金への転換の必要性[2]

(1) 裁量自己否定型運用および不当利得剥奪論の問題点

　証券取引等監視委員会（以下、「SESC」という）は、課徴金を定めた金融商品取引法（以下、「法」という）175条1項等が、インサイダー取引をした者があるときは、内閣総理大臣は課徴金納付を「命じなければならない」と規定していることを根拠として、証拠上、インサイダー取引があると認められる限りは、悪質性の程度等に関わりなく、必ず課徴金納付命令の勧告を行わなければならないとの立場に立っている。つまり、SESCは、「違反事実があっても課徴金納付命令を行わない」との裁量を有しないとの立場である。そのため、インサイダー取引規制の理解不足等に起因する不注意事案（「うっかりインサイダー」）や、課徴金額がわずか数万円・数十万円の軽微事案であっても、網羅的に調査・勧告が行われてきた。

　このように課徴金賦課についてSESCの裁量を否定する実質的な根拠としては、インサイダー取引規制違反に対しては刑事罰を科すことも可能であるところ、課徴金を課すか否かにつき行政の裁量を認めた場合、課徴金の性格が刑事罰たる罰金とその性格が類似することとなるため、憲法の禁止する二重処罰に該当するおそれがあるとの指摘がなされることがある。

　しかし、単なる不注意案件や課徴金額が数万円といった案件の処理にSESC

1　木目田裕「弁護士から見た証券取引等監視委員会の法執行」金融法務事情1900号（2010年）88頁以下を加筆修正した。
2　川口恭弘「課徴金制度の見直し」ジュリスト1390号（2009年）59頁以下、木目田裕「インサイダー取引規制および決算訂正をめぐる実務上の諸問題」（西村高等法務研究所『金融商品取引法と企業戦略―資本市場との対話と実務対応』（商事法務、2008年）254頁以下）。

の人的資源・時間・費用が費やされる結果、SESCによる調査能力が低下し、本来重点的に取り組むべき悪質な事案や複雑・巧妙な事案の調査解明に支障を来すようでは本末転倒である。

最近のSESCの法執行は、数万円程度の課徴金を賦課する例は見られなくなってきており、「うっかりインサイダー」を摘発するようなことも事実上は行っていないようであるが、正面から課徴金納付命令に関する勧告をしない裁量を認める必要性は高い。

また、課徴金の額については、課徴金の性質が不当利得剥奪であるとの考え方に基づく算定方法が採用されている。これも、課徴金の制裁としての性質を前面に出した場合、刑罰との類似性が指摘され、憲法上の二重処罰禁止の原則（憲法39条）に抵触するおそれがあるとの考慮が働いたものと考えられる。

しかし、不当利得剥奪という呪縛に囚われている限り、課徴金額は高額化できず、制裁の感銘力を高めることができない。課徴金制度導入当初はSESCによる勧告は大きく報道されたが、SESCが法執行に努めれば努めるほど、インサイダー取引等での課徴金賦課事案が増加してベタ記事程度の報道が多くなり、交通違反の反則金のように感銘力の低下を招いていると懸念されることすらもある。見つかっても「儲け」を吐き出す程度で済むというのでは、感銘力を確保できない。課徴金の法的性質が制裁金であることを正面から認めることで、かかる呪縛から逃れ、感銘力ある課徴金を実現することが可能となる。

(2) 課徴金と憲法上の二重処罰禁止の原則との関係

課徴金と憲法上の二重処罰禁止との関係について、リーディングケースとして、法人税法上の追徴税（当時）がほ脱犯に対する刑事罰との関係で二重処罰の禁止に該当するのではないかが争われた最判昭和33年4月30日民集12巻6号938頁がある。最高裁は、ほ脱犯に対する刑罰が「脱税者の不正行為の反社会性ないし反道義性に着目し、これに対する制裁として科せられるものである」のに対し、「追徴税は、単に過少申告・不申告による納税義務違反の事実があれば、同条所定の已むを得ない事由のない限り、その違反の法人に対し課せられるものであり、これによって、過少申告・不申告による納税義務違反の発生を防止し、以つて納税の実を挙げんとする趣旨に出でた行政上の措置である」

として、二重処罰の禁止には違反しないとした。

　金商法の課徴金制度は、独禁法のカルテルに対する課徴金制度をモデルとして制度設計されたところ、独禁法の分野では、伝統的には、上記最高裁判決を意識して、独禁法の課徴金が憲法の禁止する二重処罰に該当しない根拠として、課徴金が、①違反行為があれば原則として課されるものであること、②違反行為の抑止という行政目的の達成のために課されるものであることが挙げられており、さらに、上記最高裁判決からは論理的に導かれるわけではないものの、刑事罰との峻別をさらに図るため、③課徴金が不当利得の剥奪という性質を有していること、言葉を換えれば、制裁としての性格を有していないことが根拠として挙げられていた[3]。

　このような議論は金商法における課徴金の法的性質にも反映されており、平成16年の証券取引法改正により課徴金制度が導入された際、刑事罰との差別化を図るため課徴金額は経済的利得額を基準とするとの考え方が採用された[4]。課徴金賦課に関してSESCの裁量を認めるべきではないとの考え方も、憲法上の二重処罰禁止との関係から、刑事罰との峻別を図るべきとの問題意識に根差している。

　しかし、独禁法においては、かかる「課徴金＝非裁量型の不当利得の剥奪」との図式は、過去の議論となっている。

　まず、最判平成17年9月13日民集59巻7号1950頁は、損害保険の営業保険料に関する価格協定が事業者団体の主導によって行われたとされる事案において、課徴金算定の基礎となる売上額をどのように捉えるべきかが問題となった。原判決は、「可能な範囲では課徴金の額が経済的に不当な利得の額に近づくような解釈を取るべきである」とし、課徴金の法的性質が不当利得の剥奪であるとの伝統的な考え方に基づく議論を展開したが、最高裁は、課徴金について、「カルテル禁止の実効性確保のための行政上の措置」であって「課徴金の額はカルテルによって実際に得られた不当な利得の額と一致しなければならないものではないというべきである」とした[5]。

　3　白石忠志『独占禁止法第2版』（有斐閣、2009年）496頁以下。
　4　芳賀良ほか「平成17年の証券取引法の改正Ⅱ　継続開示における課徴金制度の導入」別冊商事法務299号（2006年）26頁[芳賀発言]。

また、上記最高裁判決の直後に施行された平成17年独禁法改正では、課徴金の算定率の引上げや課徴金減免制度の導入が図られたが、これらの改正は、課徴金の法的性質を不当利得の剥奪としたのでは合理的説明がつくものではなく、立案担当者も「見直し後の課徴金制度は、不当利得相当額以上の金銭を徴収する仕組みとすることで行政上の制裁としての機能をより強めたものである」とし、課徴金の法的性質が行政制裁金であることを前提とするに至っている[6]。

　以上のように、独禁法においては、課徴金が行政制裁金としての法的性質を有するものであり、不当利得剥奪に縛られる必要がないことは自明のこととして受け入れられている。

　同様の論は金商法の課徴金にも当てはまる。金商法の課徴金についても、平成20年の金融商品取引法改正によりインサイダー取引規制を含めた一定の違反行為について課徴金減額制度が導入され、過去5年以内に課徴金を受けたことがある者が再び違反行為をした場合に、課徴金の金額を1.5倍とする加算制度も採用されており、これらの制度は、課徴金を行政制裁金として整理してはじめて合理的に説明することが可能である。

　上記(1)記載のとおり、不当利得剥奪という呪縛に囚われている限り、課徴金額は高額化できず、制裁の感銘力を高めることができない。課徴金の法的性質が行政制裁金であることを正面から認めることで、感銘力ある課徴金を実現することも可能となる。

---

5 同最判は、独禁法の現行の課徴金制度について、「カルテルの摘発に伴う不利益を増大させてその経済的誘因を小さくし、カルテルの予防効果を強化することを目的として、既存の刑事罰の定め（独禁法89条）やカルテルによる損害を回復するための損害賠償制度（独禁法25条）に加えて設けられたものであり、カルテル禁止の実効性確保のための行政上の措置として機動的に発動できるようにしたものである。また、課徴金の額の算定方式は、実行期間のカルテル対象商品又は役務の売上額に一定率を乗ずる方式を採っているが、これは、課徴金制度が行政上の措置であるため、算定基準も明確なものであることが望ましく、また、制度の積極的かつ効率的な運営により抑止効果を確保するためには算定が容易であることが必要であるからであって、個々の事案ごとに経済的利益を算定することは適切ではないとして、そのような算定方式が採用され、維持されているものと解される。そうすると、課徴金の額はカルテルによって実際に得られた不当な利得の額と一致しなければならないものではないというべきである」と述べている。
6 松本博昭・堀江美早子「平成17年改正独占禁止法—改正独占禁止法の概要について—」公正取引657号（2005年）18頁。

もっとも、課徴金が行政制裁金としての法的性質を有することを前提としても、上記最判昭和33年の判示に基づけば、課徴金を賦課するか否かに裁量を認めた場合、刑罰とその性質を同じくし、二重処罰禁止の要請に抵触するのではないかが問題となり得る[7]。

　しかし、同判決も、課徴金が刑事罰としての性質をもたないために、「違反があれば原則として必ず課される」という非裁量性を要求しているわけではない。同判決が、「追徴税は、単に過少申告・不申告による納税義務違反の事実があれば、同条所定の已むを得ない事由のない限り、その違反の法人に対し課せられるもの」であることを刑事罰性を否定する根拠の１つとして指摘したのは、ほ脱犯に対する刑罰が、行為の反社会性や反道義性に着目しており、その要件に「詐欺その他不正の行為」が要求されていることとの比較で、追徴税においては、かかる反社会性や反道義性に着目した要件は定められていないことを指摘したものであり、非裁量性を根拠に刑罰性を否定したものではない。同判決が重視しているのは、不利益処分の趣旨・目的が刑罰と異なるといえるか否かであり[8]、課徴金賦課に裁量性が認められないことは、刑罰性を否定するための必要条件ではない[9]。

　したがって、課徴金を賦課するか否かを考慮するに際してSESCに裁量を認めることは、二重処罰禁止の原則に抵触することはない。

　以上のとおり、課徴金を裁量型行政制裁金であることを正面から明確に認めることは十分に可能である。

(3) 考えられる裁量型行政制裁金のモデル

　課徴金が裁量型行政制裁金であることを正面から明確に認めた上で、どのような課徴金賦課のモデルが考えられるであろうか。この点で参考となるのが、

---

[7] 条文の文言上、裁量が入ることが予定されていないという違いはあるが、独占禁止法の課徴金制度については、未だに非裁量的なものとして設計されており、公正取引委員会は、裁量によって課徴金を課したり課さなかったりすることはできないとされている（前掲・白石499頁）。

[8] 川出敏裕「追徴税と罰金との併科」別冊ジュリスト181号（2006年）234頁。

[9] なお、課徴金を賦課するか否かを考慮するにあたって、事案の態様や違反者の再発防止への取組状況等を斟酌することは、違反行為抑止の観点に基づくものであり、課徴金が刑事罰としての性質をもつことに必ずしも繋がるわけではない。

連邦証券取引委員会(以下、「SEC」という)が課す民事制裁金である。

　SECは民事手続、行政手続および刑事手続の3つの法執行手段を有している。民事手続として、SECは、裁判所に対して、違反者の制裁を求めて民事訴訟を提起し、差止命令、不当利得の吐き出し(disgourgement)[10]および被害者救済のための基金への繰入れといった付随的救済のほか民事制裁金の賦課の判決を得る。行政手続として、SECは証券業者などSECの規制下にある者について、登録停止・抹消・営業停止、制裁金の賦課、排除措置命令等を行う。最後の刑事手続については、米国SECは、悪質、被害の大きい事案につき、司法省に刑事訴追を促すこととなる[11]。

　米国においても、合衆国憲法修正5条[12]により二重処罰の禁止に相当する原則が定められているが、上記のように、日本と同様、刑事処罰の他に民事制裁金ないし行政手続上の制裁金として、二重に金銭的な制裁を科すことが可能な仕組みとなっている[13]。

　民事制裁金には上限が定められているが、インサイダー取引規制違反の場合には、違反者が獲得した利得の3倍が上限となっている。利得の剥奪に併せて利得の3倍までの民事制裁金が課される結果、1件当たり最大、利得の4倍までの金銭支払が裁判所により命じられる可能性がある[14]。また、平成14年の

10　佐島忠彦「米国証券取引法のディスゴージメント(上)(下)」公正取引538号(1995年)42頁以下、539号(1995年)67頁以下。

11　野村亜紀子「米国SECの法人に対する民事制裁金の考え方」資本市場クォータリー9巻4号(2006年春号)57頁。

12　Amendment 5 - Trial and Punishment, Compensation for Takings.
No person shall be held to answer for a capital, or otherwise infamous crime, unless on a presentment or indictment of a Grand Jury, except in cases arising in the land or naval forces, or in the Militia, when in actual service in time of War or public danger ; nor shall any person be subject for the same offense to be twice put in jeopardy of life or limb ; nor shall be compelled in any criminal case to be a witness against himself, nor be deprived of life, liberty, or property, without due process of law ; nor shall private property be taken for public use, without just compensation

13　インサイダー取引の事案ではなく、False Claim Act違反事件ではあるが、刑事罰(禁錮および罰金)のほかに民事制裁金を課された被告人が、民事制裁金の賦課が二重処罰禁止の原則に違反するとして争われた事件(US v. Halper 490 U.S. 435 (1989年))において、連邦最高裁は、民事制裁金が単に応報または抑止の目的からしか説明できないような形で科される場合には、二重処罰の禁止にいう処罰にあたるものとした。

サーベンス・オクスレー法により、民事制裁金はSECの裁量で、被害者への救済のための基金に追加することも可能となった。

　SECは、平成18年1月4日、法人の証券法違反に対する民事制裁金についての考え方を明らかにした[15]。ここでSECが民事制裁金を課すことの当否を判断する際に考慮するとされている要素は以下のとおりである。なお、民事制裁金はインサイダー取引のみならず、会計不正や開示書類の虚偽記載等の違反行為にも適用され、以下で述べるSECの考え方も、これらの違反行為をも念頭に置いたものとなっている。

　まず、主要な要素として、①違反行為による当該企業への直接の利益の存否、②制裁金が被害を被った株主にとって補償となる（もしくは損害を拡大させる）程度がある。②の観点は、典型的には会計不正や開示書類の虚偽記載等を念頭に置いたものと考えられ、インサイダー取引の場合に重要な考慮要素となる場合は多くはないと思われるが、会計不正や開示書類の虚偽記載等の事案において、企業に対する制裁金を課すことで、それが投資家たる株主の被った被害救済のための基金の源資となり得る一方で、企業に課した制裁金は究極的には株主の負担となることから、両者のバランスを念頭において制裁金賦課の当否を決定することを意味する[16]。

　このほか、③民事制裁金の賦課により同種の違反行為の抑止効果が高まる程度、④善意の関係者の被った被害の程度[17]、⑤違反行為への上位者の関与の有無といった企業内の共謀の範囲、⑥犯意の程度・明確性、⑦違反行為の摘発の難易度、⑧企業による是正措置の有無、⑨米国SEC等の規制当局に対する協力の有無・程度が検討要素として挙げられている。

14　ただし、この上限は、あくまで「1件」の違反についての上限であり、1件の定義が厳密に決まっていないため、実際に課される金額は、上記の上限に留まらない可能性が指摘されている（前掲・野村62頁）。
15　"Statement of the Securities and Exchange Commission Concerning Financial Penalties"（http://www.sec.gov/news/press/2006-4.htm）。
16　弦巻充樹「インサイダー取引防止のための協働的アプローチ―米国の近時のエンフォースメントからの示唆―」旬刊商事法務1840号（2008年）110頁。
17　インサイダー取引規制違反の場合、被害者救済の対象とされる者は、たとえばインサイダー取引規制違反による売買等の相手方であり、インサイダー情報が開示されていれば、より安く株券等を購入できた（あるいは、より高く株券等を売却できた）として損害を主張する。

このような民事制裁金の在り方は、裁量型行政制裁金賦課のモデルを検討する上で参考になる。

たとえば、上記①の違反行為による当該企業への直接の利益の存否、③の同種の違反行為抑止の必要性、⑤の違反行為への上位者の関与の有無等、⑥の犯意の程度・明確性、⑦の違反行為の摘発の難易度、⑧の違反者による是正措置の有無、⑨のSESC等の当局の調査に対する協力の有無・程度等の要素は、いずれも、証券取引等の公正を確保し、金融商品市場に対する投資家の信頼を確保するというSESCの行政目的達成の観点から、行政上の制裁としての課徴金の算定に際し、考慮要素とすることは十分にあり得ると考えられる。なお、上記⑥の犯意の程度や明確性は、刑事罰を科する際の判断要素を連想させるものの、確信犯的にインサイダー取引規制違反に及んだのか、過失に近い理由でインサイダー取引規制違反に及んだのかを、課徴金算定に際して考慮要素とすることはインサイダー取引の抑止という行政目的とも整合すると考えられる[18]。

課徴金の上限の定め方としては、米国のように、不当に得た利益または回避した損失を基準にした倍数の形で定めることが考えられ、かかる上限の枠内でSESCがその行政目的達成の観点から上記に挙げた事情を考慮して（さらに、米国連邦量刑ガイドラインのように、各考慮要素を点数化してその合計点数に基づいて算定基準値（売上げや利益）に倍数を乗じて金銭的制裁のレンジを算出するという手法があり得る）、課徴金の金額を決定するとの法的枠組みとすることが考えられる。

2 合意による事件処理モデルの導入の必要性

実質的に争いのない事件について、SESCの課徴金にかかる調査の効率化等のために、SESC・調査対象者間での合意による事件処理という運用を検討する必要がある。具体的には、調査対象者が違反を認める場合には、SESCは、調査対象者による適切・十分な再発防止策の実施等を条件として、調査を経ないで課徴金納付命令にかかる勧告を行い、金融庁も発令する運用ができないか、

---

[18] 前頁②・④は、粉飾決算（虚偽有価証券報告書等の提出）の事案ではあてはまるが、インサイダー取引規制との関係ではあてはまりにくいであろう。

ということである。

　最近になって、被審人が課徴金納付命令を金融庁審判で争う事例が徐々に増えつつあるが、依然として大半の事案において被審人は課徴金納付命令を争っていない。SESCの調査では、大量の資料を押収し、関係者の取調べを行って供述調書等を作成するが、調査対象者が審判で争わなければ、かかる作業の成果物たる書証が審判で利用されることはない。もし、調査対象者との間の合意により、調査の全部または一部を省略して課徴金を賦課できるようになれば、SESCとしては、調査負担を軽減でき、限りある人的資源・時間を別の重要事案の調査に重点投入することが可能となる。SESCが調査しているからこそ調査対象者が否認を諦めて違反を認めるのであって、合意による事件処理モデルを導入しても、SESCの調査の効率性の改善効果は限定的なものに止まるとの反論も考えられるが、現状のSESCの調査では、調査対象者が認めた後であっても、少なからぬ量の紙（書証）の作成作業が必要であり、これに対して、合意による事件処理モデルを導入すれば、「対象者が認めていて審判も開かれないのに、紙を作り続けなければならない」といった無駄がなくなり、SESC調査の効率性の向上効果は大きいと考えられる。

　SESCの調査に対応する調査対象者の立場から見ても、現状では、調査対象者としては、違反事実を認めており、審判等で争うつもりもないのに、SESCの調査に延々と対応し続けることを強いられており、調査対象者側の物的・人的負担も大きい。また、上場企業がSESC調査を受けている場合、SESCの調査の継続中は、Ｍ＆Ａや新株発行等のコーポレート・アクションを止めざるを得ない。もし、SESCとの合意により、再発防止策の徹底等を条件として迅速に事件を解決できるようになれば、調査対象者としては、かかる調査対応負担を最小化できることになる。

　かかる合意による事件処理は、調査対象者をして、自ら率先して徹底的な事実調査を行い、再発防止措置を積極的に採ることを促す効果をも有することになる。調査対象者が違反を認めても十分な再発防止措置をとらなければ、SESCは合意による解決を拒絶すればよく、SESCとの合意に向けた交渉過程で、おのずから調査対象者は適切・十分な再発防止措置を講じるように動機付けられることになる。個人によるインサイダー取引の事案でも、企業を巻き込んで

合意による事件処理を行うことで、その企業のインサイダー取引防止体制の徹底を図ることも可能になる。

　この点、合意による事件処理により効率性を向上させるとの議論は、近年、刑事司法の分野においても展開されている。平成23年6月以降、法務大臣の諮問機関である法制審議会「新時代の刑事司法制度特別部会」（以下、「法制審特別部会」という）は、将来の刑事司法のあり方について議論を重ねてきたが、その重要テーマの1つが司法取引の導入である。米国の制度を例にとると、司法取引は大きく分けて2つに分類される。1つは、「自己負罪型」と呼ばれる司法取引であり、被疑者・被告人が自らの罪を認める代わりに、検察官から起訴の免除、より軽い犯罪事実での起訴、より軽い求刑といった利益を与えられる制度である。もう1つは、「捜査・訴追協力型」と呼ばれる司法取引であり、被疑者・被告人が共犯者等の他人の犯罪事実の捜査や訴追に協力することによって、起訴の免除やより軽い犯罪事実での起訴、より軽い求刑、自らの供述を自己に不利益に用いられないことといった利益を与えられるものである（なお、上記2つの取引は併用されることも多い）。同じ司法取引であるとはいえ、自己負罪型司法取引と捜査・訴追協力型司法取引とでは、その本質が大きく異なっており、捜査・訴追協力型司法取引が目指しているのが取引による有罪証拠の獲得であるのに対し、自己負罪型司法取引が目指しているのは、取引による刑事司法のコストの削減である[19]。平成26年4月30日、法制審特別部会におけるこれまでの議論を踏まえた事務当局試案が作成・公表されたが[20]、捜査・訴追協力型司法取引の導入が提案されたものの、自己負罪型司法取引については、その導入の是非についてさらに議論を重ねる必要があるとして将来的な検討課題とされた[21]。しかし、自己負罪型司法取引の導入により限られたリソースを効果的に活用できる体制を実現すべしとする要請は強く[22]、今後も、刑事司法の分野において、自己負罪型司法取引を含めた取引的司法の実現に向けた

19　Arraignmentと呼ばれることもあるが、米国においては、被告人が有罪答弁をした場合、証拠調べが行われることはなく直ちに量刑手続きへと移行する。米国では多くの刑事事件が有罪答弁により終結しているとされており、有罪答弁は米国刑事司法全体のコストを抑え、限られたリソースをより重要な事件に振り向ける上で重要な役割を果たしている。

20　http://www.moj.go.jp/content/000122699.pdf

検討が継続されるものと考えられる。

取引的司法の母国である米国では、粉飾決算や外国公務員贈賄等の経済犯罪事案での当局（司法省、SEC）との間の訴追延期合意（Deferred Prosecution Agreement。以下、「DPA」という）による事件処理が行われている[23]。DPAとは、自ら社内の違法行為を把握した企業や捜査対象になった企業が、検察官との間で、違法行為を認めて捜査に協力し、コンプライアンス規程の見直しや役員交代その他の再発防止策の構築等の企業改革を行うことを約束し、一定の猶予期間にわたり外部の独立した第三者によるチェック等を受入れ、かかる企業改革等の着実な実施が確認されれば、検察官が刑事処罰を見送るという手続上の運用である。DPAの功罪については米国でも議論があるが、筆者の提案は、DPAの中で良い点をSESCの調査の運用に転用することを提言するというものである。米国における粉飾決算事案等におけるDPAでは、違反企業に対して、投資家に損害を賠償するための基金を設けることが義務付けられた例もある。わが国の現行の課徴金制度が不当利得剥奪として整理されていることとの整合性は別途検討が必要であるが、合意による事件処理は、投資家への賠償基金の設置の例などに見られるように具体的事案に応じた弾力的な解決を可能とする利点もある。

21 法制審特別部会が平成25年1月に公表した「時代に即した新たな刑事司法制度の基本構想」13頁では、「自己負罪型の協議・合意制度の導入がまず検討されるべきであるとする意見もあったが、…（中略）…まずは、捜査・公判協力型の協議・合意制度についての具体的検討が進められるべきであり、自己負罪型の制度については、捜査・公判協力型の制度に係る具体的な検討結果を踏まえ、必要に応じて更に当部会で検討を加えることとする」とされている。
(http://www.moj.go.jp/content/000106628.pdf)
22 日本弁護士連合会も、平成24年9月13日付け「新たな刑事司法制度の構築に関する意見書（その2）」6頁において、「無辜の不処罰を優先する観点からも、公訴事実について争いがある事件により多くの資源を振り向けるべきであり、そのためには、公訴事実について真に争いがない事件について、合理的な手続を設けることが必要である」として、有罪答弁制度の導入を要望している。
(http://www.nichibenren.or.jp/library/ja/opinion/report/data/2012/opinion_120913_2.pdf)
23 木目田＝山田将之「企業のコンプライアンス体制の確立と米国の訴追延期合意─Deferred Prosecution Agreement─」旬刊商事法務1801号（2007年）43頁（以下、「DPA論文」という）。

合意による事件処理の具体的手法についてはDPAの例が参考になる。たとえば、SESCと調査対象者との間で合意書を作成し、当該合意書内で①違反事実を具体的に記載して調査対象者がこれを認め（自白の証拠化）、②調査対象者が講じる予定の再発防止策等を列記し、③実効性確保策として外部モニターの設置やSESCへの報告義務を規定すること等が考えられる[24]。

以上の合意による事件処理モデルは、裁量自己否定型運用とは基本的性格において調和しにくいことは否めず、裁量型運用を正面から明確に認める必要がある。この点、現行法令の下でも、作用法ではなく組織法であり、建議を想定した規定であるという難点はあるものの、金融庁設置法20条1項（SESCは、「必要があると認めるときは」行政処分その他の措置について内閣総理大臣および金融庁長官に「勧告することができる」）に読み込む等して、裁量型運用を正面から認めることは不可能ではない。上記のとおり憲法上の二重処罰禁止の議論は説得力が高いと思われない。また、SESCが数万円程度の課徴金賦課にしかならない事案や「うっかりインサイダー」事案の摘発を見送るという運用を行っているのであれば、そのことは、課徴金にかかるSESCの調査も実際上・事実上は裁量型運用であることを示す。裁量型運用を正面から明確に認めた上で、合意による事件処理モデルを導入すれば、たとえば、再発防止の真摯性が認められる事案では課徴金納付命令の勧告を見送ることで、調査対象者の自主的改善のインセンティブをもっと強めることができるようになる[25]。さらに、裁量型運用と合意による事件処理モデルの下であれば、たとえば、調査対象者による再発防止策の実施状況等をSESCが一定期間（たとえば、半年間）チェックし、見るべき改善等が果たされていれば勧告を見送り、不十分であれば勧告して課徴金を賦課するといった運用も可能になる。

さらに、前述したように課徴金制度自体を裁量型行政制裁金に変更すれば、再発防止に真摯に取り組んでいない場合には、課徴金の金額を加重することができるなど、調査対象者に自主的改善に向けたさらに強いインセンティブを与えることができるという点で、より効果的なものとなる。

---

24 約束による自白などの法的問題点の検討は、DPA論文を参照。
25 木目田裕=尾崎恒康「インサイダー取引規制における実務上の諸問題(5)エンフォースメント―刑事罰と課徴金―」旬刊商事法務1846号（2008年）34頁。

3 調査終了の告知の必要性

　SESCがインサイダー取引の嫌疑で調査に着手したものの、立件されないで調査打ち切りとなる場合でもSESCからその旨を告知されることは少なく、調査対象者から弁護士を通じる等して積極的に問い合わせを繰り返して、調査を打ち切ったことがわかるに過ぎない場合も多い。この点、同じSESCによる調査でも、有価証券届出書を始めとする各種開示書類につき、虚偽記載等の有無を検査する開示検査においては、開示書類の提出者に対して報告の徴取および検査を行った場合であって、検査の結果、課徴金納付命令等の勧告を行わない場合には、SESC名で検査終了通知書を交付することとしている[26]。これは、SESCによる開示検査を受けた者は、SESCによる検査の結論が出るまでは不安定な立場に立ち、特にその後の開示をいかに行っていくかにつき判断に迷う場合も少なくないと考えられることから、課徴金納付命令等の勧告を行わない場合にはその旨を告知することで不安定な立場から解放することを目的としていると考えられる。また、検察当局は、刑事訴訟法259条に基づき、刑事事件を不起訴処分とした場合には被疑者の請求に応じてその旨を告知することとしており、書面による告知も行っている。したがって、インサイダー取引規制違反が刑事事件として検察による捜査の対象となった場合には、不起訴処分とした事実は被疑者に対して告知されることとなる。これも、被疑者が検察官の終局処分が決定するまでは不安定な立場に立つために、不起訴処分とした場合にはその旨を告知することで、かかる不安定な立場から解放することを目的としている。

　同様のことはインサイダー取引規制違反にかかるSESCの調査についても当てはまる。SESCの調査の終了を明確に認識できないと、上場企業としてはM＆Aや新株発行といったコーポレート・アクション等をとめざるを得ないのであり、少なくとも企業側に資料の提出を求めたり、立入調査をしたりするなどした事案（法177条の処分をした事案）については、SESCは、調査対象者に対

26　平成25年8月30日から施行されている「開示検査に関する基本指針」に基づく。（http://www.fsa.go.jp/sesc/news/c_2013/2013/20130830-6/02.pdf）。

して、調査終了・立件なしを明言するべきではないかと考える。将来的に当局が新証拠を発見して事情が異なってくれば立件することがあり得るのは至極当然のことであり、その際に調査対象者等が従前の調査終了の告知を盾にとって異議や不服を申し立てようと、そのような申立ては無視すれば足りる程度のことに過ぎない。この点、風説の流布（法158条）に関する事例であるが、近年、SESCが調査対象者に対して調査を終了した旨を説明した事案も存在するところであり[27]、インサイダー取引規制違反についても、調査終了の告知を行う運用が拡大することが期待されるが、さらに進めて、調査を終了した場合には、その旨を調査対象者に告知することを制度化することを検討するべきである。

4 金融庁・SESCによるガイドラインの作成・公表の検討の必要性

わが国のインサイダー取引規制には「形式犯」という特徴がある。会社関係者等が未公表の重要事実を知って株券等の売買等をするという法令が定める一定の行為類型に該当すれば直ちにインサイダー取引規制違反が成立することになる[28]。

インサイダー取引規制違反が成立する上で、行為者に利益が生じたことは必要とされておらず、また、行為者に儲けようといった利欲犯的な動機・目的も要しない。さらに、未公表の重要事実を「知って」株券等の売買等をすれば足り、当該事実を「利用した」ことや当該事実に「基づいた」ことは要しないとされ、当該事実を知っているとされる限り、当該事実と関わりなく株券等の売買等をした場合であってもインサイダー取引規制違反は成立する。このような形式的な規制に対しては、本来インサイダー取引規制違反として摘発すべき実

---

27 http://www.kagawa-sc.co.jp/news/pdf/140623_press.pdf
28 このようなインサイダー取引規制の在り方は、欧米の規制と比較すると特異である。たとえば、米国においては、1934年証券取引法10条（b）項及びこれに基づく証券取引委員会規則10b-5によりインサイダー取引が規制されているが、証券の売買に関し、詐欺を行うための策略、計略、技巧を用いることなどが禁止されているのみであり、かかる不公正取引に関する一般的な規定をもってインサイダー取引を規制することとしている（梅本剛正「インサイダー取引規制の再構築」（川濱昇ほか編『森本滋先生還暦記念　起業法の課題と展望』）（商事法務、2009年）523頁以下）。

質的理由のない事案がインサイダー取引規制の対象となったり、逆に規制の形式性ゆえに本来規制の対象とすべき行為がインサイダー取引規制から漏れたりする可能性があるといった批判がなされている[29]。

また、形式的な規制といっても、たとえば、会社関係者等の「職務に関し」等の要件や、決定事実における「についての」の解釈、バスケット条項の解釈に見られるように、規制趣旨や投資判断に与える影響の重要性といった観点からの実質的判断は、実は依然として必要であり、形式犯性も徹底されているわけではなく、中途半端なものに止まっている。

そこで、包括条項一本で重要事実を定義するべきである、あるいはプリンシプルベースでの規制を目指すべきであるといった立法上の提言もなされている[30]。

しかし、わが国のインサイダー取引規制は、旧証券取引法58条がインサイダー取引に対して適用されてこなかったことを踏まえ、罪刑法定主義の見地から規制の客観性、明確性を担保することに配慮して立法されたものである[31]。このことに照らすと、包括条項に一本化するなどのプリンシプルベースの法改正をすることは容易ではないと思われ、SESC・検察当局もかかる抽象的な規定に基づく摘発に消極的になることが懸念される。

また、包括条項を削除するべきであるとの提言もなされているが[32]、規制の形式性を維持する以上は、包括条項を削除することは規制の抜け穴を増やすこ

---

29 黒沼悦郎「インサイダー取引規制における重要事実の定義の問題点」旬刊商事法務1687号（2004年）40頁以下。
30 前掲・黒沼40頁以下、前掲・梅本523頁以下、神田秀樹「インサイダー取引規制の難しさ」金融法務事情1980号（2013年）1頁。
31 わが国において、インサイダー取引に対する規制が導入されたのは、昭和63年の証券取引法改正であるが、それ以前の証券取引法においても、上記米国の1934年証券取引法10条（b）項及びこれに基づく証券取引委員会規則10b-5と同様、有価証券の取引等についての不正行為を一般に禁止した規定は存在していた（平成4年改正前証券取引法58条1号）。しかし、わが国においては、旧証券取引法58条1号を適用してインサイダー取引を規制した事例は1件もなく、国際的批判の対象となるとともにインサイダー取引規制の必要性について国内世論が高まったことを受けて、インサイダー取引規制が設けられるに至ったが、罪刑法定主義の見地から規制の客観性、明確性を担保することに配慮したため、上記のような形式的な規制が誕生することとなった。
32 社団法人日本経済団体連合会「インサイダー取引規制の明確化に関する提言-構成で、安心して投資できる市場を目指して」（平成15年12月16日）。

とになり相当ではないと考えられ、規制を潜脱しようとする者に対応しようとしてさらに規制を技巧的かつ複雑にすることになりかねないと思われる。

以上に鑑みると、インサイダー取引規制の法的枠組みを変更することは現実的といえず、むしろ、現行のインサイダー取引規制の法的枠組みを維持しつつも、法解釈上、不明確さがつきまとう部分については、それを極力明確化する努力をし、現行の法的枠組みが抱える問題を解消するよう努めることが望ましい。

現在、SESCにおいては、課徴金事例集を作成・公表しており、また金融庁も「インサイダー取引規制に関するＱ＆Ａ」[33]、情報伝達・取引推奨規制に関するＱ＆Ａ[34]を作成・公表しているほか、インサイダー取引規制上の「子会社」の意義に関し、ノーアクションレターにおいて金商法上の解釈を公表するなどしており、インサイダー取引規制の不明確性を解消するべく努力を続けている。かかる取組みをさらに推し進め、金融庁・SESCにおいて、インサイダー取引規制の解釈を明確化すべく、より統一的で詳細なガイドラインを作成・公表することも検討に値すると考えられる。

ガイドラインにおいては、たとえば、決定事実の成立時期やバスケット条項の具体例について示すことや、バスケット条項該当性判断の不明確性に伴う委縮効果を解消するため、取引当時に内部統制システムに基づいて合理的な調査・検討・判断をして包括条項に該当しないと結論付けた場合を摘発の対象外とすることを明示することなどが考えられる。

5 証券取引等のグローバル化に対する対応[35]

経済・証券取引等のグローバル化に伴い、インサイダー取引等の不公正取引が国境をまたいで行われることも増えている。たとえば、平成16年には、SESCがシンガポール通貨監督局（MAS）に情報提供を行い、シンガポールの

---

[33] http://www.fsa.go.jp/news/20/syouken/20081118-6/01.pdf
[34] http://www.fsa.go.jp/news/25/syouken/20130912-1/01.pdf
[35] 本項については、木目田裕・平尾覚「インサイダー取引等の不公正取引のグローバル化を踏まえたSESCの調査手法」金融法務事情1998号（2014年）17頁も参照。

運用会社による日本の証券市場におけるインサイダー取引について、シンガポールで民事制裁金の賦課が行われた。平成18年には、SESCが英国金融サービス機構（FSA）および香港証券先物委員会（SFC）にそれぞれ情報提供を行い、英国のヘッジファンドおよびその元役員に対して英国で制裁金の賦課が行われたほか、香港の金融機関のトレーダーに対して、香港で法令上の懲戒処分が行われた。また、平成23年には、日本航空の公募増資をめぐり、SESCの情報提供により、香港証券先物委員会が、香港の資産運用会社とその運用責任者に戒告処分と約7,500万円の制裁金を科した。この香港の資産運用会社は、日本航空の公募増資発表後に増資に応募し、発行価格決定日の大引け近くに大量の見せ玉や空売りをして株価を急落させ、この株価下落で約5億円安く新株を手に入れて利益を得たとされた。さらに、一連の公募増資インサイダー取引事案では、東京電力の公募増資に関してファースト・ニューヨーク証券等に課徴金納付命令が発出され、日本板硝子等の公募増資に関しては、米国ヘッジファンドのシンガポール子会社が運用するケイマン籍ファンドにつき、当該シンガポール子会社で売買執行がなされていたところ、日本で投資助言のみに従事するとされていたジャパンアドバイザリー合同会社を実質的な運用者と認定することで、課徴金納付命令の発出を可能とした。

日本の証券市場における不公正取引に対して、SESCが積極的に摘発を行うことの必要性は増大している。SESCも、
　「近年の金融・資本市場では、クロスボーダー取引や市場参加者の国際的な活動が日常化しており、わが国株式市場においても、取引の発注元の大半が海外である等、クロスボーダー取引が日常化している。このような傾向と並行して、不公正取引がグローバル化する動きが見られ、証券監視委においては、クロスボーダー取引を利用した不公正取引に対する調査体制をより一層強化しているところである。証券監視委は、平成23年1月に策定した第7期活動方針において、基本的な考え方の新たな柱の1つとして、『市場のグローバル化への対応』を掲げ、グローバルな市場監視を強化する方針を明らかにしている。この中で、市場のグローバル化への対応として、一層の人材育成や体制整備を進めることとしており、平成23年8月、クロスボーダー取引等を利用した内外プロ投資家による不公正取引の実態

解明を専門に担当する国際取引等調査室を設置した。平成24年度においては、大型公募増資の公表前に行われた内外プロ投資家による内部者取引事案等の調査の結果、6件の内部者取引事案に対し、課徴金納付命令勧告を行った…（中略）。東京電力株式にかかる内部者取引事案は、海外に所在する違反行為者に対する課徴金納付命令勧告として、初めての事例である…（中略）。また、ヤフー株式にかかる相場操縦事案は、米国証券取引委員会（U.S. Securities and Exchange Commission）と緊密に協力・連携した結果、米国所在の違反行為者に対し、課徴金納付命令勧告を行ったものであり、不公正取引にかかる課徴金額としては過去最高金額（6,571万円）である…（以下略）」
と述べる[36]。

かかる国際取引調査におけるSESCの調査手法上の課題としては、①端緒をいかにつかむか、②執行管轄権の問題をいかにクリアするか、③制裁手段としての実効性をいかに確保するかであると考えられる。

国際取引調査の枠組みとしては、日本のSESCは、米国、中国、香港、シンガポール、オーストラリア、ニュージーランドの各監督当局との間で、二国間の情報交換・協力の枠組みを利用して情報や資料の入手をしており（Memorandum of Understanding）、IOSCO（証券監督者国際機構）のマルチMOU（Multilateral Memorandum of Understanding concerning Consultation and Cooperation and the Exchange of Information）にも参加している[37]。また、日本の証券監督当局が他国から調査協力を求められた場合には、日本の金融庁・SESCとしては、法189条に基づいて対応する。

①の端緒については、たしかに、日本の証券市場における売買状況は、基本的には、証券取引所の会員である証券会社を通じて入手できる。しかし、シンガポールのX社がシンガポール証券会社を通じて日本の証券会社に売買注文を出したときに、証券取引所や証券会社の売買監視によっても、当該X社が何者

---

36 SESCの平成25年6月「証券取引等監視委員会の活動状況」91頁以下。
37 国際取引調査については、大久保暁彦＝加藤豪＝渋谷武宏＝白井真＝長谷川紘之＝三宅英貴「証券検査・課徴金調査の実務(4)取引調査の概要」金融法務事情1988号（2014年）90頁、95頁参照。

であるかがよく分からない。香港などの一部の国・地域では、非常に安価に現地でノミニーを確保してペーパーカンパニーを設立することが容易である。もしかしたら、X社を実質的に支配しているオーナーが日本の上場企業Y社の取締役等や大株主かもしれない。日本の上場企業Y社が重要事実を公表する前の絶好のタイミングでX社がY社株式を売買していたとしても、X社の実態やY社の会社関係者等とのつながりがわからなければ、インサイダー取引の端緒をつかむことができない。対応策としては、第一には、各国の証券監督者相互間での情報交換等の協力態勢の整備・推進であり、SESCとしては、日ごろから種々の会議・会合の開催を通じて各国の証券監督当局との意思疎通の円滑化に努めていく必要がある。これに加えて、マネーロンダリングやテロ資金対策として、本人確認（取引時確認）制度があり、FATF等の国際的な議論の中では「真の受益者」（benificiary owner）をいかに把握するかが重要なトピックとなっており、この「真の受益者」の把握手法をSESCの不公正取引の調査にも活かしていくことが考えられる。また、日本の税務当局は、平成10年4月に国外送金等調書制度を導入して国内と海外の資金の流れを把握する体制を整え、平成26年1月1日以降の確定申告については国外財産調書制度を導入し、国外にある財産を残高ベースで把握する体制を整えている。税務調査上の情報は、税務当局の厳格な守秘義務の壁があるが、昨今のグローバル企業をめぐる税源侵食の問題や米国IRSのFATCAの運用などに照らすと、従来の古典的な税務情報の厳格な守秘義務（さらには銀行秘密）については、ここ数年で考え方が大きく変わりつつあるように思われる。日本としても、この税務情報をめぐる国際的な潮流の変化に歩調を合わせていくことになると思われ、あわせて、国内的には、税務情報の不公正取引等の調査における活用可能性についてさらに検討を進めていく必要がある。

　②の執行管轄権であるが、国際法上の原則として、犯罪捜査や行政調査といった国家主権の行使は、当該国家の領域内に限られる。たとえば、日本国籍を有する者Zが香港から証券会社に売買を発注して日本の証券市場でインサイダー取引を行った場合であっても、Zが日本の領域外にいる限り、SESCはZの取調べを行うことができない。香港に現在いるZの取調べを行うには、香港の証券監督当局や検察・警察に依頼してZの取調べをしてもらう必要があり、

かかる捜査（調査）共助の枠組みに依拠するしかない。SESCが東京オフィスから香港のZに直接電話したり、電子メールを送付して事情聴取したりすることについては、議論の余地があるが、筆者らが理解するところ、これまでのところ日本政府としては、これも国際法上は違法な執行管轄権の行使に当たると捉えている可能性が高い、と思われる。MOUやMMOUに基づく調査共助については、規制当局間で直接の情報のやり取りがなされ、外交当局を経由する場合と比較して迅速な共助が期待でき、実際にも短期間に迅速な情報交換が実現された実例が存在する[38]。他方、捜査（調査）共助を要請された外国の被要請当局は事案に十分に精通していないため、SESCや日本の捜査機関が捜査（調査）共助を要請する際には、事案の概要や調査事項・方法等を被要請当局に伝達し、被要請当局と何度もやり取りした上で調査を実施してもらう必要があり、時間と手間がかかる。また、捜査共助の場面でしばしば見られることではあるが、被要請当局としては「自分の事件」ではないため優先的・精力的に調査を行うインセンティブに欠けることもある。そのため、米国は国際カルテル事案等において、しばしば、日本企業の在米拠点にサピーナを送達して、当該在米拠点を通じて日本国内の文書やメール等を提出させたり、日本国内に現在する者に訪米させたりして取調べを行うといった手法をとる。執行管轄権の問題は国際法上の大問題であって、日本一国ではいかんともし難く、SESCとしては、各国の証券監督者相互間の情報交換等の協力の枠組みを強化し、日ごろから種々の会議・会合の開催を通じて各国の証券監督当局との意思疎通の円滑化に努めていくことに加え、米国当局が行っているような調査手法を参考にしてい

---

[38] 2009年には、ジェイ・ブリッジ株式会社の元役員によるインサイダー取引事案につき、SECは、シンガポール通貨監督局（MAS）から協力を得つつ調査を進め、東京地方検察庁に刑事告発をした。本件は、ジェイ・ブリッジの元役員が、シンガポール所在のプライベートバンキングサービスを提供する金融機関に開設した英領ヴァージン諸島国籍を有するダミー法人名義の証券口座に保有していた同社株券を、同社が業績予想の下方修正という重要事実を公表する前に売り逃げしたという事案であるが、SESCは、シンガポール通貨監督局（MAS）に依頼してシンガポール所在の金融機関を調査して証券口座や法人の実態解明をしてもらい、この法人が単なるダミーに過ぎず、当該証券口座はジェイ・ブリッジの元役員に帰属することを突き止めた。SESCによれば、公訴時効が迫る中、SESCの担当者はシンガポール通貨監督局（MAS）担当者に電子メールを利用して矢継ぎ早に質問状を送り、それぞれ数時間以内にシンガポール通貨監督局（MAS）担当者から返信を受け取るなど、緊密かつ迅速な調査共助が実施されたとのことである。

くことが考えられる。たとえば、日本のSESCも、海外企業等の在日拠点に対して提出命令や報告命令を発令し、これを通じて海外企業等から文書・メール等の提出を求めたり、陳述書・報告書の提出を求めたりすることが考えられる[39]。

最後に③の制裁手段の実効性の確保であるが、米国等における制裁の水準に照らすと、現在の課徴金の水準では制裁手段として実効的とは考えられない。海外企業としては、インサイダー取引を行って、「運悪く」露見しても、利得の吐出しをすればそれで済み、ある意味で投機が可能である。また、刑事罰に問うにせよ、過去の多くのインサイダー取引における刑事事件の事例が示すように、正式な起訴（いわゆる公判請求）を行っても執行猶予付きの懲役刑が宣告されるというのがせいぜいであろう。そもそも、刑事罰の場合には、日本に入国せず、現在いる国に居住し続け、海外旅行をしなければ、日本での服役や処罰を回避し得ることになる。というのも、日米逃亡犯罪人引渡し条約のように自国民不引渡し原則を条約上で放棄していない限り、多くの国は、他国から刑事処罰のために自国民の身柄の引渡しを求められてもこれを拒絶するからである。また、インターポールを通じた指名手配を行うことも考えられるが、対象者が第三国に出国しない限り機能しないであろう。そうなると、前述したように、日本も課徴金の水準を大幅に引き上げて行政上の制裁として実効性があるものにしていく以外にはない。なお、この点、海外公務員贈賄防止（FCPA）のための手法が参考になる。米国主導によるOECDを中心とした活動により、海外公務員贈賄で有罪になった企業については、世界銀行や各国の輸出入銀行・貿易保険等といった国際金融機関等が取引資格を停止するとの運用があり、違反抑止に効果的なものとして定着している。インサイダー取引等の不公正取引についても、IOSCO等の枠組みを活用し、違反した企業・個人については、日本のみならずグローバルに、たとえば証券会社が一定期間は売買注文を受けないようにするといった枠組みの構築も一考に値しよう。

---

39 SESCも限定的とはいえ、かかる手法を使うようになっている（前掲・大久保他参照）。

2 企業側の課題

1 一般投資家目線を意識した判断の徹底

　近年、企業においては、インサイダー取引防止のため種々の取組みがなされており、インサイダー取引防止態勢の整備はもちろんのこと、チャイニーズ・ウォールの構築、その他の情報管理の徹底、J-IRISS（Japan-Insider Registration & Identification Support System）[40]への積極参加といったインサイダー取引未然防止のための取組みも進んでいる。これらの取組みはインサイダー取引の未然防止に効果的であり、そのさらなる推進が期待されるところである。

　もっとも、インサイダー取引未然防止のための体制をいかに整備しようとも、それによりインサイダー取引を完全に防止することは不可能であり、企業の個々の役職員の間にインサイダー取引防止のためのコンプライアンス意識を徹底させることが不可欠である。

　この点、第1節で述べたわが国のインサイダー取引規制の形式性ゆえか、ともすればインサイダー取引規制は技術的・形式的な規制と受け止められ、そのような意識がインサイダー取引規制違反を引き起こす原因ともなりかねない。

　平成22年から平成23年にかけて行われた上場会社の公募増資に関し、機関投資家によるインサイダー取引規制違反が立て続けに摘発されたが、これらの事案の中には、引受け部門が営業担当者に、銘柄名さえいわなければ、あるいは断片的な情報であればインサイダー情報の伝達に該当しないと考え、時期・規模等の公募増資情報を半ば恒常的に伝達していたものがあった。

　銘柄名が特定されていない情報や断片的な情報であればインサイダー情報に該当しないとの考え方は、完全な「誤解」である。わが国においてインサイ

---

[40] 事前に上場会社に役員情報等をデータベースに登録させ、日本証券業協会の協会員が自らの口座における顧客情報をデータベースの役員情報等と照合・確認し、当該顧客が内部者に該当するかどうかを確認する仕組み。

ダー取引が規制されている趣旨は、一般投資家は、発行会社の内部にある投資判断に影響を及ぼすべき事実については、会社が公表しない限り知り得ないのに対し、インサイダー取引規制上、会社関係者とされている者は、その立場ゆえにそれらの事実を知り得る場合があることから、これらの会社関係者が当該事実を知って、その公表前に株券等の取引を行うことは、一般投資家と比べて著しく有利となり、きわめて不公平であり、金融商品取引市場に対する投資家の信頼を著しく損なうからであるとされる。かかるインサイダー取引規制の趣旨に遡って考えていれば、たとえ銘柄名が特定されていない情報や断片的な情報であっても、主幹事証券会社の役職員であるがゆえに知った情報であって、他の公表情報等を組み合わせることで投資判断に際して重要な情報になる以上、まさに典型的なインサイダー情報であることは、容易に分かったはずである。

このような情報を一部の機関投資家や運用会社だけが主幹事証券会社の役職員から教えてもらって株式売買で利益を上げることは、一般投資家の目線で見れば、まさに不公正以外の何物でもない。インサイダー取引が規制されている理由が何かを念頭に置いていれば、法令の具体的な規定やテクニカルな解釈論を知らなくても、銘柄名が特定されていない情報や断片的な情報の提供が法人関係情報の提供になり得ることや、かかる情報を知って行う売買等がインサイダー取引になり得ることは容易に分かったはずである。

以上の観点からすれば、インサイダー取引防止のための教育研修等を通じて、個々の役職員には、ルールに形式的に引っ掛かるかどうかではなく、インサイダー取引が規制されている理由に遡って一般投資家の目線で考える意識を涵養することが最も重要である。

2 インサイダー取引は必ず露見するとの意識の浸透

もちろん、このようにコンプライアンス意識の徹底を図ったとしても、インサイダー取引には「濡れ手で粟」という誘惑が存在する以上、確信犯的にインサイダー取引に及ぶ者が存在し得ることは忘れるべきではない。

かかる不祥事を防ぐ最も効果的な方法は、「悪事は必ず露見する」との認識を浸透させることである。

確信犯的にインサイダー取引規制違反に及ぶ者は「バレない」といった思い込みをしている場合が多く、だからこそ、違法であると分かってあえてインサイダー取引に手を染める。しかし、SESCによる徹底的な市場監視、証券取引所との連携等の実情を知る者にとっては、インサイダー取引は容易に露見する違反行為であることは周知の事実である。たとえば、重要事実等が公表された場合に証券取引所の自主規制機関が上場会社に提出を求める経緯報告書により、情報の伝達経路や重要事実に接する機会が存在した関係者は随時把握されている。また、全国の証券会社と自主規制機関および当局（SESCおよび財務局等）との間を専用線によるネットワークで結び、市場監視情報にかかるデータの授受を電子的、一元的に処理する「コンプライアンスWAN」により、SESCは、証券取引所や証券会社と円滑・迅速に情報交換を行い、インサイダー取引の端緒を把握している。また、他人名義によるインサイダー取引についても、客観的な証拠収集により覚知することは難しくない。

企業としては、このようにインサイダー取引が容易に露見することを、インサイダー取引防止のための社内研修等の際に、随時、役職員に周知しておくことは有用であると考えられる。

3 情報管理の徹底

インサイダー取引防止の必要性について高い意識を持ち、「内部者取引管理規程」を設け、その内容を周知徹底するなどの取組みをしている企業は多い。

平成23年1月1日時点で全国の証券取引所に上場していたすべての上場会社を対象として行われた「第三回全国上場会社内部者取引管理アンケート」の結果によれば、97.0％の上場企業が内部者取引管理規程の整備をしているとの結果が得られている[41]。

しかし、同アンケートによれば、自社の情報管理体制について「適切である」と回答した上場会社は、平成21年の前回調査時の46.3％から数値を下げ、39.7％にとどまり、「管理不足もあるので部分的に強化していきたい」と回答

---

41 三木亨「上場会社のインサイダー取引未然防止体制の現状と留意点—第三回全国上場会社内部者取引管理アンケートから—」旬刊商事法務1942号（2011年）53頁。

した企業は、前回調査時の51.2％から数値を上げ、55.0％にのぼっている。昨今、企業の情報漏洩事案がたびたび問題となり、情報管理体制の見直しを行う企業が増加していることが影響している可能性もあるが[42]、依然として情報管理体制に課題があると感じている企業が数多く存在していることは事実である。

　他方、SESCが公表している課徴金事例集によれば、平成21年度以降、情報受領者が行った事案の件数が、関係者が行った事案の件数を上回る状況が続いており、平成24年度においても、19件の勧告事案全体のうち、情報受領者が行った事案は14件（法166条違反が9件、法167条違反が5件）であり、全体の7割を占めている[43]。

　企業の情報管理体制の甘さはインサイダー取引を誘発することになる。投資家の投資判断に影響を及ぼす重要事実につき、企業内で厳格な情報管理を行っていなければ、当該情報に接する関係者の数はおのずと増え、当該関係者自身が誘惑に負けインサイダー取引に及ぶリスクは増大するし、当該情報が外部に漏洩しインサイダー取引を誘発するリスクも増大する。また、たとえ企業内で厳格な情報管理を行っていたとしても、重要事実に接する関係者自らが、インサイダー取引防止の必要性およびそのための厳格な情報管理の重要性を認識していなければ、重要事実が安易に外部に漏洩される事態を招きかねない。

　平成25年の金融商品取引法改正により、情報伝達や取引推奨行為それ自体の処罰化・課徴金化等が行われており、各企業は、重要事実が不用意に外部に漏洩されないよう、十分な情報管理体制を構築する必要性が高まっている。

　各企業においては、情報管理のための社内規程を設けるなどして情報管理の徹底を図っているが、確実な情報管理のためには、最後には個々の役職員の情報管理意識を高めることが不可欠である。企業における情報管理は、営業秘密管理、個人情報保護といった観点から捉えることも可能であるが、インサイダー取引防止の観点からも個々の役職員に対する教育を通じて、情報管理意識の徹底を図っていく必要がある。

42　前掲・三木57頁以下。
43　証券取引等監視委員会事務局「金融商品取引法における課徴金事例集～不公正取引編～」（平成25年8月）8頁（http://www.fsa.go.jp/sesc/news/c_2013/2013/20130808-2/01.pdf）。

事項索引

【あ】
アウト部署…55, 137
アリサカ事件…34

【い】
イー・アクセス事件…31, 38
インサイダー取引規制に関するワーキング・グループ…122, 129, 205
インサイダー取引防止規程…28, 81, 86, 92, 93, 94, 95, 96, 103, 116
インサイダー取引防止規程例集…89
インサイダー取引防止体制…26, 80, 81, 82, 83, 84, 88, 273
イン登録…54, 65, 72, 112, 113
イン部署…55, 73, 137

【う】
ウィンドウ・ピリオド…91, 92
うっかりインサイダー…24, 25, 26, 29, 84, 90, 264, 265, 275

【え】
エネサーブ事件…38
エルピーダおよびNECエレクトロニクス事件…38

【お】
応援買い…144, 148, 149
大阪取引所…195
大塚家具事件…25, 26
親会社…29, 33, 94, 211, 212

【か】
会社関係者（等）（会社・公開買付者等関係者）…9, 12, 13, 14, 16, 94, 95, 124, 125, 129, 130, 131, 132, 133, 135, 136, 137, 138, 144, 145, 146, 153, 154, 156, 157, 158, 159, 162, 163, 165, 166, 181, 183, 184, 185, 186, 187, 198, 277, 278, 282, 286
カバレッジリスト…53, 54, 56, 62, 72, 75, 76, 110, 111, 112, 113, 114
課徴金制度…17, 18, 19, 20, 22, 23, 24, 28, 32, 33, 190, 265, 266, 267, 274, 275
株主代表訴訟…30, 83, 84
空売り…2, 14, 50, 56, 88, 243, 245, 246, 280

【き】
協会員の投資勧誘、顧客管理等に関する規則…208, 209, 210, 215, 227, 255
行政審判…23, 33
行政調査…23, 33, 282
金融商品取引業者等…19, 82, 83, 125, 164, 239
金融商品取引所…194, 195, 201, 205, 206
金融商品取引所定款等諸規則…200
金融審議会…19, 116, 122, 153, 205, 254
金融審議会金融分科会…122
金融庁…23, 26, 27, 29, 57, 59, 103, 125, 149, 160, 167, 168, 191, 203, 223, 239, 248, 251, 271, 279, 281
金融庁審判官…23
金融庁長官…57, 59, 167, 168, 247, 275

【く】
グットウィル・グループ事件…38
栗本鐵工所事件…34
クロクロ取引…16, 122, 144, 145, 146, 147, 148, 149, 151, 152, 183, 184
黒崎播磨事件…38
黒部署…55

【け】
軽微基準…15, 25, 94, 117, 188
決定事実…15, 36, 38, 39, 43, 45, 93, 94, 187, 188, 189, 278, 279

【こ】
公開買付者等関係者（等）…10, 13, 124, 125, 126, 129, 135, 136, 138, 153, 163, 177, 178, 181, 183, 184
公開買付届出書…179, 180, 182
考査…195, 200, 201, 204
公募増資インサイダー…31, 48, 50, 64, 74, 77, 80, 84, 85, 86, 97, 110, 113, 114, 124, 130, 132, 157, 190, 228, 235, 280
公募増資情報…48, 53, 54, 56, 58, 59, 62, 65, 66, 71, 72, 73, 76, 85, 97, 110, 111, 112, 113, 285
公募増資審査室…203
子会社…211, 212, 279
小松製作所事件…25, 26, 29
コンプライアンスWAN…30, 287

【し】
ジアース事件…35
ジェイ・ブリッジ事件…38
自己株式取得…29, 143
資産運用会社…19, 186, 187, 188, 189, 211, 280

資産運用業者…190
自主規制活動…194
自主規制機関…194, 208, 251, 287
自主規制業務…194, 195, 217
自主規制法人…195
重要基準…93, 94, 188
重要事実（等）…9, 12, 13, 14, 15, 16, 25, 28, 29, 31, 33, 34, 35, 43, 44, 45, 46, 47, 54, 81, 84, 85, 86, 87, 88, 89, 90, 91, 92, 93, 94, 97, 101, 113, 117, 118, 119, 120, 124, 130, 131, 132, 135, 136, 137, 138, 139, 140, 141, 142, 143, 144, 145, 146, 147, 150, 151, 152, 153, 154, 155, 156, 157, 158, 159, 160, 162, 163, 164, 165, 166, 167, 183, 184, 185, 186, 187, 188, 189, 195, 197, 198, 200, 203, 211, 215, 227, 241, 247, 257, 277, 282, 287, 288
市場監視活動…197
ジャストシステム事件…38
証券取引等監視委員会（SESC）…12, 23, 26, 27, 30, 31, 33, 35, 36, 37, 50, 62, 141, 159, 167, 168, 195, 197, 203, 204, 213, 216, 223, 247, 251, 257, 264, 265, 266, 271, 274, 275, 276, 277, 278, 279, 280, 281, 282, 283, 287, 288
上場投資法人…116, 122, 185, 187, 188, 189, 197, 211
情報格差（非対称性）…7
情報管理規程…81, 98, 116
情報管理責任者…89, 90, 91, 92
情報管理態勢…103, 106, 109, 117,

事項索引

159, 200
情報受領者…5, 9, 10, 14, 34, 36, 117, 124, 129, 130, 132, 135, 140, 146, 147, 149, 150, 156, 157, 161, 162, 163, 164, 179, 180, 181, 187, 288
情報伝達規制…133, 143, 144, 145, 146, 150, 153, 155, 158, 166
情報伝達行為…133, 136, 139, 148, 155, 165
情報伝達者…5, 14, 19, 143, 157, 180
情報伝達・取引推奨規制…125, 130, 131, 133, 135, 136, 137, 138, 139, 143, 146, 147, 156, 160, 162, 163, 164, 168, 169, 187, 279
情報伝達・取引推奨規制に関するQ&A（情報伝達・取引推奨Q&A）…125, 139, 142, 145, 147, 149, 151, 153, 159, 171
情報の周知化…180, 181
情報の陳腐化…180, 181
情報の平等理論…4
白部署…55
信託方式…29
信認義務理論…4, 5, 7
【す】
推知情報…115, 132
スポンサー企業…185, 187, 188, 189
【せ】
西友事件…38
【そ】
相場操縦…3, 17, 195, 281
【た】
第一回全国上場会社内部者取引管理アンケート…27
第一次情報受領者…5, 13, 14, 96, 135, 136, 156, 157, 183, 184, 187
第一種金融商品取引業者…207
対抗買い…144, 148, 149, 150, 189
対抗買い変化バージョン…150
第三回全国上場会社内部者取引管理アンケート…27, 287
第二次情報受領者…13, 183, 184
第二回全国上場会社内部者取引管理アンケート…27
短期売買利益の提供制度…87
断片的情報…132
【ち】
チャイニーズ・ウォール…53, 54, 55, 71, 72, 73, 74, 75, 76, 77, 80, 98, 99, 101, 110, 111, 112, 113, 114, 115, 118, 120, 137, 160, 226, 230, 231, 285
仲介関連業務…19, 127, 128, 161
調査銘柄の抽出…195, 196
【て】
適用除外取引…144, 152, 153, 165
テレウェイブ事件…38
伝統的理論…5
【と】
当該他人による取引の要件…145, 157, 160, 162, 163, 164, 165
東京証券取引所（東証）…50, 60, 82, 195, 216, 218, 219, 222
投資一任方式…29
投資信託・投資法人法制の見直しに関するワーキング・グループ…122

投資法人…122, 185, 186, 188
東証Rコンプライアンス研修セン
　ター（東証COMLEC）…27, 89
登録金融機関…85, 117, 258, 259
特定関係法人…185, 186, 187, 188,
　211, 212
特定有価証券等…9, 126, 127, 129,
　137, 163, 184, 185, 208, 210, 214,
　215, 218, 249, 261, 262
取引所金融商品市場…194
取引推奨規制…131, 132, 137, 144,
　145, 147, 152, 153, 158, 159, 160,
　167
取引推奨規制違反…137, 152, 153,
　159, 166, 167
取引推奨行為…130, 131, 136, 144,
　155, 158, 204
【な】
内部者登録カード…208, 209, 210,
　211, 212, 213, 214, 215, 216, 218,
　220, 222
内部者登録制度…208, 209, 210, 213,
　214, 215, 216, 221, 224
内部者取引規制…207, 208, 246
【に】
日産ディーゼル工業事件…38
日本織物加工事件…40, 44, 45, 93
日本経済新聞社元社員によるインサ
　イダー取引事件…97
日本証券業協会（日証協）…27, 50,
　195, 202, 204, 207, 208, 209, 210,
　213, 214, 215, 216, 217, 218, 220,
　222, 223, 225, 226, 227, 231, 232,
　233, 239, 241, 247, 248, 249, 251,
　253, 254, 255, 257, 258, 260
日本商事事件…33
日本取引所グループ…195
日本取引所自主規制法人…82, 195
日本版スチュワードシップ・コード
　…118, 119
日本風力開発事件…35
【の】
ノーアクションレター…29, 279
【は】
売買審査…195, 197, 200, 203, 256,
　257
売買報告書…86, 87, 189, 215, 220
バスケット事実…188, 189
バスケット条項…31, 32, 33, 35, 36,
　152, 279
発行登録…73, 111, 114, 157, 252
発生事実…15, 94, 187, 188, 189
早耳情報…71, 74, 75, 111
バンテック事件…35
【ひ】
非対称性…7, 16, 179
【ふ】
ファンドマネージャー…53, 56, 65,
　66, 71, 75, 76, 78, 79, 80, 111, 154
不公正取引…17, 31, 50, 167, 168, 194,
　195, 200, 202, 203, 217, 229, 237,
　254, 255, 256, 257, 259, 261, 279,
　280, 281, 282, 284
不正流用理論…5, 7
フタバ産業事件…34
プロデュース事件…33, 38
【ほ】
包括条項…15, 16, 282

法人関係情報…50, 53, 65, 73, 76, 77, 82, 83, 85, 103, 115, 118, 125, 200, 204, 225, 226, 227, 228, 229, 230, 231, 232, 233, 234, 235, 236, 237, 238, 239, 240, 241, 242, 243, 244, 245, 246, 248, 249, 250, 251, 253, 255, 258, 259, 260, 261, 286
ホワイトナイト事例…152, 153
【ま】
マクロス事件…33
マルチMOU…281
【み】
民事制裁金…269, 270, 271, 280
【む】
村上ファンド事件…24, 25, 36, 44, 45, 93
【も】
目的要件…116, 137, 139, 140, 141, 142, 144, 145, 146, 149, 150, 151, 153, 159, 164, 166, 172, 176
元公開買付者等関係者…124, 135, 181
モニタリング…53, 74, 75, 77, 95, 231, 240, 241
【り】
利益関係書類…87, 88
リサ・パートナーズ事件…34
【れ】
連邦証券取引委員会（SEC）…4, 11, 269, 270, 274
連邦証券取引委員会（SEC）規則…4

【C】
COMLEC（コンプライアンス研修センター）…200, 201, 202, 206
【G】
GDH事件…38
【I】
IOSCO…281, 284
IR活動…116, 138, 139, 143
【J】
J-IRISS…27, 202, 210, 213, 215, 216, 217, 218, 219, 220, 221, 222, 223, 224, 285
JPX-R（東京証券取引所自主規制法人）195, 197, 200, 201, 202, 203, 204
【L】
LTTバイオファーマ事件…33, 38
【N】
Need to Know原則…99, 101
【R】
REIT…185, 186, 187, 188, 189, 197
【T】
Target…219
TDnet（適時開示情報伝達システム）…195, 197, 218
【W】
WG報告書（報告書『近年の違反事案及び金融・企業実務を踏まえたインサイダー取引規制をめぐる制度整備について』）…122, 129, 130, 138, 139, 142, 147, 158, 162, 168, 169, 170, 177, 179, 183, 184, 191

◆著者紹介◆
(掲載順序は50音順。所属・役職名等は執筆当時)

川口 恭弘(かわぐち やすひろ)　第1章担当
同志社大学法学部教授

　神戸大学法学部卒業。愛媛大学法文学部助教授、神戸学院大学法学部教授を経て現職。法学博士(神戸大学)。金融審議会・インサイダー取引規制に関するワーキング・グループ委員(平成23年度・24年度)。

【主　著】『金融商品取引法』(共著、青林書院、2012年)、『現代の金融機関と法〔第4版〕』(中央経済社、2012年)、『Corporation and Partnerships in Japan』(共著、Wolters Kluwer、2012年)、『日本の会社法〔新訂第10版〕』(共著、商事法務、2011年)、『米国金融規制法の研究－銀行・証券分離規制の展開－』(東洋経済新報社、1989年)ほか。

木目田 裕(きめだ ひろし)　第2・第3・第5章担当
西村あさひ法律事務所　弁護士

　東京大学法学部卒業。1993年検事任官。東京地検特捜部検事、米国ノートルデイム・ロースクール客員研究員、法務省刑事局付(総務課・刑事課)、金融庁総務企画局企画課課長補佐等を経て、2002年7月退官。同年8月、弁護士登録。西村あさひ法律事務所パートナー弁護士。株式会社大庄、楽天証券株式会社、株式会社アドバンスクリエイトの各社外取締役。

【主　著】『インサイダー取引規制の実務』(商事法務、2010年)、「金商法・独禁法等の事前予測困難性・萎縮効果と内部統制システムの尊重」(旬刊商事法務2030号)、「マネーローンダリング・テロ資金規制における『真の受益者』問題」(金融法務事情1966号)ほか。

平田 公一(ひらた こういち)　第4章第2節担当
日本証券業協会　専務執行役・管理本部共同本部長

　専修大学経済学部卒業。1983年日本証券業協会入社。業務部業務課、店頭株式課、店頭登録審査部を経て、1989年全米証券業協会(NASD)トレーニー。1990年日本証券経済研究所NYオフィス研究員、1991年引受業務管理係長、1994年大蔵省証券局出向、その後、総務課長、市場部次長、エクイティ市場部長兼店頭市場部長等を経て、2006年常務執行役(自主規制本部担当)。2014年7月より現職。金融審議会・インサイダー取引規制に関するワーキング・グループ委員(平成23年度・24年度)。

【主　著】『店頭特則市場とベンチャー企業』(共著、経済法令研究会、1995年)、『図説　日本の証券市場 2014年版』(共著、日本証券経済研究所、2014年)ほか。

松崎 裕之（まつざき ひろゆき）　　第4章第1節担当
日本取引所自主規制法人 常任理事
　1986年横浜国立大学経営学部卒業、東京証券取引所入所。債券総務課、株式総務課、総務部総務室などを経て、2001年経営企画部課長、2003年売買審査部グループリーダー、2008年上場管理部課長、2009年上場部長、2013東京証券取引所自主規制法人（現在の日本取引所自主規制法人）常任監事、2014年より現職。
【主　著】『別冊商事法務No.387　東京大学比較法政シンポジウム　日本再興のためのコーポレートガバナンス改革』（共著、商事法務、2014年）。

インサイダー取引規制と未然防止策
~取引事例と平成25年改正を踏まえたポイント~

2014年9月20日　　初版第1刷発行	著　者	川口　恭弘　　木目田　裕
		平田　公一　　松崎　裕之
	発行者	金　子　幸　司
	発行所	㈱経済法令研究会

〒162-8421　東京都新宿区市谷本村町3-21
〈検印省略〉　　　　　　　　　　電話　代表 03(3267)4811　制作03(3267)4823

営業所／東京03(3267)4812　大阪06(6261)2911　名古屋052(332)3511　福岡092(411)0805

カバーデザイン／図工ファイブ　　制作／笹原伸貴　　印刷／日本ハイコム㈱

Ⓒ Yasuhiro Kawaguchi, Hiroshi Kimeda,　　　　　　　　　　　　ISBN978-4-7668-2351-6
　Koichi Hirata, Hiroyuki Matsuzaki 2014　Printed in Japan

"経済法令グループメールマガジン"配信ご登録のお勧め
当社グループが取り扱う書籍、通信講座、セミナー、検定試験情報等、皆様にお役立ていただける情報をお届けいたします。下記ホームページのトップ画面からご登録ください。
☆ 経済法令研究会　http://www.khk.co.jp/ ☆

定価はカバーに表示してあります。無断複製・転用等を禁じます。落丁・乱丁本はお取替えいたします。